Managementwissen für Studium und Praxis

Herausgegeben von Professor Dr. Dietmar Dorn und Professor Dr. Rainer Fischbach

Bisher erschienene Werke:

Arrenberg · Kiy · Knobloch · Lange, Vorkurs in Mathematik
Behrens · Kirspel, Grundlagen der Volkswirtschaftslehre, 2. Auflage
Behrens, Makroökonomie – Wirtschaftspolitik
Bichler · Dörr, Personalwirtschaft – Einführung mit Beispielen aus SAP® R/3® HR®
Blum, Grundzüge anwendungsorientierter Organisationslehre
Bontrup, Volkswirtschaftslehre
Bontrup, Lohn und Gewinn
Bontrup · Pulte, Handbuch Ausbildung
Bradtke, Mathematische Grundlagen für Ökonomen
Bradtke, Übungen und Klausuren in Mathematik für Ökonomen
Bradtke, Statistische Grundlagen für Ökonomen
Breitschuh, Versandhandelsmarketing
Busse, Betriebliche Finanzwirtschaft, 5. A.
Clausius, Betriebswirtschaftslehre I
Clausius, Betriebswirtschaftslehre II
Dinauer, Allfinanz – Grundzüge des Finanzdienstleistungsmarkts
Dorn · Fischbach, Volkswirtschaftslehre II, 4. A.
Drees-Behrens · Kirspel · Schmidt · Schwanke, Aufgaben und Lösungen zur Finanzmathematik, Investition und Finanzierung
Drees-Behrens · Schmidt, Aufgaben und Fälle zur Kostenrechnung
Ellinghaus, Werbewirkung und Markterfolg
Fank, Informationsmanagement, 2. Auflage
Fank · Schildhauer · Klotz, Informationsmanagement: Umfeld – Fallbeispiele
Fiedler, Einführung in das Controlling, 2. Auflage
Fischbach, Volkswirtschaftslehre I, 11. A.
Fischer, Vom Wissenschaftler zum Unternehmer
Frodl, Dienstleistungslogistik
Götze, Techniken des Business-Forecasting
Götze, Mathematik für Wirtschaftsinformatiker
Gohout, Operations Research
Haas, Kosten, Investition, Finanzierung – Planung und Kontrolle, 3. Auflage
Haas, Marketing mit EXCEL, 2. Auflage
Haas, Access und Excel im Betrieb
Hans, Grundlagen der Kostenrechnung
Hardt, Kostenmanagement, 2. Auflage
Heine · Herr, Volkswirtschaftslehre, 2. A.
Hildebrand · Rebstock, Betriebswirtschaftliche Einführung in SAP® R/3®
Hofmann, Globale Informationswirtschaft
Hoppen, Vertriebsmanagement
Koch, Marketing
Koch, Marktforschung, 3. Auflage
Koch, Gesundheitsökonomie: Kosten- und Leistungsrechnung
Krech, Grundriß der strategischen Unternehmensplanung
Kreis, Betriebswirtschaftslehre, Band I, 5. Auflage
Kreis, Betriebswirtschaftslehre, Band II, 5. Auflage
Kreis, Betriebswirtschaftslehre, Band III, 5. Auflage
Laser, Basiswissen Volkswirtschaftslehre
Lebefromm, Controlling – Einführung mit Beispielen aus SAP® R/3®, 2. Auflage
Lebefromm, Produktionsmanagement – Einführung mit Beispielen aus SAP® R/3®, 4. Aufl.
Martens, Betriebswirtschaftslehre mit Excel
Martens, Statistische Datenanalyse mit SPSS für Windows
Martin · Bär, Grundzüge des Risikomanagements nach KonTraG
Mensch, Investition
Mensch, Finanz-Controlling
Mensch, Kosten-Controlling
Müller, Internationales Rechnungswesen
Olivier, Windows-C – Betriebswirtschaftliche Programmierung für Windows
Peto, Einführung in das volkswirtschaftliche Rechnungswesen, 5. Auflage
Peto, Grundlagen der Makroökonomik, 12. Auflage
Peto, Geldtheorie und Geldpolitik, 2. A.
Piontek, Controlling
Piontek, Beschaffungscontrolling, 2. A.
Piontek, Global Sourcing
Posluschny, Kostenrechnung für die Gastronomie
Posluschny · von Schorlemer, Erfolgreiche Existenzgründungen in der Praxis
Reiter · Matthäus, Marktforschung und Datenanalyse mit EXCEL, 2. Auflage
Reiter · Matthäus, Marketing-Management mit EXCEL
Rothlauf, Total Quality Management in Theorie und Praxis
Rudolph, Tourismus-Betriebswirtschaftslehre
Rüth, Kostenrechnung, Band I
Sauerbier, Statistik für Wirtschaftswissenschaftler
Schaal, Geldtheorie und Geldpolitik, 4. A.
Scharnbacher · Kiefer, Kundenzufriedenheit, 2. Auflage
Schuchmann · Sanns, Datenmanagement mit MS ACCESS
Schuster, Kommunale Kosten- und Leistungsrechnung, 2. Auflage
Schuster, Doppelte Buchführung für Städte, Kreise und Gemeinden
Specht · Schmitt, Betriebswirtschaft für Ingenieure und Informatiker, 5. Auflage
Stahl, Internationaler Einsatz von Führungskräften
Steger, Kosten- und Leistungsrechnung, 3. A.
Stender-Monhemius, Marketing – Grundlagen mit Fallstudien
Stock, Informationswirtschaft
Strunz · Dorsch, Management
Strunz · Dorsch, Internationale Märkte
Weindl · Woyke, Europäische Union, 4. A.
Zwerenz, Statistik, 2. Auflage
Zwerenz, Statistik verstehen mit Excel – Buch mit CD-ROM

Kosten-management

Von

Professorin
Dr. Rosemarie Hardt

2., unwesentlich veränderte Auflage

R. Oldenbourg Verlag München Wien

Die Deutsche Bibliothek - CIP-Einheitsaufnahme

Hardt, Rosemarie:
Kostenmanagement : Methoden und Instrumente / von Rosemarie Hardt. – 2., unwes. veränd. Aufl. – München ; Wien : Oldenbourg, 2002
(Managementwissen für Studium und Praxis)
ISBN 3-486-25983-0

Rosenheimer Straße 145, D-81671 München
Telefon: (089) 45051-0
www.oldenbourg-verlag.de

Gedruckt auf säure- und chlorfreiem Papier
Druck: R. Oldenbourg Graphische Betriebe Druckerei GmbH

ISBN 3-486-25983-0

Vorwort

Kostendruck, eine zunehmende Differenzierung der Kundenwünsche und daraus folgend der Zwang zu einer höheren Flexibilität sowie die Notwendigkeit einer zielorientierten Beeinflussung der Kosten charakterisieren die derzeitige Situation der meisten Unternehmen. Die Beeinflussung der Kosten im Hinblick auf deren Niveau, Struktur und Verhalten bilden die zentralen Eckpunkte eines effektiven Kostenmanagements, das in der Praxis und in wissenschaftlichen Publikationen eine starke Verbreitung gefunden hat. Hierbei ist auf der einen Seite zu beobachten, dass die in der Theorie diskutierten und in der Praxis zum Teil seit ca. 100 Jahren eingesetzten Instrumente und Methoden reformiert und erweitert bzw. der wirtschaftlichen Entwicklung angepasst wurden. Auf der anderen Seite ist eine Vielzahl neuer Instrumente und Methoden entwickelt worden, deren Einsatz im Hinblick auf die Wettbewerbsfähigkeit in dynamischen und immer enger werdenden Märkten eine entscheidende Position einnimmt.

Ziel dieses Buches ist es, sowohl die in zahlreichen Büchern beschriebenen traditionellen und zum großen Teil modernisierten als auch die in überwiegend aktuellen Aufsätzen vorgestellten neuen Instrumente und Methoden des Kostenmanagements in einem Lehrwerk zusammenzufassen und praxisorientiert darzustellen. Zielgruppen sind Studierende der Betriebswirtschaftslehre im Hauptstudium und Spezialisten in der Praxis.

Danken möchte ich Frau Dipl.-Betriebswirtin Sonja Atai für viele konstruktive Hinweise und die sorgfältigen Korrekturarbeiten. Für die gute Zusammenarbeit danke ich auch Herrn Dipl.-Volkswirt Martin Weigert vom Oldenbourg-Verlag.

Sankt Augustin Rosemarie Hardt

Inhaltsverzeichnis

1. Abgrenzung und Aufgabenfelder eines effektiven Kostenmanagements

1.1 Kostenstrukturverschiebungen und Kostenmanagement

Seit dem Ende der siebziger Jahre hat sich in den meisten industriellen Unternehmen der Prozeß der betrieblichen Leistungserstellung und Wertschöpfung erheblich verändert. Der Wandel der Märkte für Industrieerzeugnisse vom Verkäufer- zum Käufermarkt und ein allgemein hohes Risiko aufgrund wirtschaftlicher, technischer und gesellschaftlicher Veränderungen lassen die *Flexibilität* der Unternehmen zu einem Schlüsselfaktor zur Sicherung des langfristigen Unternehmenserfolges werden. Der Wettbewerb wird auf Käufermärkten durch Kostendruck aufgrund weltweiter Marktaktivitäten der Produzenten und eine zunehmende *Differenzierung der Kundenwünsche* bestimmt, die in den meisten Industrieunternehmen tendenziell zu einer Erhöhung der Variantenzahl, verkürzte Produktlebenszyklen und zu einer steigenden Qualitäts- und Leistungsanforderung an die Produkte führt. Neben der Produktqualität gewinnt die Ergänzung der Produkte um zusätzliche Logistikserviceleistungen in Industrieunternehmen auf vielen Märkten zunehmend an Bedeutung.

Industrieunternehmen können sich heute dem Zwang zu höherer Produktionsflexibilität kaum entziehen. Käufermärkte induzieren eine erhöhte Nachfragedifferenzierung. Die Befriedigung der Kundenwünsche ist mit einer erhöhten Produktdifferenzierung verbunden, die wirtschaftlich nur über eine *flexible Automatisierung* erreicht werden kann. Flexibel automatisierte Fertigungsanlagen führen nur dann zu einer optimalen Flexibilitätserhöhung, wenn die der Fertigung vor- und nachgelagerten Bereiche (z. B. Konstruktion, Arbeitsplanung, Qualitätssicherung, Produktionsplanung und -steuerung) mit einbezogen werden. Erst durch den Verbund aller Teilsysteme können Synergieeffekte (z. B. Einmalerfassung der Daten, Abstimmung von Prozessen) genutzt und wirtschaftliche Lösungen mit einem Kostensenkungspotential von 20 bis 30 % herbeigeführt werden.[1] Die angesprochene Integration verschiedenster flexibel automatisierter Komponenten wird als Konzept des "Computer Integrated Manufacturing" (CIM) bezeichnet.

Rationalisierungsinvestitionen sind oftmals mit tiefgreifenden *Kostenartensubstitutionen* verbunden. Diese sind insbesondere auf das extrem hohe Investment und dem darauf basierenden relativen und absoluten Anstieg der fixen Anla-

1) Vgl. Siegwart, H./ Raas, F. [1991], S. 33.

genkosten (z. B. kalkulatorische Abschreibungen, kalkulatorische Zinsen, Anlagenwagniskosten) zurückzuführen. Neben dem aus dem hohen Investment resultierenden *Fixkosten- bzw. Gemeinkostenanstieg* bewirkt die Implementierung neuer Technologien eine Veränderung der betrieblichen Prozeßstruktur.[2] Die klassische Lohnarbeit ist in hoch automatisierten Unternehmen von untergeordneter Bedeutung, d. h. die Einführung neuer Technologien führt zugunsten der indirekten Leistungsbereiche zu einem *Rückgang der direkten Lohnkosten.*[3] Die beschriebene Entwicklung bewirkt, daß der Anteil der fixen Kosten an den Fertigungskosten eine Größenordnung von bis zu 75 % erreichen kann.[4]

Variantenvielfalt, kleinere Auftragsstückzahlen, kleinere Losgrößen, eine höhere Teilevielfalt, steigende Qualitätsansprüche, erhöhte Anforderungen an die Lieferzeit, Lieferzuverlässigkeit und Lieferflexibilität und kürzere Produktlebenszyklen führen insbesondere zu einem Anstieg der vorbereitenden, planenden, steuernden, überwachenden und koordinierenden Tätigkeiten in Forschung und Entwicklung, Beschaffung, Logistik, Arbeitsvorbereitung und Programmierung, Produktionsplanung und -steuerung, Instandhaltung, Qualitätssicherung, Auftragsabwicklung, Vertrieb und Rechnungswesen, Personalentwicklung und -verwaltung, interne Revision und Controlling. Durch die Erstellung möglichst kundenindividueller und somit variantenreicher Produkte nimmt die Komplexität der Leistungserstellungsprozesse selbst, aber auch der vor- und nachgelagerten Aktivitäten zu. Die damit verbundenen zusätzlichen Kosten werden als *Komplexitätskosten* bezeichnet, die letztlich aus der Vielfalt an Produkten, Varianten, Baugruppen und Teilsystemen, Komponenten und Teilen sowie aus der daraus folgenden Vielfalt von Führungsaufgaben, Prozessen, Kunden und Lieferanten resultieren.[5] Aufgrund der beschriebenen Entwicklung hat der Anteil der *Gemeinkosten an der Wertschöpfung* mittlerweile einen Anteil von 80 % mit einem Fixkostenanteil von bis zu über 90 % erreicht.[6]

In der Relation zwischen fixen und proportionalen Kosten manifestiert sich die *Kostenflexibilität.* Das wesentliche Definitionsmerkmal fixer Kosten ist, daß sie nicht automatisch mit der Ausbringungsmenge variieren. Mit einer Zunahme der fixen Kosten an den Gesamtkosten wird die kurzfristige Beeinflußbarkeit der Kosten somit insgesamt geringer (vgl. Abbildung 1).

2) Vgl. Männel, W. [1992], S. 290.
3) Vgl. Fröhling, O./Krause, H. [1990], S. 223.
4) Vgl. Siegwart, H./Raas, F. [1991], S. 33.
5) Vgl. Becker, W. [1992], S. 171 - 172; Männel, W. [1995], S. 32.
6) Vgl. u. a. Coenenberg, A. G./Fischer, Th. M. [1991], S. 21 ff.; Horváth, P./Mayer, R. [1989], S. 214 ff.; Müller, A. [1992], S. 1 ff.

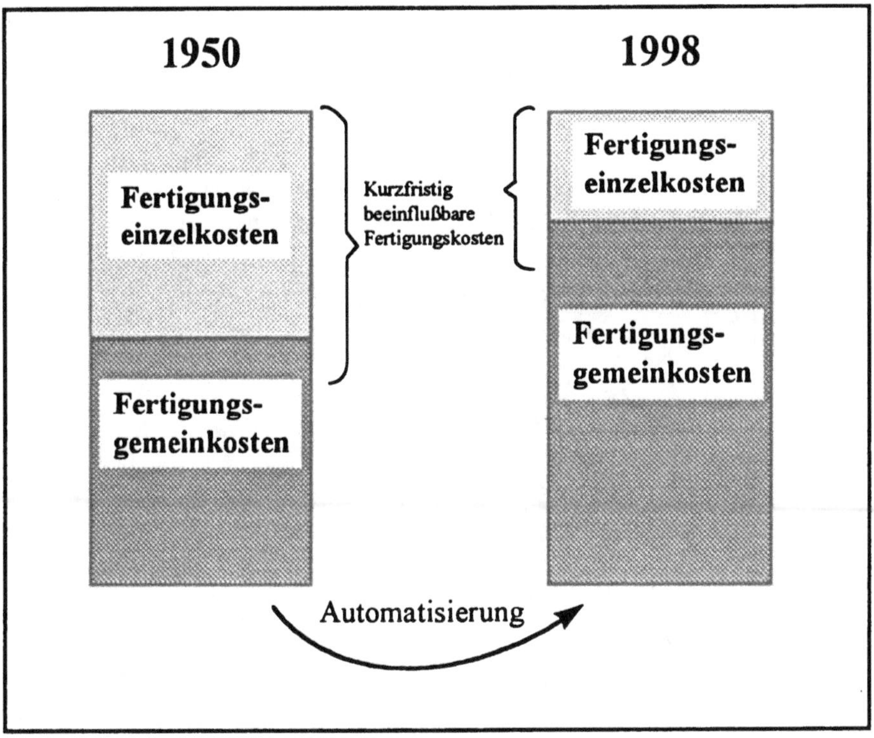

Abb. 1: Fertigungskostenstrukturen bei manueller und automatisierter Fertigung

Die abnehmende Kostenreagibilität drückt sich in einer Verschiebung des Break-Even-Points (BEP) aus.[7] Wie die nachstehende Abbildung 2 zeigt, fallen sowohl die Gewinne als auch die Verluste (schraffierte Fläche) bei Über- bzw. Unterschreitung des BEP in einem hoch automatisierten bzw. fixkostenintensiven Unternehmen jeweils höher aus, als dies bei konventioneller Fertigung der Fall ist. In Vollbeschäftigungszeiten mit hohen Absatzzahlen bzw. hoher Kapazitätsauslastung ist der Gewinn relativ hoch, da die Fixkosten bei gleichbleibenden Kapazitäten konstant bleiben. In der Rezession bzw. bei Auftragsrückgängen entstehen ungenutzte Kapazitäten und somit Leerkosten, die den Gewinn schmälern.[8]

7) Vgl. Männel, W. [1995], S. 31.
8) Vgl. Oecking, G. [1995], S. 253.

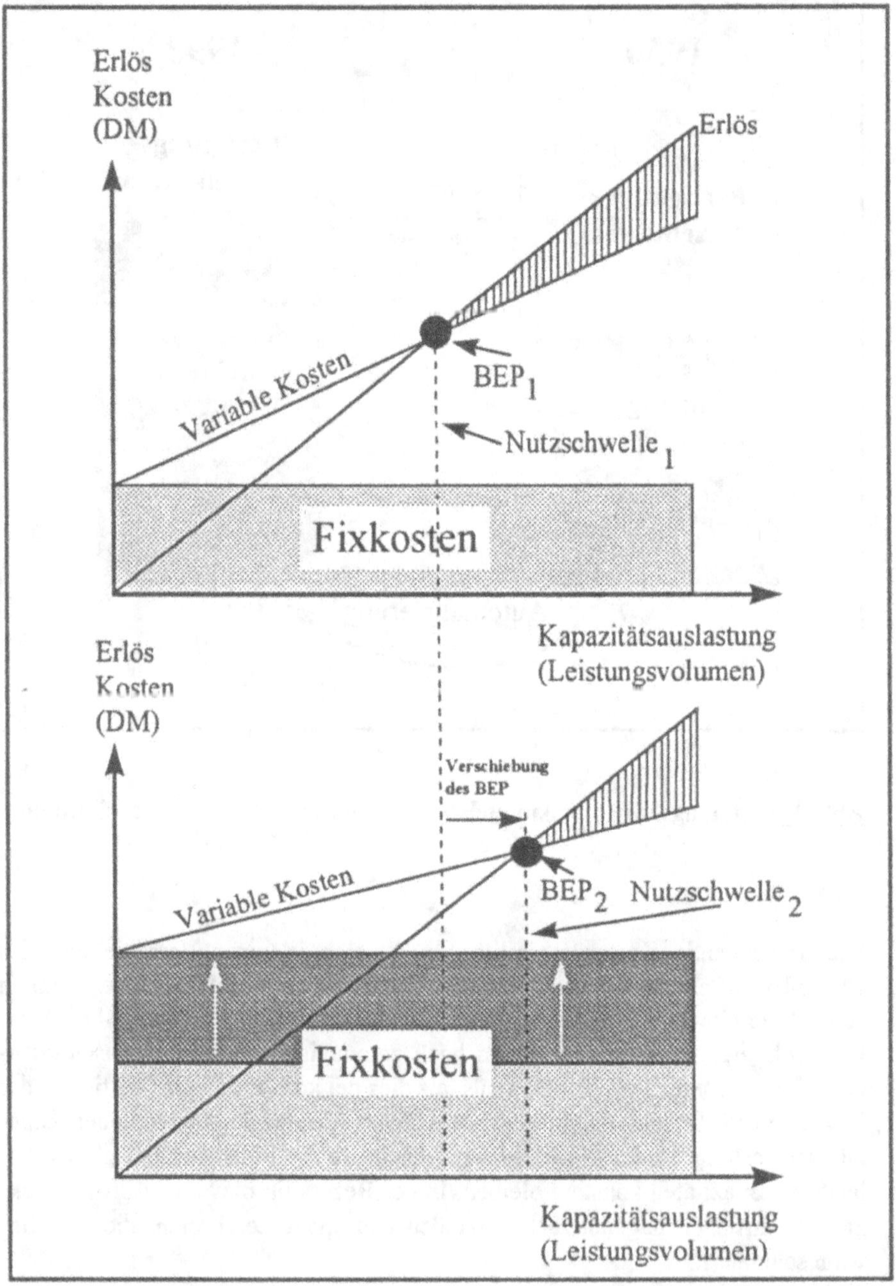

Abb. 2:
Auswirkungen der Zunahme der Fixkostenintensität auf die Gewinnschwelle eines Unternehmens
(in Anlehnung an: Männel, W. [1995], S. 31.)

Aufgrund der hohen Fixkostenbelastung hat sich der BEP in vielen Unternehmen immer weiter in Richtung der Kapazitätsgrenze verschoben. Gewinne werden oftmals erst bei einer Kapazitätsauslastung von mehr als 70 % - in einigen Unternehmen der Automobilindustrie sogar erst bei 90 % - erzielt.[9]

Mit der *Erhöhung des Fixkostenanteils* und der damit verbundenen *eingeschränkten Kostenreagibilität* steigt gleichzeitig die Bedeutung eines effektiven Kostenmanagements.

Die Beeinflussung der Kosten im Hinblick auf deren Niveau, Struktur und Verhalten bilden die zentralen Eckpunkte eines effektiven Kostenmanagements, mit dessen Hilfe - im Sinne eines umfassenden Gewinnschwellen-Managements - die Nutzschwelle so niedrig wie möglich gehalten werden soll (vgl. Abb. 3).[10]

1.2 Abgrenzung des Kostenmanagements

Eine einheitliche Definition des Begriffes *Kostenmanagement* existiert in der betriebswirtschaftlichen Literatur nicht. Einige Autoren betrachten die Kostenrechnung als Teilbereich des Kostenmanagements,[11] andere hingegen legen den beiden Begriffen eine jeweils differenzierte Betrachtungsweise zugrunde.[12] Während Franz lediglich den operativen Charakter des Kostenmanagements hervorhebt,[13] weisen andere Autoren auf die Bedeutung eines strategischen Kostenmanagements hin.[14] Im folgenden wird der differenzierten Betrachtungsweise der Begriffe Kostenrechnung und Kostenmanagement gefolgt. Mit Blick auf die an Relevanz gewinnende Fixkostenproblematik steht dabei insbesondere die strategische Betrachtungsweise des Kostenmanagements im Vordergrund der Überlegungen.

9) Vgl. Reichmann, Th./Palloks, M. [1995], S. 4; Oecking, G. [1995], S. 253.
10) Vgl. Männel, W. [1992], S. 289; Müller, A. [1992], S. 6 - 7; Wäscher, D. [1987], S. 297.
11) Vgl. z. B. Fischer, Th. [1993], S. 125 - 126.
12) Vgl. z. B. Burger, A. [1995], S. 4; Franz, K.-P. [1992], S. 127.
13) Vgl. Franz, K.-P. [1992], S. 127.
14) Vgl. Burger, A. [1995], S. 4.

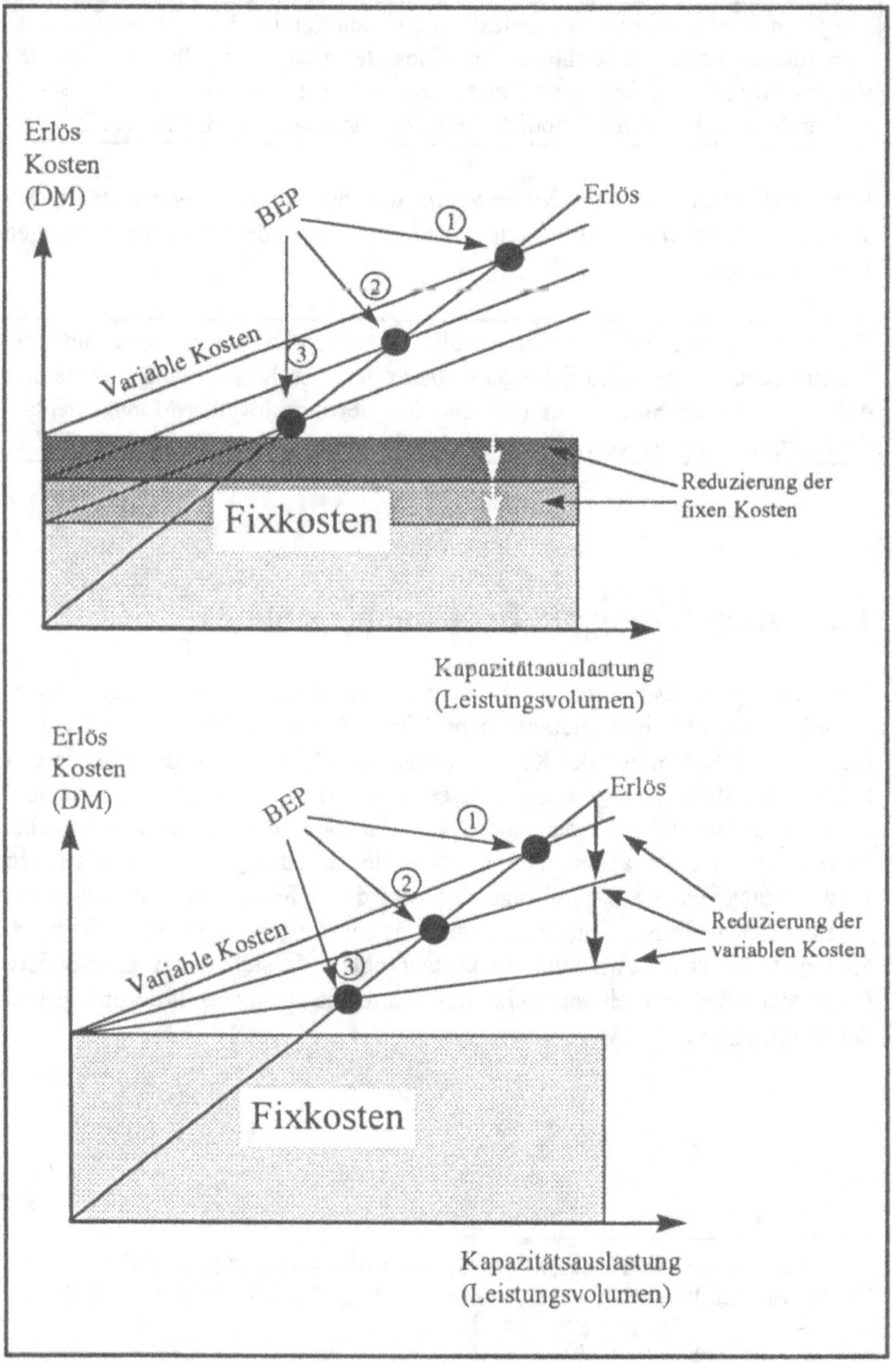

Abb. 2.: Gewinnschwellen-Management

Kosten können grundsätzlich aus zwei Perspektiven heraus betrachtet werden:

Auf der einen Seite kann der Aspekt der *Ermittlung* und die *Zurechnung der Kosten* auf die Bezugsobjekte im Rahmen gegebener Kapazitäten, Produktionsverfahren und Produktspezifikationen im Mittelpunkt stehen; das ist die Sichtweise der traditionellen Kostenrechnung.

Auf der anderen Seite sind Kosten Gegenstand von *Kostenbeeinflussungsmaßnahmen*, das ist die Sichtweise des Kostenmanagements (vgl. Abbildung 4).[15]

Kostenmanagement ist eine Aufgabe der Unternehmensführung.[16] Allgemein kann Unternehmensführung als zielorientierte Gestaltung des Unternehmens definiert werden.[17] Das Kostenmanagement, als ein Aufgabenbereich der Unternehmensführung, befaßt sich mit der *zielorientierten Gestaltung der Kosten.*[18] Je nachdem, auf welcher Ziel- oder Planungsebene sich die Aktivitäten des Kostenmanagements bewegen, kann die Gesamtfunktion des Kostenmanagements in die Bereiche strategisches und operatives Kostenmanagement untergliedert werden:[19]

Ein *operatives Kostenmanagement* liegt dann vor, wenn die Maßnahmen der Kostenbeeinflussung sich im Rahmen gegebener Kapazitäten, d. h. Ausstattungen mit Potentialfaktoren, bewegen. Aufgrund der beschriebenen Kostenstrukturverschiebungen bzw. der absoluten und relativen Zunahme des Anteils der fixen Kosten an den Gesamtkosten wird die operative Beeinflußbarkeit der Kosten geringer. Damit steigt gleichzeitig die Bedeutung des *strategischen Kostenmanagements*, das durch variable Strukturen und Kapazitäten geprägt ist (vgl. Abbildung 5).[20]

15) Vgl. Burger, A. [1995], S. 4; Franz, K.-P. [1992], S. 127.
16) Vgl. Männel, W. [1995], S. 27; Reiß, M./Corsten, H. [1992], S. 1478.
17) Vgl. Kuhn, A. [1990], S. 1 - 3.
18) Häufig wird das Kostenmanagement als Aufgabenfeld des Controlling definiert (vgl. z. B. Reichmann, Th. [1995], S. 393; Vikas, K. [1996], S. 14), das die Unternehmensführung als „Führungsunterstützungsfunktion" bei der Erfüllung der Aufgaben koordinierend unterstützt (vgl. z. B. Küpper, H.-U. [1995], S. 13 ff.; Ossadnik, W. [1996], S. 34 ff.).
19) Vgl. Streitferdt, L. [1994], S . 480.
20) Vgl. Burger, A. [1995], S. 4.

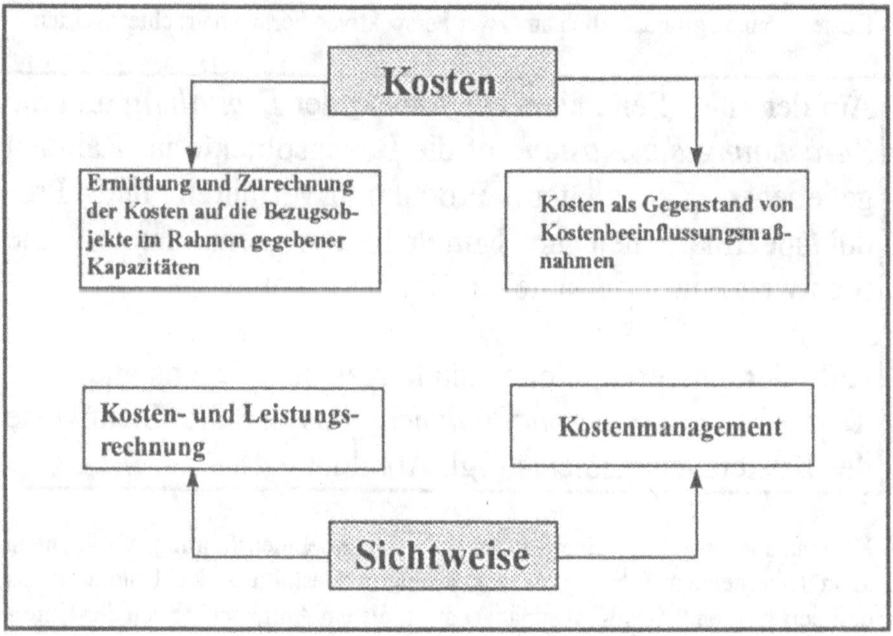

Abb. 4: Kosten- und Leistungsrechnung und Kostenmanagement

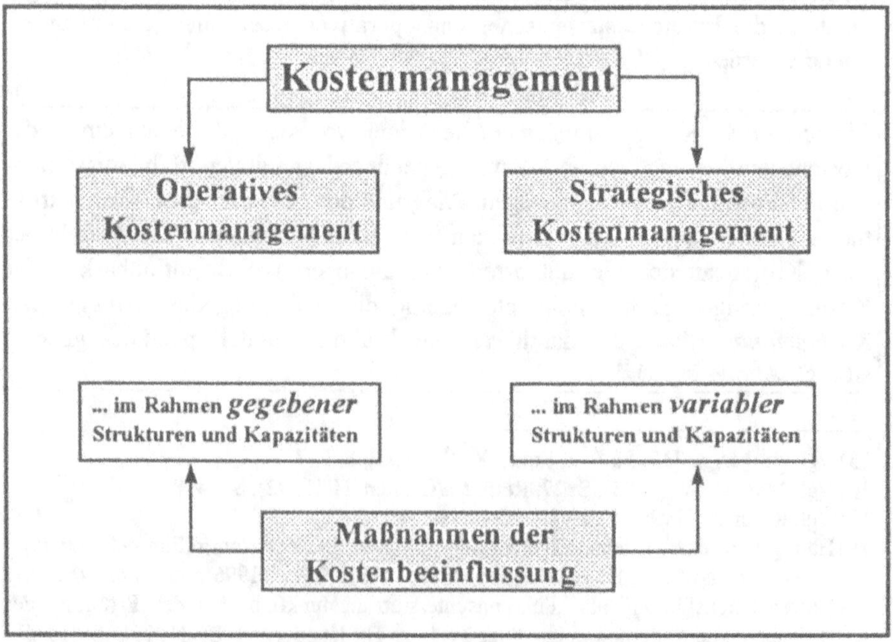

Abb. 5: Operatives und strategisches Kostenmanagement

Kostenmanagement ist auf eine *zielorientierte Gestaltung der Kosten* gerichtet. Das *Hauptziel* des Kostenmanagements liegt in der *Optimierung der Kosten-/Nutzen-Verhältnisse im Unternehmen.* Entsprechend dieser Zielsetzung sind natürlich auch Kostenerhöhungen möglich, sofern sie durch überproportionale Leistungssteigerungen kompensiert werden.

Kostenmanagement ist somit immer zwingend auch mit einem *Leistungsmanagement* verbunden.[21]

1.3 Aufgabenfelder des Kostenmanagements

Kostenmanagement zielt vor allem auf eine umfassende und frühzeitige Beeinflussung des Kostenniveaus, der Kostenstrukturen und des Kostenverhaltens.[22] Für das Kostenmanagment können somit die in Abbildung 6 dargestellten drei wichtigen Aufgabenfelder abgeleitet werden, die im Mittelpunkt der nachstehenden Ausführungen stehen.

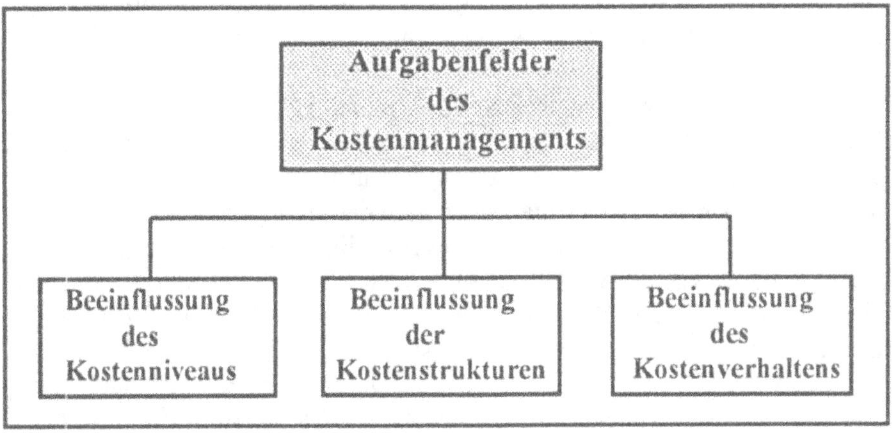

Abb. 6: Wichtige Aufgabenfelder des Kostenmanagements

21) Vgl. Pampel, J. [1996], S. 224.
22) Vgl. Fischer, Th. M. [1993], S. 126; Männel, W. [1992], S. 289.

1.3.1 Beeinflussung des Kostenniveaus

Im Rahmen des *Kostenniveau-Managements* sollen entweder die Gesamtkosten oder die Kosten bestimmter Leistungsfelder zielorientiert beeinflußt werden. „... Kosten als bewerteter, sachzielbezogener Güterverzehr bieten grundsätzlich zwei Ansatzpunkte für ein Kostenniveau-Management: Die Mengenkomponente und die Wertkomponente."[23]

Die *Mengenkomponente* setzt unmittelbar an den Verbrauchsmengen der zum Einsatz gelangenden Produktionsfaktoren an. Durch Kostengestaltungsmaßnahmen wird eine Senkung der Funktions-, Produktions- und Materialkosten angestrebt, indem z. B. aus der subjektiven Einschätzung der Kunden zur Leistungserstellung nicht notwendige Funktionen abgebaut werden.[24]

Einen zweiten Ansatzpunkt für das Kostenniveau-Management bietet die *Wertkomponente* bzw. das Wertgerüst, das z. B. durch eine kostenorientierte Standortwahl, das Auffinden günstiger Bezugsquellen sowie durch die Entscheidung zwischen Eigenfertigung und Fremdbezug beeinflußt werden kann.[25]

1.3.2 Beeinflussung der Kostenstrukturen

Das auf die Optimierung von Kostenstrukturen ausgerichtete Kostenstruktur-Management beinhaltet die Beeinflussung verschiedener Kostenstrukturen, die sich aus den unterschiedlichen Kategorisierungen der Gesamtkosten ergeben.[26]

Die Gesamtkosten eines Unternehmens können mit Hilfe verschiedener Einteilungskriterien kategorisiert werden. Nach dem *Kriterium Verhalten der Kosten* bei Beschäftigungsschwankungen können fixe und variable Kosten unterschieden werden. Daneben können die Kosten nach der *Zurechenbarkeit der Kosten auf die einzelnen betrieblichen Leistungen* in Einzel- und Gemeinkosten aufgeteilt werden. Des weiteren lassen sich Kosten nach *betrieblichen Funktionen* gliedern, was zu einer Strukturierung in z. B. Logistikkosten, Produktionskosten, Forschungs- und Entwicklungskosten usw. führt. Nach dem Kriterium *Art der verbrauchten Produktionsfaktoren* können z. B. Personal- und Anlagenkosten unterschieden werden und nach der *Art der Herkunft der Kostengü-*

---

23) Reiß, M./Corsten, H. [1992], S. 1480, ähnlich auch: Burger, A. [1995], S. 5.
24) Vgl. Reiß, M./Corsten, H. [1992], S. 1480, ähnlich auch: Burger, A. [1995], S. 5.
25) Vgl. Reiß, M./Corsten, H. [1992], S. 1480, ähnlich auch: Burger, A. [1995], S. 5.
26) Vgl. Oecking, G. [1995], S. 254.

ter lassen sich die Gesamtkosten eines Unternehmens in primäre und sekundäre Kosten gliedern.[27]

Aus der Sicht des jeweiligen Unternehmens wesentliche Kostenstrukturkomponenten können zum Beispiel die Primärkostenstruktur, das Verhältnis von Primär- und Sekundärkosten, die Relation von Einzel- und Gemeinkosten, die Gemeinkostenstruktur, das Verhältnis der fixen und variablen Kosten und die produktlebensspezifische Kostenstruktur sein.[28]

Ein wesentlicher Ansatzpunkt zur Optimierung der Kostenstrukturen liegt in der *strukturellen Zusammensetzung der gesamten Primärkosten.* Im Sinne eines strategisch ausgerichteten Kostenstruktur-Managements werden steigende Preise für bestimmte Kostengüter (z. B. Material, Personal, Energie) zu Substitutionen dieser Güter führen. Die vorausschauende Aufdeckung knappheitsbedingter Preisentwicklungen sowie die Suche nach Faktorsubstitutionspotentialen bilden in diesem Zusammenhang wichtige Säulen zur Realisation einer optimalen Kostenstrukturpolitik. So können beispielsweise steigende Personal- und Energiekosten über den verstärkten Einsatz von Technologien durch geringere Technologiekosten ausgetauscht werden.[29]

Eine weitere Möglichkeit zur Optimierung der Kostenstrukturen bietet die *strukturelle Gestaltung des Verhältnisses der primären zu den sekundären Kosten.* Hier geht es in erster Linie darum, daß die aus den innerbetrieblichen Leistungen resultierenden Sekundärkosten reduziert werden. Der Abbau der innerbetrieblichen Leistungen führt zu einer Verringerung der Komplexität, die schließlich zu einer Erhöhung der Kostentransparenz und zu einer Reduzierung der sekundären Kosten beiträgt.[30]

Die strukturelle Gestaltung der *funktionalen Kostenstruktur* fällt ebenfalls in den Aufgabenbereich des Kostenstruktur-Managements.[31] Im Sinne einer *optimalen Allokation der Ressourcen*[32] kann z. B. über die Verlagerung, Substituierung und Intensivierung von Aktivitäten in und zwischen den Unterneh-

---

27) Zur Systematisierung von Kostenarten vgl. z. B. Haberstock, L. [1987], S. 74 ff.; Niethammer, R. [1992], S. 399 ff.

28) Vgl. Burger, A. [1995], S. 6 - 7; Männel, W. [1995], S. 28 ff.; Oecking, G. [1995], S. 254; Reiß, M./Corsten, H. [1992], S. 1484 ff.

29) Vgl. Männel, W. [1995], S. 29.

30) Vgl. Männel, W. [1995], S. 29.

31) Vgl. Männel, W. [1995], S. 29.

32) Vgl. hierzu auch: Burger, A. [1995], S. 7; Reiß, M./Corsten, H. [1992], S. 1485 - 1486.

mensbereichen eine Reduzierung der Gesamtkosten oder eine Erhöhung des Leistungsniveaus bei konstanten Gesamtkosten angestrebt werden.

Das *Verhältnis zwischen Einzel- und Gemeinkosten* bzw. dessen Beeinflussung ist aus kostenstrukturpolitischer Sicht ebenfalls von großer Bedeutung. Hierbei steht die Zielsetzung im Vordergrund, Gemeinkosten so weit wie möglich abzubauen oder ihren qualitativen Charakter den Einzelkosten anzunähern, indem eine Zuordnung von Gemeinkosten zu Ressourcenbereichen und Tätigkeitsfeldern angestrebt wird.[33]

Die Ermittlung und Gestaltung der *lebenszyklusspezifischen Kostenstruktur* ist ein weiteres wichtiges Aktionsfeld des Kostenstruktur-Managements.[34] Sowohl bei Konsum- als auch bei Investitionsgütern ist festzustellen, daß die Produktions- und Vermarktungsphasen dieser Güter immer kürzer werden,[35] d. h. die Produkte werden immer schneller von ihren Nachfolgegenerationen abgelöst. Aus diesem Grunde dürfen sich Unternehmen nicht nur für die Entwicklung von Kosten, Erlösen und Erfolgen innerhalb der Produktions- und Vermarktungsphasen (auch: Marktzyklen) interessieren. Zu den Herstellungs- und Vertriebskosten, die innerhalb dieser Phase anfallen, kommen Vorlauf- und Nachlaufkosten, die in ihrer Höhe nicht unterschätzt werden dürfen.[36] Das Ziel des Kostenstruktur-Managements ist es, die lebensspezifischen Kosten der Erzeugnisse unter Einbeziehung der Vorlauf- und Nachlaufkosten aktiv zu gestalten. So kann es sich beispielsweise als sinnvoll erweisen, Nachlaufkosten zu vermeiden, indem durch Intensivierung der Produktentwicklung ein entsorgungsfreundlicheres Produkt geschaffen wird.

Die Gestaltung des *Verhältnisses zwischen fixen und variablen Kosten* sowie die Beeinflussung der *Fixkostenstruktur* sind weitere bedeutsame Aufgabengebiete des Kostenstruktur-Managements. Gerade in Zeiten, in denen die Fixkostenlastigkeit der Unternehmen immer bedeutender wird, die Kostenreagibilität im Zuge dieser Entwicklung abnimmt und gleichzeitig eine zunehmende Produkt- und Produktionsflexibilität von den Unternehmen gefordert wird, steht die Beeinflussung der Fixkostenstruktur im Vordergrund des Kostenstruktur-Managements. Das Ziel besteht in diesem Zusammenhang darin, durch die zukunftsorientierte Gestaltung von Fixkostenpotentialen eine Steigerung der Flexibilität des Unternehmens zu bewirken.[37] Beschäftigungsfixe Kosten sind

33) Vgl. Männel, W. [1995], S. 30.

34) Vgl. Oecking, G. [1995], S. 254.

35) Empirische Zahlenbeispiele sind aufgeführt in z. B.: Siegwart, H./Raas, F. [1991], S. 83 ff.

36) Vgl. Männel, W. [1993], S. 74.

37) Vgl. Oecking, G. [1994], S. 48.

dadurch charakterisiert, daß zu deren Veränderung eine Entscheidung der Unternehmensleitung notwendig ist, die sich nicht unmittelbar auf die Beschäftigung bezieht. Derartige Entscheidungen setzen voraus, daß die Beeinflussungsmöglichkeiten bekannt sind. Aus diesem Grunde ist im ersten Schritt die zeitliche Struktur der fixen Kosten transparent zu machen, damit vermeidbare fixe Kosten erkannt, mögliche Termine der Beeinflußbarkeit und die Mindestdauer der Unveränderlichkeit der fixen Kosten ausgewiesen werden können.[38] Eine Fixkostenflexibilisierung ist beispielsweise durch eine frühzeitige Beeinflussung der Bindungsdauer von Fixkostenpotentialen zu erreichen. In diesem Zusammenhang kann z. B. statt einer durch Anlagenkauf ausgelösten langfristigen Investition das kurzfristige Leasing aus der Sicht des Kostenmanagements die günstigere Bereitstellungsalternative darstellen. Des weiteren können Maßnahmen zur Dienstleistungstiefenoptimierung zu einem Abbau des Fixkostenblocks bzw. zu einer besseren Kostenflexibilisierung führen.[39]

1.3.3 Beeinflussung des Kostenverhaltens

Beim Management des Kostenverhaltens steht die zielorientierte Beeinflussung des Kostenverhaltens in Abhängigkeit von der Beschäftigung (Outputmenge) im Vordergrund.[40]

Kostendegressionen und *Kostenprogressionen* stellen in diesem Zusammenhang die zentralen Ansatzpunkte des Kostenmanagements dar (vgl. Abbildung 7).

Ein degressiver Stückkostenverlauf liegt vor, wenn mit zunehmender Ausbringung die Stückkosten abnehmen [Reagibilität (R): $0 < R < 1$]:

> „... Die Nutzung von Kostendegressionen ist Gegenstand eines Chancenmanagements, mit dessen Hilfe in erster Linie Wachstumschancen ausgeschöpft werden sollen."[41]

38) Vgl. Oecking, G. [1994], S. 48, Layer, M. [1982], S. 748; Layer, M. [1992], S. 69 - 70.
39) Vgl. Männel, W. [1995], S. 32.
40) Vgl. Burger, A. [1995], S. 5; Reiß, M./Corsten, H. [1992], S. 1481.
41) Reiß, M./Corsten, H. [1992], S. 1481.

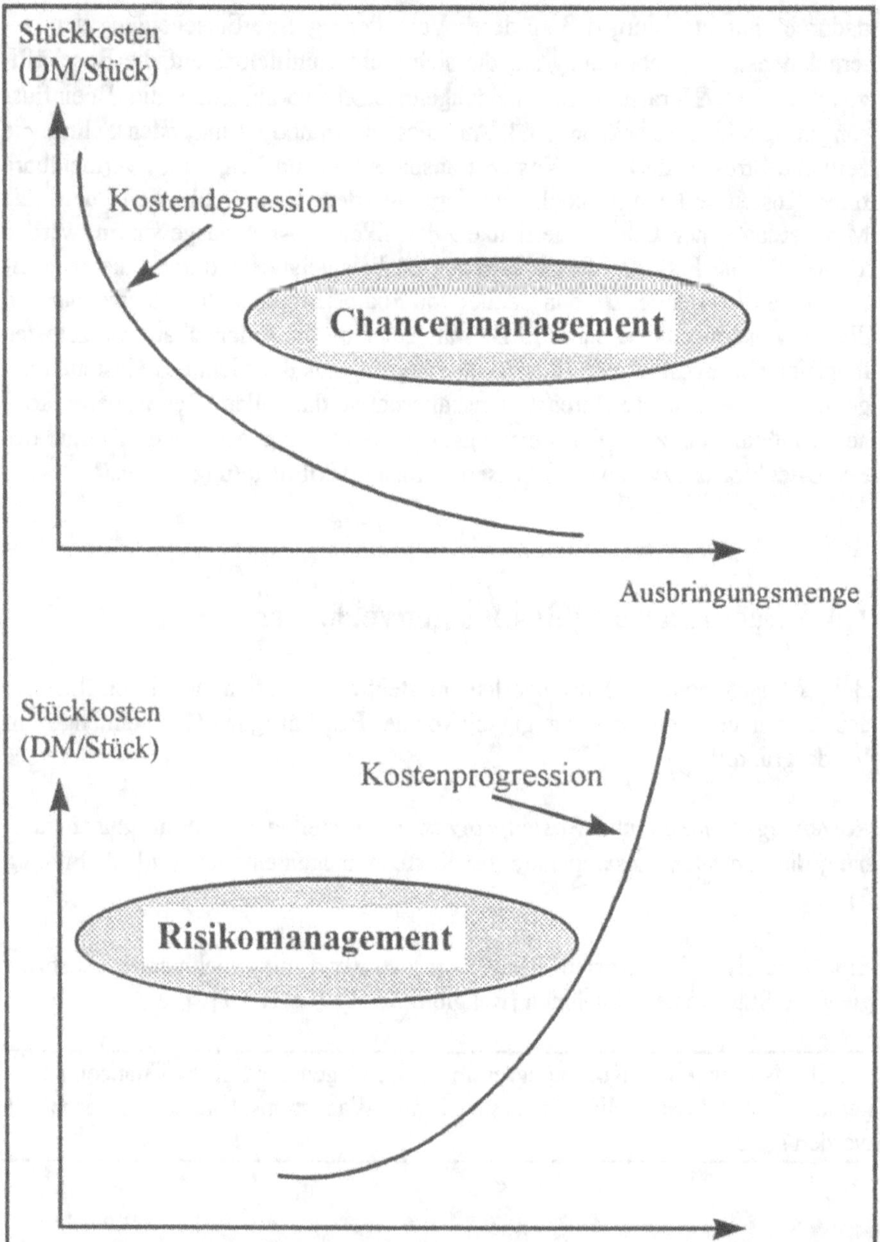

Abb. 7: Chancen- und Risikomanagement

Das Kostenmanagement hat auf eine gezielte Beeinflussung des Kostenverlaufs in Richtung sinkender Stückkosten hinzuwirken. Aus der Sicht des Kostenmanagements kann beispielsweise durch hohe Outputmengen eine Fixkostendegression genutzt werden. Das zur Realisation dieser Beschäftigungsdegression erforderliche Kapazitätsauslastungsmanagement basiert z. B. auf einer Leerzeiten minimierenden Maschinenbelegungsplanung oder auf einer Ausdehnung von Betriebszeiten, indem von einem Einschicht- auf einen Mehrschichtbetrieb übergegangen wird.[42]

Ist eine Gestaltung des Kostenverlaufs in Richtung sinkender Stückkosten über eine hohe Outputmenge nicht möglich, ist bei einem Kapazitätsüberhang durch das Kostenmangement eine Fixkostenreduktion anzustreben, die z. B. durch eine endgültige Eliminierung Fixkosten verursachender Potentialfaktoren (Entlassung, Verkauf, Verschrottung usw.) oder durch Vermietung dieser Potentialfaktoren realisiert werden kann.[43]

Steigen die Stückkosten mit zunehmender Ausbringung ($R > 1$), liegt ein progressiver Stückkostenverlauf vor. Ursachen hierfür können z. B. steigende Ausschußkosten, Kosten der Terminüberschreitung oder Komplexitätskosten sein:[44]

„... Die Handhabung der Kostenprogressionen steht im Mittelpunkt des kostenorientierten Risikomanagements ...“[45].

Das Kostenmanagement hat derartige Kostenprogressionen frühzeitig zu erkennen und entgegenwirkende Maßnahmen einzuleiten.[46]

---

42) Vgl. Burger, A. [1995], S. 6; Reiß, M./Corsten, H. [1992], S. 1482.
43) Vgl. Burger, A. [1995], S. 6; Reiß, M./Corsten, H. [1992], S. 1482.
44) Vgl. Burger, A. [1995], S. 5; Männel, W. [1995], S. 32 - 33; Reiß, M./Corsten, H. [1992], S. 1481.
45) Reiß, M./Corsten, H. [1992], S. 1481.
46) Vgl. Männel, W. [1995], S. 32.

1.4 Lehrfragen und Übungen

1. Charakterisieren Sie ausführlich den Wettbewerb auf Käufermärkten mit Hilfe der nachstehenden Begriffe:

   - Kostendruck
   - Zunehmende Differenzierung der Kundenwünsche
   - Erhöhung der Variantenvielzahl
   - Verkürzte Produktlebenszyklen
   - Steigende Qualitäts- und Leistungsanforderungen an die Produkte
   - Veränderung der betrieblichen Prozeßstruktur
   - Kostenartensubstitutionen
   - Flexible Automatisierung
   - Kostenflexibilität/Kostenreagibilität
   - Komplexitätskosten

2. Wie wirkt sich die in der Vergangenheit zu beobachtende Zunahme der Fixkostenintensität auf die Gewinnschwelle eines Unternehmens aus? Unterstreichen Sie Ihre Ausführungen graphisch.

3. Nehmen Sie ausführlich zu der Aussage Stellung: „Mit der Erhöhung des Fixkostenanteils steigt gleichzeitig die Bedeutung eines effektiven Kostenmanagements."

4. Grenzen Sie die Begriffe Kostenrechnung und Kostenmanagement ab.

5. Grenzen Sie das strategische und operative Kostenmanagement ab.

6. Einige Aufgaben des Kostenmanagements können unter dem Begriff *„Chancenmanagement"* zusammengefaßt werden. Was versteht man unter dem Begriff *„Chancenmanagement"* und welche Aufgaben hat das Kostenmanagement in diesem Zusammenhang zu erfüllen?

7. Einige Aufgaben des Kostenmanagements können unter dem Begriff *„Risikomanagement"* zusammengefaßt werden. Was versteht man unter dem Begriff *„Risikomanagement"* und welche Aufgaben hat das Kostenmanagement in diesem Zusammenhang zu erfüllen?

2. Methoden und Instrumente des Kostenmanagements

Für die zielorientierte Gestaltung der Kosten im Sinne einer Optimierung der Kosten-/Nutzenverhältnisse im Unternehmen sind eine Vielzahl von Instrumenten und Methoden entwickelt worden. Im folgenden sollen die mit Blick auf den Praxiseinsatz wichtigsten traditionellen und modernen Instrumente und Methoden des Kostenmanagements vorgestellt werden (vgl. Abbildung 8).

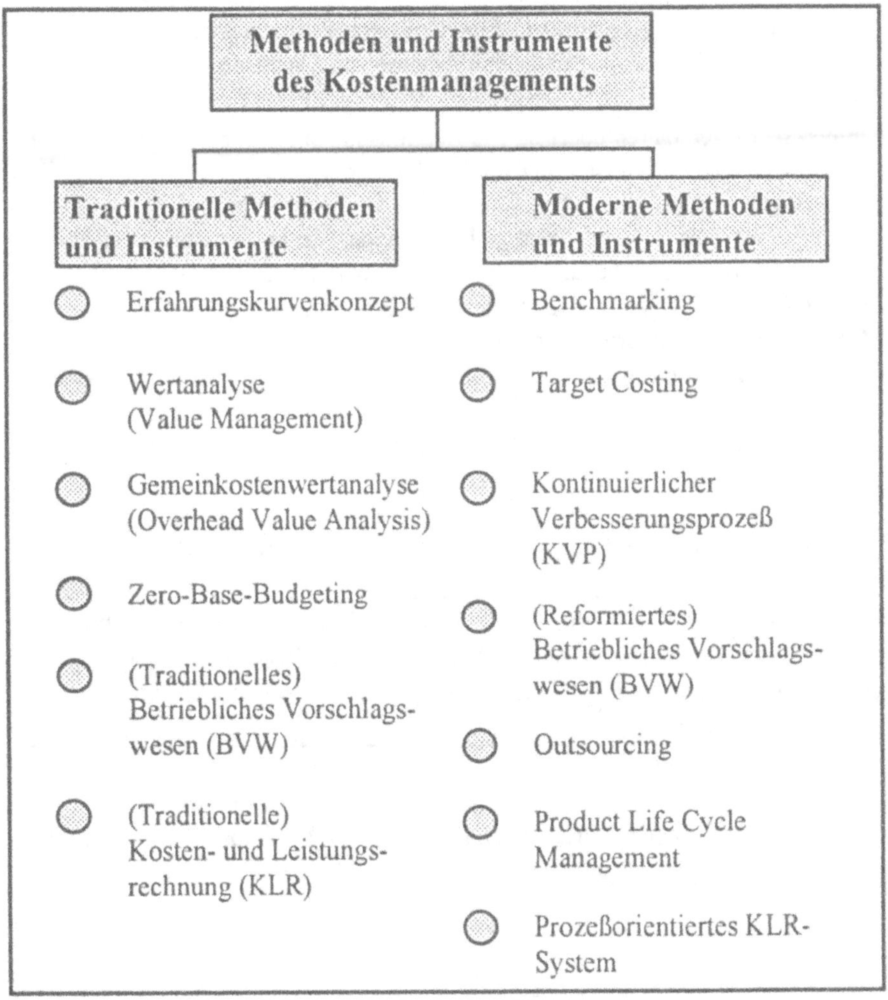

Abb. 8:
Traditionelle und moderne Methoden und Instrumente des Kostenmanagements

2.1 Traditionelle Methoden und Instrumente

2.1.1 Erfahrungskurven-Konzept

Das *Erfahrungskurvenkonzept* ist eine Erweiterung des in den zwanziger Jahren bei der Wright Patterson Air Force Base beobachteten *Lernkurveneffektes*:

Der *Lernkurveneffekt* besagt, daß die erforderliche Arbeitszeit für bestimmte Arbeitsprozesse mit zunehmender Ausführung bzw. zunehmender Übung sinkt. Die permanente Wiederholung der Arbeitsverrichtung führt im Ergebnis somit zu sinkenden Fertigungskosten. Ein derartiger Zusammenhang wurde durch umfangreiche Forschungen in der Psychologie und Arbeitsergonomie bestätigt.[47]

In den sechziger Jahren übertrug das Beratungsunternehmen Boston Consulting Group (BCG) diesen Effekt auf die Vollkostenentwicklung. Die ursprüngliche Zielsetzung bestand darin, eine langfristige Gesamtkostenentwicklung der von der BCG betreuten Unternehmen zu beschreiben. Mit Hilfe empirischer Studien konnte die BCG eine negative Korrelation zwischen Stückkosten und kumulierter Gesamtproduktion nachweisen. Da das Erfahrungskurvenkonzept - im Gegensatz zur Lernkurve - nicht nur den Produktionsbereich, sondern das gesamte Unternehmen in die Analyse einbezieht, spricht das Erfahrungskurvenkonzept nicht nur Industrieunternehmen, sondern auch Dienstleistungsunternehmen (z. B. Versicherungen, Banken) und Unternehmen des tertiären Sektors an.[48]

Konkret besagt der Erfahrungskurveneffekt (auch: Boston-Effekt):

„... Mit jeder **Verdoppelung** der im Zeitablauf **kumulierten Ausbringungsmenge** eines Produktes besteht bei **konstanten Geldwerten** ein **Stückkostensenkungspotential** von 20 % bis 30 %, bezogen auf den Wertschöpfungsanteil der Produktkosten ...“[49].

Der oben beschriebene Zusammenhang zwischen Stückkosten und Erfahrung wird auch als *Erfahrungsgesetz* bezeichnet.

47) Vgl. Coenenberg, A. G./Baum, H.-G. [1992], S. 49 - 50.
48) Vgl. Coenenberg, A. G./Baum, H.-G. [1992], S. 49 - 50.
49) Bauer, H. H. [1986], S. 2; vgl. auch: Henderson, B. D. [1974], S. 19.

Ergreift die Unternehmensführung sämtliche Chancen zur Verbesserung des Produktionsprozesses, so kann mit einer Stückkostenreduzierung von bis zu 30 % gerechnet werden. Es verwundert nicht, daß das von der BCG entwickelte Erfahrungskurvenkonzept seit der Veröffentlichung durch Henderson (1974) die Theorie und - aufgrund des empirischen Nachweises - insbesondere die Praxis der strategischen Unternehmensplanung stark beeinflußt hat.[50]

> Das ***Ziel*** der Erfahrungskurve liegt in erster Linie in der Erfassung der Stückkostenverläufe.[51] Das Erfahrungskurvenkonzept ist allerdings „... nicht nur auf Produkte, Produktgruppen oder strategische Geschäftsfelder, sondern auch auf selbstgefertigte Bauteile und auf Teilaktivitäten anwendbar."[52]

Bei der Transformation des Erfahrungskurvenkonzeptes in die Praxis sind zwei wesentliche Dinge zu beachten:

Zum einen verwenden die BCG und Henderson einen in der Betriebswirtschaftslehre nicht gebräuchlichen Kostenbegriff.[53] Der gesamte zur Produktion erforderliche Faktoreinsatz setzt sich aus den vom Beschaffungsmarkt bezogenen Fremdbezügen (auch: Vorleistungen) und vom Unternehmen erbrachten Eigenleistungen (auch: Wertschöpfung) zusammen. Die kostenwirksamen Degressionsprozesse des Erfahrungskurvenkonzeptes beziehen sich nur auf die Eigenleistungen und somit auf die Wertschöpfung (auch: Mehrwert).[54]

Zum anderen verkörpert die Erfahrungskurve kein empirisch prüfbares Gesetz, d. h. die beschriebene Kostensenkung ist lediglich von potentieller Natur.

> Es kann aber festgehalten werden, daß die Erfahrungskurve als
>
> „... eine **empirisch** feststellbare und erklärbare **Regelmäßigkeit** ..."[55]
>
> aufgefaßt werden kann.

50) Vgl. Bauer, H. H. [1986], S. 1 ff.
51) Vgl. Breit, C. [1985], S. 153.
52) Henderson, B. D. [1974], S. 100.
53) Vgl. hierzu insbesondere Coenenberg, A. G./Baum, H.-G. [1992], S. 49.
54) Vgl. Ziegenbein, K. [1995], S. 91.
55) Bauer, H. H. [1986], S. 1.

Die Ausschöpfung des Kostenpotentials setzt voraus, daß das Management sämtliche Rationalisierungsreserven und Innovationsmöglichkeiten ausschöpft.[56] Die *Kenntnis der Ursachen der Kostenreduktion* sowie *das richtige strategische Handeln* bilden die Basis für die Gültigkeit des Erfahrungskurvenkonzeptes.[57]

2.1.1.1 Verlauf und Ursachen der Erfahrungskurve

Die Erfahrungskurve besagt, daß mit wachsender kumulierter Ausbringungsmenge die realen Stückkosten eines Produktes sinken. Eine 80%-Erfahrungskurve bedeutet, daß mit der Verdoppelung der Produktionsmenge die Stückkosten einer Periode auf 80 % der Stückkosten der jeweils vorangegangenen Periode sinken. Als Periode ist in diesem Fall derjenige Zeitraum gemeint, innerhalb dessen sich die Produktionsmenge verdoppelt hat:

Eine 80%-Erfahrungskurve führt zu einer Stückkostenreduzierung von 20 %, d. h. die Erfahrungsrate α beträgt 20 %; bei der 50%-Erfahrungskurve beträgt α = 50 % usw. Die nachstehende Abbildung 9 verdeutlicht diesen Zusammenhang.

In den vergangenen 25 Jahren sind Tausende von Erfahrungskurven ermittelt worden:

Empirische Studien belegen, daß die Erfahrungsraten für Konsumgüter durchschnittlich bei 15 % und für Produktionsgüter im Mittel bei 25 % liegen.[58]

Die empirisch nachweisbare Existenz des Erfahrungskurvenkonzeptes wirft die Frage nach seinen Ursachen bzw. nach den dafür *verantwortlichen Faktoren* auf. Die Gültigkeit des Erfahrungskurvenkonzeptes beruht im wesentlichen auf den nachstehenden Faktoren, die Porter auch als *Kostenantriebskräfte* bezeichnet:[59]

56) Vgl. Ossadnik, W. [1996], S. 265.

57) Vgl. Huch, B./Behme, W./Ohlendorf, Th. [1995], S. 381.

58) Vgl. Bauer, H. H. [1986], S. 3.

59) Vgl. Coenenberg, A. G./Baum, H.-G. [1992], S. 52; Huch, B./Behme, W./Ohlendorf, Th. [1995], S. 381; Ossadnik, W. [1996], S. 265 ff.; Porter, M. E. [1996], S. 102.

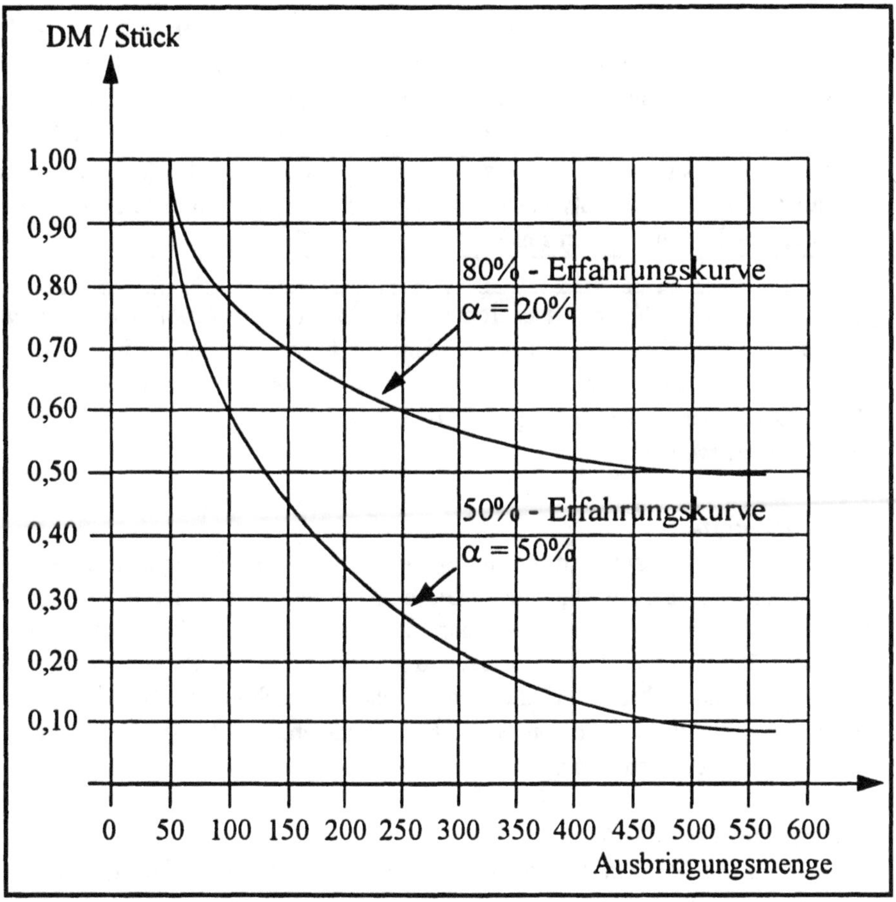

Abb. 9: Erfahrungskurven in exponentieller Form

Größendegression:

Eine *Größendegression* kommt grundsätzlich dann zustande, wenn die jährliche Ausbringungsmenge steigt. Die Basis dieses Effektes bildet die kumulierte Ausbringungsmenge. Hierbei werden zwei wesentliche Teileffekte unterschieden, die *Fixkostendegression* und *Economies of Scale*:

Der *Fixkostendegression* liegt ein *stückzahlenabhängiger Mengeneffekt* zugrunde. Hierbei wird stets von Unterbeschäftigung bzw. nicht oder nur teilweise ausgelasteten Kapazitäten ausgegangen. Steigende Ausbringungsmengen führen in diesem Fall zu einer höheren Kapazitätsauslastung. Bei Konstanz der Kapazitäten werden die ebenfalls konstanten fixen Kapazitätskosten auf eine größere Stückzahl mit der Wirkung verteilt, daß die Stückkosten sinken.[60]

Economies of Scale basieren auf einen *stückzahlenabhängigen Betriebsgrößeneffekt*. In diesem Fall führen - auch bei voller Kapazitätsauslastung - absolute Kostenvorteile großer Unternehmen z. B. in den Bereichen Beschaffung, Produktion und Absatz zu einer *Größendegression*.[61]

Lernkurveneffekt:

Beim *Lernkurveneffekt* wird davon ausgegangen, daß die Fertigungszeiten mit zunehmender Stückzahl abnehmen. Dieser ursprünglich nur auf den Produktionsbereich bezogene Effekt wird auf individuelle Lernerfolge durch Übung zurückgeführt. Kürzere Fertigungszeiten und geringere Fehlerquoten wirken sich direkt und indirekt auf die betriebliche Wertschöpfung (z. B. in den Bereichen Produktion, Personalwirtschaft, Kundendienst/Service) im Sinne sinkender Gemeinkosten aus.[62]

Technischer Fortschritt:

Der *technische Fortschritt* bezieht sich sowohl auf verbesserte Fertigungstechnologien als auch auf verbesserte Produkte. Der allgemeine technische Fortschritt ermöglicht die Einführung kostengünstiger und/oder leistungsfähigerer Produktionsmittel und -prozesse. Auf die Produkte bezogen führen z. B. Wertanalysen und Standardisierungen zu geringeren Stückkosten.[63]

---

60) Vgl. Bauer, H. H. [1986], S. 4; Coenenberg, A. G./Baum, H.-G. [1992], S. 52; Huch, B./Behme, W./Ohlendorf, Th. [1995], S. 381; Porter, M. E. [1996], S. 103.

61) Vgl. Bauer, H. H. [1986], S. 4; Coenenberg, A. G./Baum, H.-G. [1992], S. 52; Huch, B./Behme, W./Ohlendorf, Th. [1995], S. 381; Porter, M. E. [1996], S. 103.

62) Vgl. Bauer, H. H. [1986], S. 4; Coenenberg, A. G./Baum, H.-G. [1992], S. 52; Huch, B./Behme, W./Ohlendorf, Th. [1995], S. 381; Porter, M. E. [1996], S. 103; Ziegenbein, K. [1995], S. 93.

63) Vgl. Bauer, H. H. [1986], S. 4; Breit, C. [1985], S. 132; Coenenberg, A. G./Baum, H.-G. [1992], S. 52; Huch, B./Behme, W./Ohlendorf, Th. [1995], S. 381; Porter, M. E. [1996], S. 103; Ziegenbein, K. [1995], S. 93.

Rationalisierung:
Vereinfachte Führungsabläufe und/oder Mechanisierung der Fertigungsprozesse, Rationalisierungsinvestitionen usw. führen im Ergebnis zu Kostensenkungen. Allerdings sind Rationalisierungseffekte i. d. R. erst durch Lerneffekte und durch technischen Fortschritt zu erzielen, d. h. eine Trennung dieser Teileffekte kann häufig nur theoretisch erfolgen.[64]

Kostenantriebskräfte bzw. Erfolgsfaktoren wirken jedoch nicht automatisch! Größenbedingte Kostendegressionen lassen sich nur erreichen, wenn sämtliche Aktivitäten des Unternehmens ausreichend koordiniert sind und sie die für eine reibungslose Produktion großer Serien erforderlichen Inputs liefern.[65]

Die Vorteile aus der Lernkurve stellen sich in jedem Fall nur ein, wenn die Unternehmensführung sich um deren Realisierung bemüht:

Eine Reihe von Faktoren, wie z. B. die Fortbildung und Motivation der Mitarbeiter, Unternehmenskultur, die Einführung von Kostensenkungsprogrammen, die stetige Weiterentwicklung der Automatisierung und der Glaube an die Lernkurve tragen dazu bei, daß ein Unternehmen die identifizierten Kostenpotentiale ausschöpfen kann.[66]

2.1.1.2 Ableitung von Handlungsempfehlungen

Aus dem emprisch festgestellten Sachverhalt des Erfahrungskurvenkonzeptes können nachstehende Schlußfolgerungen für strategische Maßnahmen gezogen werden:[67]

⇨ Hohe *Marktanteile* sichern Erfahrungsvorteile und damit eine dem Wettbewerb gegenüber potentiell günstigere Kostensituation. Eine Unternehmung kann ihre relative Kostensituation somit verbessern, wenn die *Wachstumsrate* größer als die der Konkurrenten ist.

⇨ Die Entwicklung der Kosten sollte sich stets reziprok zu der des Marktanteils und des Marktwachstums verhalten. Ein hoher *Marktanteil* sollte

64) Vgl. Bauer, H. H. [1986], S. 7ff.; Hinterhuber, H. H. [1983], S. 208.
65) Vgl. Porter, M. E. [1996], S. 103.
66) Vgl. Porter, M. E. [1996], S. 103.
67) Vgl. Coenenberg, A. G./Baum, H.-G. [1992], S. 53; Fischer, Th. M. [1993], S. 20; Hinterhuber, H. H. [1983], S. 204 ff.; Ossadnik, W. [1996], S. 267.

stets niedrige Kosten nach sich ziehen und schnelles *Marktwachstum* zu einer Senkung der Kosten führen.

⇨ Da die kumulierte Erfahrung maßgebend ist, sollte eine hohe Marktanteilsposition möglichst frühzeitig erzielt werden.

Als strategische Handlungsempfehlung kann aus dem Erfahrungskurven-Konzept die *Strategie der Kostenführerschaft* abgeleitet werden:[68]

Die *Strategie der Kostenführerschaft*, die sich als strategische Handlungsmaxime aus Porters Wertkettenanalyse ergibt, erfährt durch den Erfahrungskurveneffekt eine empirische Untermauerung.[69]

Mit der Strategie der Kostenführerschaft verfolgt das Unternehmen das Ziel, der im Vergleich zur Konkurrenz kostengünstigste Hersteller zu werden.[70]

Gemäß dem Erfahrungskurvenkonzept kann sich ein Unternehmen von einem Konkurrenten (auch: Herausforderer) von Anfang an positiv abheben, indem es eher in den Markt eintritt.[71] Für die Kosten- und Preispolitik wird häufig eine *Politik der Marktdurchdringungspreise* (auch: penetration pricing) empfohlen,[72] die idealtypisch in vier Phasen unterteilt werden kann (vgl. Abb. 10):

Einführungsphase (I):
In der Einführungsphase liegen die Preise unter den Stückkosten. Diese Niedrigpreispolitik ist notwendig, um über die Gewinnung einer großen Anzahl von Kunden eine hohe Marktwachstumsrate zu erzielen. Auf diese Weise können Erfahrungskurveneffekte bzw. sinkende Stückkosten frühzeitig realisiert werden. Daneben sollen potentielle Wettbewerber über niedrige Stückpreise am Markteintritt und somit am Erwerb von Erfahrungswissen gehindert werden.[73]

68) Vgl. Coenenberg, A. G./Baum, H.-G. [1992], S. 53; Ziegenbein, K. [1995], S. 102.
69) Vgl. Ossadnik, W. [1996], S. 267.
70) Vgl. Porter, M. E. [1996], S. 32.
71) Vgl. Bauer, H. H. [1986], S. 7.
72) Vgl. Coenenberg, A. G./Baum, H.-G. [1992], S. 53; Huch, B./Behme, W./Ohlendorf, Th. [1995], S. 381; Ziegenbein, K. [1995], S. 102.
73) Vgl. Coenenberg, A. G./Baum, H.-G. [1992], S. 53; Huch, B./Behme, W./Ohlendorf, Th. [1995], S. 381; Ziegenbein, K. [1995], S. 103.

Wachstumsphase (II):
Zunehmende Ausbringungsmengen mit entsprechenden Erfahrungskurveneffekten führen zu Stückkostensenkungen, die - bei Konstanz der Preise - zu positiven Gewinnspannen führen. Es bildet sich ein sog. Preisschirm, der andere Anbieter anlockt. Für den bereits im Markt befindlichen Anbieter (dem Innovator) bedeutet der Markteintritt eines jeden neuen Anbieters Marktanteilsverluste.[74]

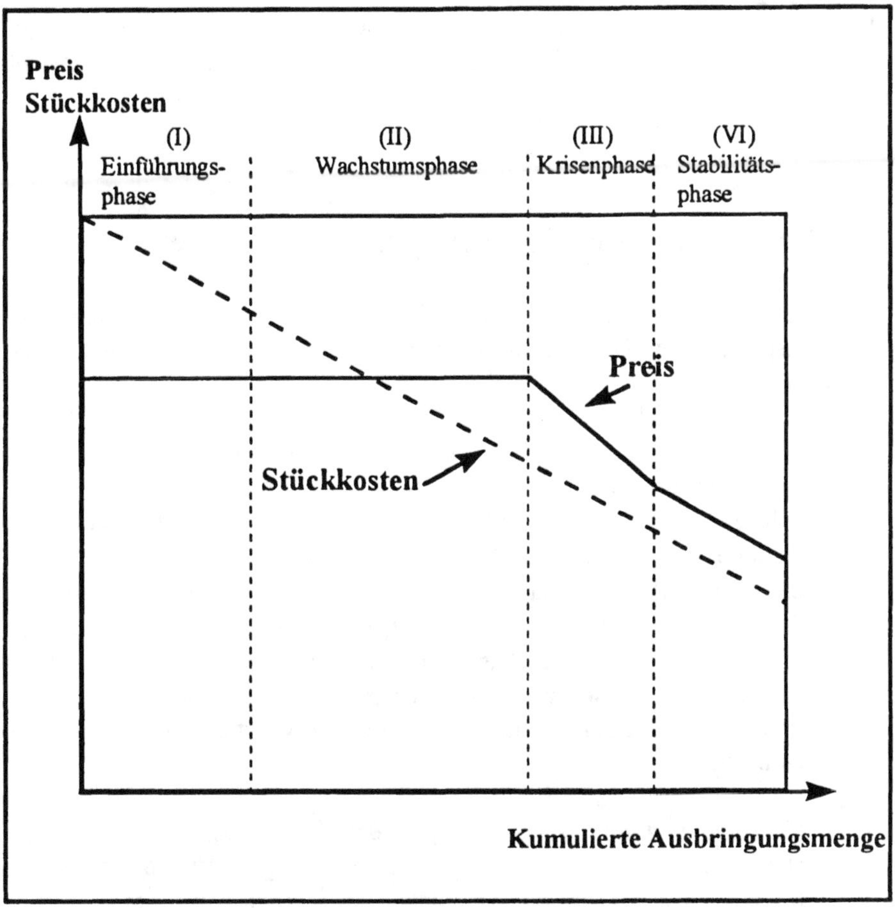

Abb. 10: Politik der Marktdurchdringungspreise
(doppelt-logarithmischer Maßstab)

74) Vgl. Ziegenbein, K. [1995], S. 103.

Krisenphase (III):
Je größer der Marktanteil, desto größer ist auch der Kostenvorteil gegenüber nachrangigen Konkurrenten. Mit dem Ziel einer nachhaltigen Sicherung des Marktanteilsvorsprungs wird das Marktwachstum forciert. Höhere Absatzmengen sind nach klassischem Marktverständnis über sinkende Preise realisierbar. Ein Preiskampf setzt mit der Wirkung ein, daß all diejenigen Mitwettbewerber vom Markt verdrängt werden, die aufgrund ihrer eigenen Kostensituation den Preissenkungen des Marktführers nicht folgen können.[75]

Stabilitätsphase (IV):
Da die Preise auf Dauer nicht stärker fallen können als die Stückkosten, stellt sich ab einem bestimmten Punkt ein dauerhaftes Kosten-/Preisgleichgewicht ein.[76]

2.1.1.3 Grenzen des Erfahrungskurven-Konzeptes

In der Literatur wird vor einem unkritischen Umgang mit dem Erfahrungskurvenkonzept gewarnt. Die wichtigsten Kritikpunkte sind nachstehend zusammengefaßt:

⇨ *Überbetonung des Preises als Basis für die Preisbildung.*
In der Praxis werden häufig aus politischen Erwägungen heraus oder aufgrund existierender Marktaustrittsbarrieren Marktpreise akzeptiert, die unter den (vollen) Stückkosten liegen. Dies ist betriebswirtschaftlich langfristig allerdings nur dann sinnvoll, wenn Unternehmen die Möglichkeit haben, eine für sie unzureichende Erlössituation in einem Geschäftsbereich mit Überschüssen aus anderen Bereichen auszugleichen. Der im Erfahrungskurvenkonzept unterstellte enge Zusammenhang von Preisverlauf und Stückkostenverlauf ist in der Realität oftmals nicht vorzufinden.

⇨ *Überbetonung des Preises als akquisitorisches Instrument.*
Der Preis ist das dominante Wettbewerbsinstrument. Andere Marketing-Mixelemente, wie z. B. Qualitäts- und Servicepolitik sowie Produktinnovationen werden nicht berücksichtigt.

---

75) Vgl. Coenenberg, A. G./Baum, H.-G. [1992], S. 51 - 52; Ziegenbein, K. [1995], S. 103.

76) Vgl. Ziegenbein, K. [1995], S. 103.

⇨ *Unbegrenzter Absatz und unbegrenzte Kapazitätsausweitung.*
Das Erfahrungskurvenkonzept unterstellt, daß genügend potentielle Käufer mit einem relativ unspezifizierten Bedürfnis vorhanden sind. Größer werdende Absatzmengen bedingen letztlich Kapazitätserweiterungsmaßnahmen. Das Erfahrungskurvenkonzept setzt voraus, daß z. B. zusätzliche Anlagen und zusätzliches Personal in quantitativer und qualitativer Hinsicht ausreichend beschafft und ohne Probleme finanziert werden können.

⇨ *Flexibilitätsverlust.*
Kapazitätserweiterungsmaßnahmen sind mit der Gefahr verbunden, daß Beschäftigungsrückgänge aufgrund der hohen Fixkostenanteile nicht mehr ohne weiteres verkraftet werden. Spezialanlagen und die moderne Sozialgesetzgebung führen zu hohen Marktaustrittsbarrieren, die eine Kostenstrukturanpassung an schrumpfende Märkte erschweren oder sogar unmöglich machen.[77]

Die o. g. Kritikpunkte zum Erfahrungskurvenkonzept ergeben sich aus der oben dargestellten Preis-Mengen-Strategie, die sowohl in der Theorie als auch in der Praxis häufig als zwangsläufige Handlungsempfehlung aus dem Erfahrungskurvenkonzept abgeleitet wird. Einige zusätzliche aus der Perspektive des Kostenmanagements wichtige Anwendungsgrenzen des Erfahrungskurvenkonzeptes sind nachstehend zusammengefaßt:

Komplexitätskosten kompensieren Kostendegressionen:
Komplexitätskosten sind zusätzliche (Gemein-)Kosten, die aus der steigenden Produkt- und Variantenvielfalt, der zunehmenden Vielfalt an Baugruppen, Komponenten und Teilen sowie aus der daraus resultierenden Vielfalt an Führungsaufgaben, Abläufen, Kunden und Lieferanten hervorgehen. Dem Charakter nach handelt es sich um *Kostenprogressionen*, die sich insbesondere bei den Kosten der Entwicklung von Produkt- und Prozeßtechnologien, den Vor- und Anlaufkosten der eigentlichen Produktion, den Kosten der logistischen Planung und Steuerung und den Kosten der Qualitätssicherung auswirken. Der Anstieg dieser Kostenbestandteile führt zu einer Abflachung oder sogar zu einer Überkompensation der in Abhängigkeit von der Beschäftigung degressiv verlaufenden Stückkosten. Der im Extremfall auftretende U-förmige Stückkostenverlauf hat zur Folge, daß die im Zuge eines Beschäftigungszuwachses erreichbaren *"Economies of Scale"* sich durch eine Erhöhung der innerbetrieblichen Komplexität in *"Diseconomies of Large Scale"* umwandeln können.[78]

77) Vgl. Bauer, H. H. [1986], S. 10; Coenenberg, A. G./Baum, H.-G. [1992], S. 53 - 55.
78) Vgl. Becker, W. [1992], S. 171 - 172; Männel, W. [1995], S. 32 - 33.

Aus dem Erfahrungskurvenkonzept abgeleitete Degressionseffekte können aus den o. g. Gründen häufig erst verspätet, nur in einem geringeren Umfang oder gar nicht realisiert werden (vgl. Abb. 11).

Das Kostenmanagement hat die Aufgabe, die Komplexitätskosten zu erkennen und zielorientiert zu beeinflussen sowie im Rahmen des Erfahrungskurvenkonzeptes nicht realisierbare Kostensenkungspotentiale zwecks Vermeidung strategischer Fehlentscheidungen zu erfassen und auszuweisen. Diese umfassende Aufgabe setzt eine möglichst verursachungsgerechte Erfassung von Komplexitätskosten voraus.[79]

Wettbewerber besitzen unterschiedliche Wertschöpfungstiefen:
Das Erfahrungskurvenkonzept setzt eine homogene Wettbewerbsstruktur voraus, indem für sämtliche Anbieter eine gleiche Wertschöpfungstiefe unterstellt wird. Die Möglichkeit, *Erfahrungen zu kaufen*, wird ausgeschlossen.[80] Grundsätzlich ist aber für jeden Produktionsfaktor sowohl Eigenproduktion als auch Fremdbezug möglich.[81] Hier sei als Beispiel an den Betriebsstoff Energie gedacht, der sowohl durch eigene Energieversorgungsquellen in vielen Industrieunternehmen selbst produziert und/oder fremdbezogen werden kann. Ferner hat das Unternehmen z. B. die Möglichkeit, Logistikleistungen selbst zu produzieren oder am Markt zu erwerben. Typische Fremdlogistikleistungen stellen beispielsweise Fremdtransporte und Fremdlagerungen dar.[82] Die Realität zeigt, daß Erfahrungswissen käuflich mit der Wirkung erworben werden kann, daß den Imitatoren weniger Fehler als dem Innovator unterlaufen und Erfahrungsvorteile unmittelbar nachvollzogen und aufgeholt werden können.[83]

Der mögliche Zukauf von Wertschöpfungsleistungen und die daraus resultierenden Kostenvorteile seitens der Imitatoren dürfen bei der Realisation und Verteidigung einer Kostenführerschaftsstrategie nicht außer acht gelassen werden.

79) Vgl. Männel, W. [1992], S. 290 - 291.
80) Vgl. Coenenberg, A. G./Baum, H.-G. [1992], S. 54.
81) Vgl. Weber, J. [1987], S. 147.
82) Vgl. Stabenau, H. [1988], S. 4 - 5.
83) Vgl. Coenenberg, A. G./Baum, H.-G. [1992], S. 54.

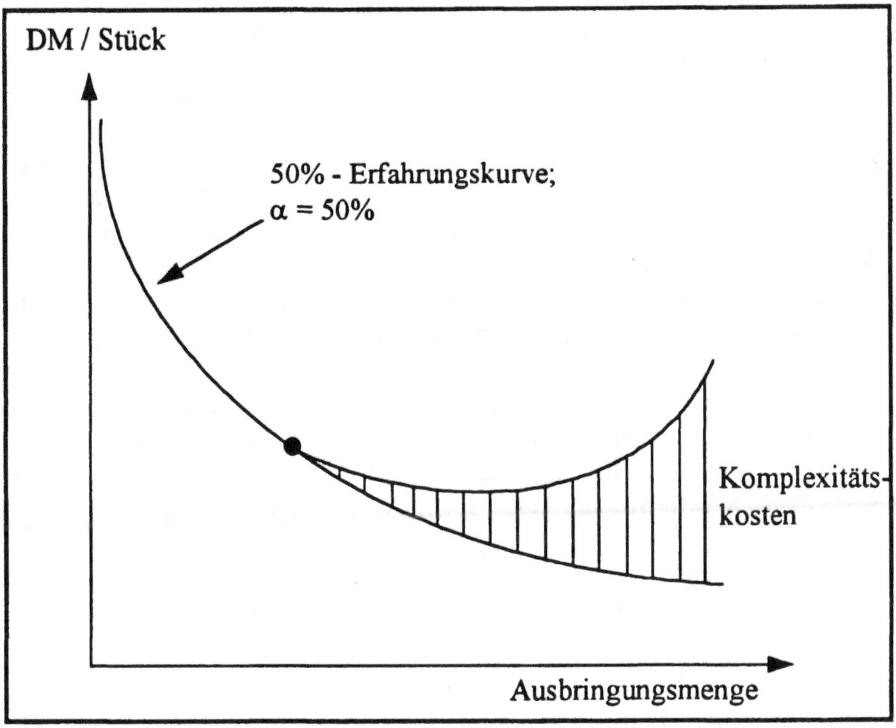

Abb. 11:
Veränderung des langfristigen Stückkostenverlaufs durch Komplexitätskosten

Des weiteren hat das Kostenmanagement im Rahmen von Outsourcing-Überlegungen zu überprüfen, inwieweit die unternehmensinterne Kostenstruktur durch den Fremdbezug von Wertschöpfungsleistungen positiv beeinflußt werden kann. Fremdbezug von Wertschöpfungsleistungen kann zu einer Dienstleistungsoptimierung, zu einem Abbau der fixen Kosten, zu einer besseren Kostenflexibilisierung sowie zu einem Abbau der Komplexität führen, so daß alle drei Aufgabenfelder des Kostenmanagements angesprochen sind.

Da der Zukauf von Wertschöpfungsleistungen definitionsgemäß den Vorleistungen und somit nicht den Kosten der Wertschöpfung zuzurechnen ist, muß sich ein effektives Kostenmanagement von der durch das Erfahrungskurvenkonzept lediglich auf den Wertschöpfungsteil begrenzten Sichtweise lösen.

Wettbewerber besitzen unterschiedliche Synergieerfahrungen:
Im Erfahrungskurvenkonzept werden keine Sortiments- und Synergieeffekte (auch: geteilte Erfahrung) berücksichtigt. Hier sei beispielsweise an die Mehrfachverwendung bestimmter Komponenten und Leistungen gedacht. Sind in der Wertschöpfungskette bereits Ressourcen (z. B. Servicenetz, Produktionslogistik, Qualitätssicherung, Lagerhaltungssysteme) aufgebaut, die durch ein neues Produkt mit genutzt werden können oder werden im Rahmen der Produktion und Montage eines neuen (Primär-)Erzeugnisses standardisierte Normteile verwendet, die bereits seit langer Zeit als (Sekundär-)Erzeugnisse für bereits im Produktionsprogramm befindliche Produkte beschafft, gelagert und ggfs. sogar produziert worden sind, kann das Unternehmen bereits gewonnene Erfahrungen für die Herstellung und den Vertrieb eines neues Produktes nutzen. Die beschriebene synergetische Nutzung bestimmter Teilbereiche in der Wertschöpfungskette führt gegenüber Unternehmen, die über eine solche "geteilte Erfahrung" nicht verfügen, zu nicht unerheblichen Kostenvorteilen.[84]

Synergiebedingte Kostenvorteile des Unternehmens und der Konkurrenz müssen beim Aufbau und der erfolgreichen Verteidigung eines dauerhaften Kostenvorsprungs mit berücksichtigt werden.

Ein Unternehmen sollte z. B. Verteidigungs- oder Abwehrtaktiken wählen, die potentiellen Konkurrenten die größten potentiellen relativen Kostennachteile zuweisen bzw. die Kostenposition des eigenen Unternehmens weniger belasten als die des Herausforderers.[85] Die Identifizierung und ggfs. Gestaltung dieser Kostenpositionen fällt in den Aufgabenbereich des strategischen Kostenmanagements.

Berücksichtigung der Zielbeziehung zwischen dem Kostensenkungsziel und dem Streben nach weiteren strategischen Wettbewerbsvorteilen:
Im Mittelpunkt des Erfahrungskurven-Konzeptes steht die Kostensenkung. Häufig kann jedoch beobachtet werden, daß Produktivitätssteigerungs- und Kostensenkungsbemühungen nicht zu dem gewünschten Erfolg führen. Skinner untersuchte Produktitätssteigerungsprogramme von 25 amerikanischen Unternehmen, die trotz größter Bemühungen um Kostensenkung die gewünschte Verbesserung ihrer Wettbewerbsposition verfehlten:

84) Vgl. Coenenberg, A. G./Baum, H.-G. [1992], S. 54.
85) Vgl. Porter, M. E. [1996], S. 625.

Je intensiver sich die Unternehmen um Produktivitätssteigerungen und Kostensenkungen bemühten, desto weniger erreichten sie paradoxerweise ihre wettbewerblichen Ziele.[86]

Jehle weist in diesem Zusammenhang darauf hin, daß zwischen dem Kostensenkungsziel und dem Verfolgen weiterer Wettbewerbsvorteile eine partiell-komplementäre Zielbeziehung zu beobachten ist, die das Kostenmanagement „... stets im Auge behalten muß ..."[87].

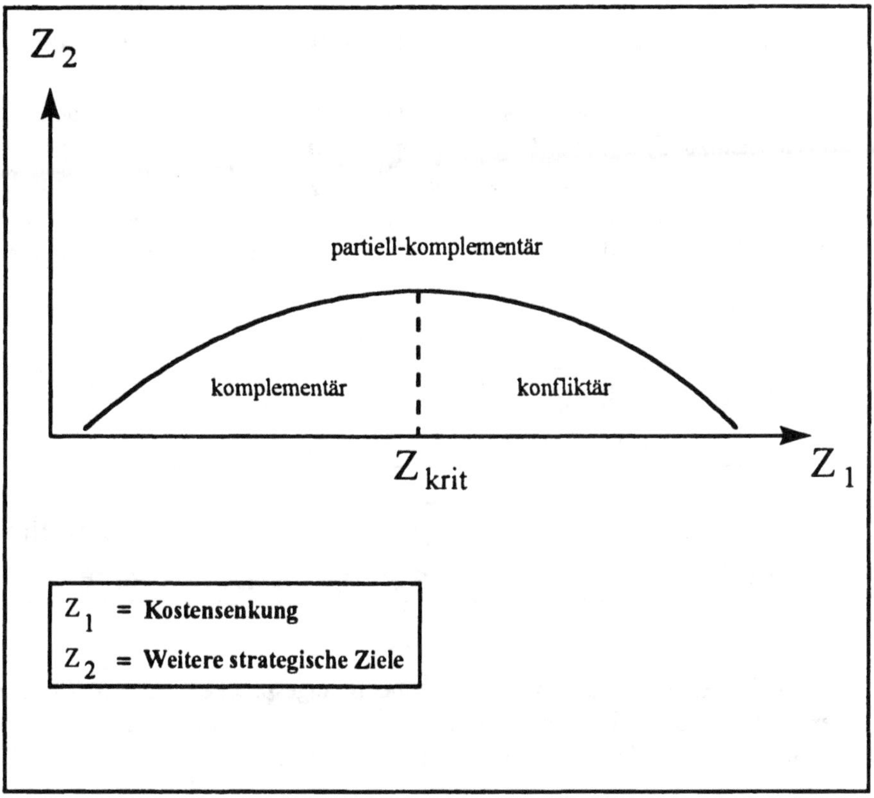

Abb. 12:
Zielbeziehung zwischen dem Kostensenkungsziel und dem Streben nach weiteren strategischen Wettbewerbsvorteilen
(in Anlehnung an: Jehle, E. [1995], S. 148.)

86) Vgl. Skinner, W. [1986], S. 55 ff.
87) Jehle, E. [1995], S. 147.

Kostensenkungsmaßnahmen können das Streben nach weiteren Wettbewerbsvorteilen nur bis zu einem bestimmten kritischen Zielerreichungsgrad Z_{krit} unterstützen; danach verlaufen beide strategischen Ziele konfliktär (vgl. Abb. 12).[88]

Die Ursachen des *Kostenvorsprungs* sind vielschichtig, d. h. ein Kostenführer muß *alle Quellen für Kostenvorteile* aufspüren und nutzen.[89]

2.1.1.4 Beurteilung des Erfahrungskurven-Konzeptes

Das Erfahrungskurvenkonzept stellt ein einfaches und nützliches Modell zur theoretischen Analyse von Erfolgsfaktoren und der Ableitung von strategischen Handlungsempfehlungen dar.[90] Bei der Übertragung dieses Modells in die Praxis ist jedoch zu beachten, daß es aufgrund der beschriebenen Schwächen stets nur als Ausgangsbasis strategischer Überlegungen herangezogen werden darf:[91]

"... Ein Unternehmen sollte nie annehmen, seine Kosten seien niedrig genug."[92]

Kosten sinken aber "... nicht automatisch oder zufällig, sondern durch harte Arbeit und stetige Aufmerksamkeit."[93]

Hier ist die Aufgabe des Kostenmanagements angesprochen, die im Rahmen ihrer Aufgabenfelder für eine frühzeitige Beeinflussung des Kostenniveaus, der Kostenstrukturen und des Kostenverhaltens verantwortlich ist.

88) Vgl. Jehle, E. [1995], S. 148.
89) Vgl. Porter, M. E. [1996], S. 33.
90) Vgl. Bauer, H. H. [1986], S. 10.
91) Vgl. Porter, M. E. [1996], S. 94.
92) Porter, M. E. [1996], S. 158.
93) Porter, M. E. [1996], S. 157.

2.1.1.5 Lehrfragen und Übungen

1. Stellen Sie den Lernkurveneffekt und den Erfahrungskurveneffekt gegenüber, indem Sie die wesentlichen Unterschiede herausarbeiten.

2. Die kostenwirksamen Degressionseffekte des Erfahrungskurveneffektes beziehen sich nicht auf die Gesamtkosten eines Unternehmens; welche Kosten werden im Rahmen des Erfahrungskurven-Konzeptes betrachtet und welche Probleme ergeben sich daraus aus der Perspektive des Kostenmanagements?

3. Beschreiben Sie den Erfahrungskurveneffekt. Unterstützen Sie Ihre Ausführungen graphisch.

4. Was sagt eine 80%-Erfahrungskurve aus?

5. Nehmen Sie ausführlich zu der nachstehenden Aussage Stellung: „ Die Kenntnis der Ursachen der Kostenreduktion sowie das richtige strategische Handeln bilden die Basis für die Gültigkeit des Erfahrungskurven-Konzeptes."

6. Erklären Sie die Begriffe Fixkostendegression und Economies of Scale.

7. Leiten Sie mit Hilfe des Erfahrungskurven-Konzeptes strategische Handlungsempfehlungen ab.

8. Beschreiben Sie die Politik der Marktdurchdringungspreise (auch: penetration pricing). Unterstreichen Sie Ihre Ausführungen graphisch.

9. In der Literatur wird vor einem unkritischen Umgang mit dem Erfahrungskurven-Konzept gewarnt. Zeigen Sie die Grenzen des Erfahrungskurven-Konzeptes auf.

2.1.2 Wertanalyse (Value Management)

Die *Wertanalyse* (WA), für die sich der Begriff *Value Management* immer stärker durchsetzt,[94] ist ein wichtiges Instrument des strategischen Kostenmanagements.[95] Die Grundlagen der *Wertanalyse* wurden im Jahre 1947 in Amerika bei General Electric unter dem Begriff *Value Analysis* von dem damaligen Chefeinkäufer Lawrence D. Miles entwickelt.[96]

Das ***Ziel*** des <u>ursprünglichen</u> Konzeptes der Wertanalyse bestand zunächst darin, „... die Funktionen eines Produktes mit den niedrigsten Kosten zu erstellen, ohne daß die erforderliche Qualität, Zuverlässigkeit und Marktfähigkeit des Produktes negativ beeinflußt werden."[97]

Die (ursprüngliche) Wertanalyse von Miles kann als ein systematischer, kreativer Ansatz zur *Kostensenkung* in den Bereichen Entwicklung, Herstellung, Einkauf *unter Beibehaltung der Leistung* definiert werden.[98]

Die Methode der Wertanalyse erfuhr aufgrund ihrer Erfolge eine schnelle Verbreitung. 1959 kam es in den USA zur Gründung der Society of American Value Engineers (SAVE), die sich auf breiter Basis für die Wertanalyse Ausbildung, den Erfahrungsaustausch und die Weiterentwicklung der Wertanalyse-Methode einsetzt. Ähnliche Funktionen übernahm 1975 für den deutschsprachigen Raum der VDI-Gemeinschaftsausschuß „Wertanalyse", dessen Aktivitäten 1984 für die Bundesrepublik Deutschland durch das Zentrum Wertanalyse (ZWA) der VDI-GSP übernommen und verstärkt wurden.[99]

Bis zu ihrer gegenwärtigen Erscheinungsform hat die Wertanalyse mehrere Entwicklungsphasen durchlaufen:

---

94) Vgl. Jehle, E. [1992], S. 71.
95) Vgl. Jehle, E. [1995], S. 147 u. 152.
96) Vgl. Zentrum Wertanalyse (VDI-GSP) [1995], S. 10; vgl. auch: Jehle, E. [1992], S. 71; Jehle, E./Willeke, M. [1996], S. 255.
97) Burger, A./Schellberg, B. [1995], S. 145.
98) Vgl. Müller, A. [1992], S. 37.
99) Vgl. Zentrum Wertanalyse (VDI-GSP) [1995], S. 12.

„... War die Wertanalyse vor 20 Jahren noch eine *partial*analytische *Methode zur Senkung der Kosten vorhandener materieller Produkte* auf primär *operativer* Ebene, so hat sie sich heute zu einem *ganzheitlich* orientierten *strategischen Konzept* zur *Steigerung des Nutzens vorhandener wie noch zu entwickelnder Produkte und Prozesse beliebiger Art* „gemausert".“[100]
Heute wird die Wertanalyse weltweit als ein wirkungsvolles Instrument zur *Wertverbesserung* bestehender Leistungen (*Value Analysis*) und als Instrument zur *Wertgestaltung* (*Value Engineering*) genutzt.[101]

Die inhaltliche Weiterentwicklung kommt sehr deutlich in der DIN 69910 zum Ausdruck:

In der DIN aus dem Jahre 1973 wird die Wertanalyse wie folgt definiert:

„... Wertanalyse ist das systematische analytische Durchdringen von Funktionsstrukturen mit dem Ziel einer abgestimmten Beeinflussung von deren Elementen (z. B. Kosten, Nutzen) in Richtung einer Wertsteigerung.“[102]

In der Konzeption der neuen DIN 69910 aus dem Jahre 1987 ist die Wertanalyse wissenschaftlich-theoretisch als System fundiert worden:

„... Die Wertanalyse ist ein System zum Lösen komplexer Probleme, die nicht oder nicht vollständig algorithmierbar sind. Sie enthält das Zusammenwirken der Systemelemente Methode, Verhaltensweisen, Management bei deren gleichzeitiger gegenseitiger Beeinflussung mit dem Ziel einer Optimierung des Ergebnisses.“[103]

Das ***Hauptziel*** der Wertanalyse liegt heute in der „... **Optimierung** des Verhältnisses von Kosten und Nutzen (Leistungen) der **Funktionenstrukturen** eines bestimmten WA-Objektes. Entsprechend dieser Zielsetzung sind natürlich auch Kostenerhöhungen möglich, sofern sie durch überproportionale Leistungssteigerungen kompensiert werden.“[104]

---

100) Schröder, H. H. [1994], S. 153.

101) Vgl. Burger, A./Schellberg, B. [1995], S. 145; Zentrum Wertanalyse (VDI-GSP) [1995], S. 12.

102) DIN 69910, [1973].

103) DIN 69910 [1987]; vgl. auch: Zentrum Wertanalyse (VDI-GSP) [1995], S. 17. Zur ganzheitlichen und systemischen Betrachtungsweise vgl. ausführlich Gliederungspunkt 2.2.2.2.2, S. 48 ff.

104) Jehle, E. [1995], S. 147. Die Wertanalyse ist - im Gegensatz zur Gemeinkosten-Wertanalyse - keine reine Kostensenkungsmethode; vgl. Jehle, E. [1995], S. 147.

2.1.2.1 Wertanalytische Grundbegriffe

Die *Wertanalyse* läßt sich beschreiben als eine

- schrittweise, *anwendungsneutrale Vorgehensweise*,
- bei der die *Funktionen* eines *Objektes*
- unter Vorgabe von *Wertzielen*
- durch *interdisziplinäre Teamarbeit*,
- *ganzheitliche Problembetrachtung* und
- mit Hilfe von *Ideenfindungsmethoden*
- hinsichtlich Nutzen und Aufwand

entwickelt bzw. verbessert werden.[105]

Bevor die *charakteristischen Merkmale* der Wertanalyse: anwendungsneutrale Vorgehensweise, interdisziplinäre Teamarbeit, ganzheitliche Problembetrachtung und Ideenfindungsmethoden beschrieben werden, sollen zum besseren Verständnis in Anlehnung an DIN 69910 zunächst die wichtigsten *wertanalytischen Grundbegriffe*: Objekte, Funktionen und der zugrundegelegte Wertbegriff erläutert werden.

2.1.2.1.1 Objekte der Wertanalyse

Wertanalyse-Objekte sind entstehende oder bestehende Funktionenträger. Wertanalyse-Objekte können zum Beispiel Erzeugnisse, Dienstleistungen, Produktionsmittel und -verfahren, Organisations- und Verwaltungsabläufe sowie Informationsinhalte und Prozesse sein.[106]

Geht es bei der Wertanalyse beispielsweise um die Verbesserung der Haltbarkeit eines Massenerzeugnisses, spricht man von *Wertverbesserung*. Besteht die Aufgabe der Wertanalyse z. B. in der Entwicklung eines neuen Produktes, neuer Kommunikationsabläufe oder einer neuen Leistung, so spricht man von *Wertgestaltung*. Als Wertanalyse-Objekte kommen auch Abläufe in der öffentlichen Verwaltung (z. B. Bearbeitung und Ausgabe von Berechtigungen, Abwicklung des Lohnsteuerjahresausgleichs) sowie Geschäftsprozesse zwischen

105) Vgl. Burger, A./Schellberg, B. [1995], S. 145; Zentrum Wertanalyse (VDI-GSP) [1995], S. 16 - 17.

106) Vgl. Burger, A./Schellberg, B. [1995], S. 145.

öffentlichen und privatwirtschaftlichen Bereichen (z. B. Leistungsverrechnung zwischen Patienten, Ärzten und Versicherungsanstalten) in Betracht.[107]

2.1.2.1.2 Funktionenbetrachtung der Wertanalyse

Im Rahmen der Wertanalyse wird von der Annahme ausgegangen, daß die Wertanalyse-Objekte *Bündel von Funktionen* darstellen, die Nutzen stiften, indem sie Bedürfnisse der jeweiligen Nutznießer befriedigen. Dabei wird unter Funktion jede einzelne Wirkung verstanden, die von dem Wertanalyse-Objekt ausgeht.[108] Jede Funktion wird mit einem nach Möglichkeit quantifizierbaren *Substantiv* und mit einem *Verb im Infinitiv* beschrieben;[109] „... die Funktion einer Uhr kann dementsprechend mit „Zeit anzeigen" umschrieben werden."[110]

Die Funktionen werden im wertanalytischen Schrifttum nach *Funktionsarten*, *Funktionsklassen* und *„unerwünschte Funktionen"* untergliedert (vgl. Abbildung 13).[111]

Die Funktionen eines Wertanalyse-Objektes lassen sich in die Funktionsarten *Gebrauchs- und Geltungsfunktionen* differenzieren. *Gebrauchsfunktionen* sind zur sachlichen Nutzung des Wertanalyse-Objektes (technischer und/oder organisatorischer Art) notwendig und im allgemeinen aufgrund physikalischer und/oder wirtschaftlicher Daten bzw. Qualitäts- und/oder Verhaltensstandards quantifizierbar. *Geltungsfunktionen* hingegen sind ausschließlich durch den Objektnutzer wahrnehmbare, personenbezogene Wirkungen (z. B. Aussehen, Komfort, Prestige); ihre Bewertung ist allenfalls mit Methoden der Marktforschung möglich (vgl. Abbildung 14).[112]

Bei Investitionsgütern überwiegen Gebrauchsfunktionen, bei Luxusgütern dominieren Geltungsfunktionen und bei Konsum- und Dienstleistungen stehen Gebrauchs- und Geltungsfunktionen nebeneinander (vgl. Abbildung 15).[113]

---

107) Vgl. Burger, A./Schellberg, B. [1995], S. 145 - 146; Zentrum Wertanalyse (VDI-GSP) [1995], S. 16 - 17.
108) Vgl. Schröder, H. H. [1994], S. 154.
109) Vgl. Zentrum Wertanalyse (VDI-GSP) [1995], S. 18.
110) Schröder, H. H. [1994], S. 154.
111) Vgl. Jehle, E. [1991], S. 291.
112) Vgl. Zentrum Wertanalyse (VDI-GSP) [1995], S. 19.
113) Vgl. Burger, A./Schellberg, B. [1995], S. 146.

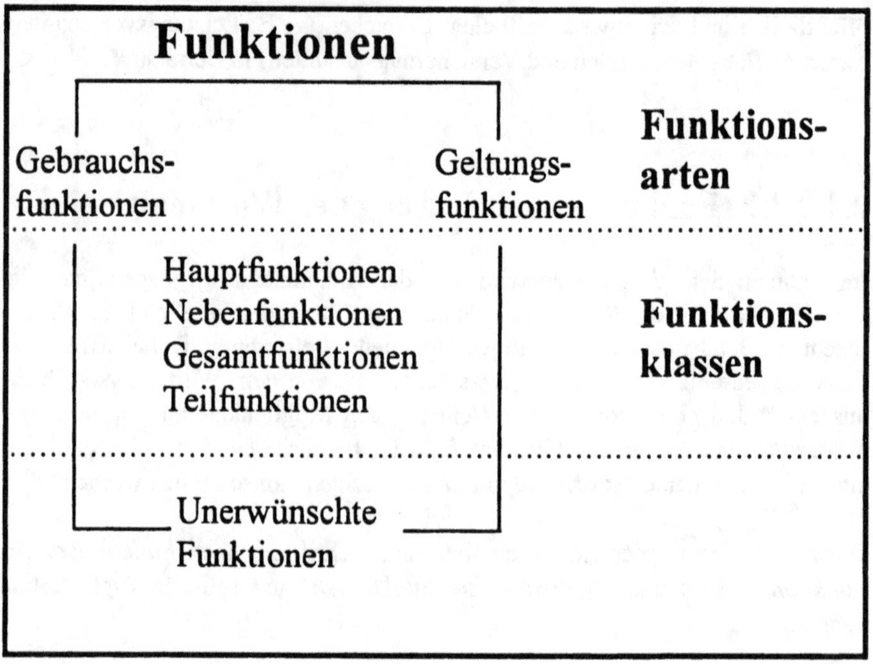

Abb. 13: Einteilung der Funktionen
(in Anlehnung an: Jehle, E. [1991], S. 291.)

Die Funktionen eines Wertanalyse-Objektes können des weiteren in die Funktionsklassen *Haupt-, Neben-, Gesamt- und Teilfunktionen* untergliedert werden.

Die Differenzierung zwischen *Haupt- und Nebenfunktionen* knüpft an die Wichtigkeit einer Funktion für den Benutzer des Wertanalyse-Objektes an. Jedes Wertanalyse-Objekt dient einem Hauptzweck, d. h. es hat eine *Hauptfunktion* zu erfüllen. Werden darüber hinaus gleichzeitig noch weitere, weniger wichtige Funktionen erfüllt, handelt es sich um *Nebenfunktionen*. So ist zum Beispiel die *Hauptfunktion* eines Taschenfeuerzeuges *„Entzündungstemperatur erzeugen"*, als *Nebenfunktionen* kommen beispielsweise *„Einhandbedienung ermöglichen"*, *„Prestige verleihen"* und *„Sicherheit gewährleisten"* in Betracht.[114]

114) Vgl. Schröder, H. H. [1994], S. 156.

Die *Gesamtfunktion* ist die Gesamtwirkung aller Funktionen. Als *Teilfunktionen* werden diejenigen Funktionen bezeichnet, deren Zusammenwirken die Gesamtfunktion ergibt.[115]

Eine *unerwünschte Funktion* ist eine unvermeidbare, nicht gewünschte Wirkung oder eine vermeidbare Wirkung eines Wertanalyse-Objektes. Zum Beispiel kann bei einer *Glühbirne* die Nebenfunktion *„Wärme erzeugen" absolut unvermeidbar und unerwünscht* sein, während bei einer *Pumpe* die Nebenfunktion *„Geräusch erzeugen"* bis zu einem bestimmten Grad *erwünscht* sein kann, da sie eine Kontrolle des Betriebszustandes ermöglicht.[116]

Wertanalyse-Objekt	**Gebrauchsfunktionen**	**Geltungsfunktionen**
Bleistift	Linien fixieren Mine halten Mine schützen u. a.	Aufmerksamkeit erzeugen u. a.
Schreibtisch	Arbeitsfläche bieten Ablage aufnehmen u. a.	Präsentation ermöglichen u. a.
Lack	Korrosion verhindern u. a.	Aussehen verbessern u. a.

Abb. 14:
Beispiele für die Beschreibung von Funktionen der Wertanalyse-Objekte
(in Anlehnung an: Zentrum Wertanalyse (VDI-GSP) [1995], S. 18.)

115) Vgl. Jehle, E. [1991], S. 291; Schröder, H. H. [1994], S. 155.
116) Vgl. Jehle, E. [1991], S. 291.

2.1.2.1.3 Wertbegriff im Rahmen der Wertanalyse

Der Wertbegriff im Sinne der Wertanalyse drückt den Erfüllungsgrad bzw. Nutzen der Funktion eines Wertanalyse-Objektes im Vergleich zum dazugehörigen Gesamtaufwand aus.[117]

„... Aus der Sicht des *Herstellers* geht es beim Wert um die niedrigsten Kosten, die anfallen, wenn die betrachtete Produktfunktion zuverlässig erfüllt wird; hier interessieren die Kosten pro (Einheit der) Funktion.“[118]

„... Aus der Sicht des *Leistungsnutzers* geht es um die Erfüllung von Produktfunktionen im Verhältnis zum dafür aufzuwendenden Geldbetrag; hier interessieren die Anschaffungs- und laufenden Auszahlungen pro (Einheit der) Funktion.“[119]

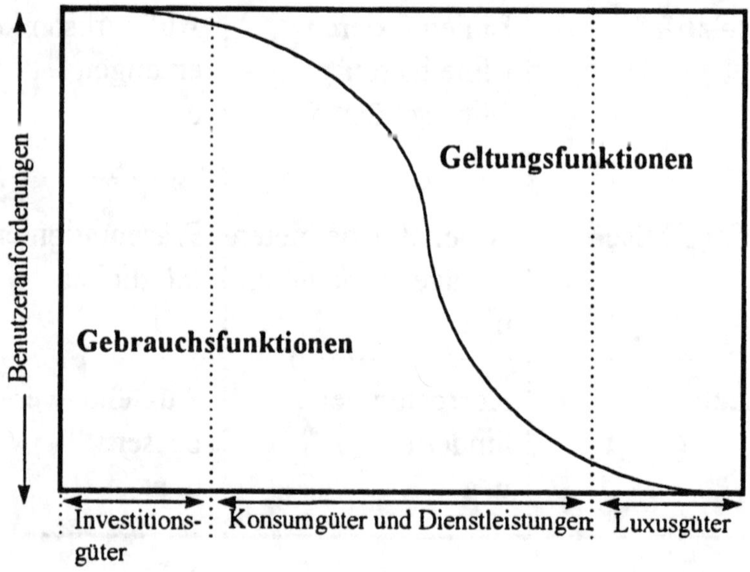

Abb. 15:
Benutzeranforderungen bei verschiedenen Wertanalyse-Objekten in Abhängigkeit von Gebrauchs- und Geltungsfunktionen
(in Anlehnung an: Zentrum Wertanalyse (VDI-GSP) [1995], S. 19.)

117) Vgl. Zentrum Wertanalyse (VDI-GSP) [1995], S. 19.
118) Burger, A. [1995], S. 73.
119) Burger, A. [1995], S. 73.

Für die Bestimmung des Wertes des Wertanalyse-Objektes werden in der Literatur zwei Schritte vorgeschlagen: Erstens wird der *Erfüllungsgrad* bestimmt, zweitens werden die *Beurteilungskriterien* gewichtet:[120]

(1) Bestimmung des Erfüllungsgrades:
Der Erfüllungsgrad stellt das Verhältnis der erreichten bzw. erreichbar erscheinenden Realität zu einem vorgegebenen Ziel dar:

$$\text{Erfüllungsgrad} = \frac{\text{Realität}}{\text{Ziel}}$$

Der optimale Erfüllungsgrad weist eine Ausprägung von 1, schlechtere Erfüllungsgrade weisen einen Wert von kleiner als 1 auf. Die Berechnung erfordert die Quantifizierung der realisierten und angestrebten Beurteilungskriterien.[121] Ist eine Quantifizierung nicht möglich, so können die Wertanalyse-Objekte mit Hilfe von Punkten bewertet werden. Die Funktionen erhalten die Höchstzahl der zu vergebenden Punkte im Fall der sehr guten Erfüllung und die Punktzahl 0 im Fall der völlig unbefriedigenden Erfüllung:

Zum Beispiel:

- sehr gut (ideal)	4 Punkte
- gut	3 Punkte
- ausreichend	2 Punkte
- gerade noch tragbar	1 Punkt
- völlig unbefriedigend	0 Punkte.[122]

Die vorstehende Beurteilung kann sich z. B. auf die Erfüllung von Gebrauchs- und Geltungsfunktionen aber auch auf die Erfüllung wirtschaftlicher Vorgaben beziehen.[123]

Wird die Wertanalyse als Instrument zur Wertverbesserung (also für eine schon bestehende Leistung) durchgeführt, so kann die bereits erreichte oder erreichbar

120) Vgl. Burger, A. [1995], S. 73; Zentrum Wertanalyse (VDI-GSP) [1995], S. 61 ff.
121) Vgl. Burger, A. [1995], S. 73 - 74; Zentrum Wertanalyse (VDI-GSP) [1995], S. 61.
122) Vgl. Zentrum Wertanalyse (VDI-GSP) [1995], S. 61.
123) Vgl. Zentrum Wertanalyse (VDI-GSP) [1995], S. 61.

scheinende Kosteneinsparung dem Kostensenkungsziel gegenübergestellt werden. Der *wirtschaftliche Erfüllungsgrad* (E_w) lautet dann:[124]

$$E_w = \frac{\text{Reale Kosteneinsparung}}{\text{Angestrebte Kosteneinsparung}}$$

oder:

$$E_w = \frac{K_{IST} - K_{LÖS}}{K_{IST} - K_{SOLL}}$$

mit:

K_{IST} = Kosten im Istzustand
$K_{LÖS}$ = Kosten der zu beurteilenden Lösungsalternative
K_{SOLL} = Kosten im SOLL-Zustand (Kostenziel)

Zusätzlich zum *wirtschaftlichen Erfüllungsgrad* (E_w) kann die *wirtschaftliche Wertigkeit* (W_w) bestimmt werden. Bei der *wirtschaftlichen Wertigkeit* geht man über die reine Produktions- und Kostenorientierung hinaus und nimmt den *Funktionsbezug* explizit auf:[125]

$$W_w = \frac{\text{Kostenziel}}{\text{Reale Objekt- bzw. Funktionskosten}}$$

Durch die Aufnahme des Kostenziels in den Zähler und der Kosten des betrachteten Lösungsweges in den Nenner wird sichergestellt, daß der Quotient maximal den Wert 1 aufweist.[126] Die *wirtschaftliche Wertigkeit* ist um so näher bei der Ausprägung 1, je weniger sich das Kostenziel von den realen Objekt- bzw. Funktionskosten unterscheidet.[127] Bei einer *wirtschaftlichen Wertigkeit* von größer als 1 liegt eine ökonomisch „unsinnige" Kostenzielvorgabe vor, da

124) Vgl. Burger, A. [1995], S. 74.
125) Vgl. Zentrum Wertanalyse (VDI-GSP) [1995], S. 62.
126) Vgl. Burger, A./Schellberg, B. [1995], S. 147.
127) Vgl. Burger, A. [1995], S. 75.

„... dadurch das ökonomische Prinzip in Gestalt des Minimumsprinzips verletzt würde, also Faktorverschwendung entstünde.“[128]

(2) Gewichtung der Beurteilungskriterien:
Erfüllt eine Produktidee (P_i) insgesamt n Funktionen, so kann ein Gesamterfüllungsgrad E_i ermittelt werden, der sich z. B. aus der Summe der einzelnen Erfüllungsgrade w_{ij} zuammensetzen kann:

$$E_i = \Sigma w_{ij} \qquad \text{für } j = 1, 2, 3, ..., n$$

Die additive Verknüpfung sämtlicher Beurteilungskriterien einer Produktidee liefert im allgemeinen keine gezielte Aussage darüber, welche Funktionen aus der Perspektive der jeweiligen Zielpersonen bzw. Zielgruppe wichtiger bzw. weniger bedeutend sind. Durch Festlegung von Gewichtungsfaktoren g_j für jedes einzelne Kriterium K_j kann die Relevanz der Produktfunktionen objekt- und anwenderbezogen ausgewiesen werden.[129] In Abbildung 16 ist eine solche Nutzwertanalyse ausschnittsweise dargestellt.

Bei der Ermittlung des Gesamtnutzwertes N_i einer Produktidee P_i wird für jedes Kriterium K_j der Erfüllungsgrad w_{ij} mit dem Gewichtungsfaktor g_j multipliziert; das ergibt zunächst den Teilnutzwert N_{ij}:

$$N_{ij} = g_j * w_{ij}$$

Die Teilnutzwerte N_{ij} der Produktidee P_i ergeben in der Summe schließlich den Gesamtnutzwert N_i der Produktidee P_i:

$$N_i = \Sigma g_j * w_{ij} \qquad \text{für } j = 1,2,3, ...,n$$

Für die Gewichtung von Beurteilungskriterien kann es hilfreich sein, wenn die Zielvorgaben in

- *Festforderungen* (z. B. „viersitziger Pkw“),
- *Mindestforderungen* (z. B. „Höchstgeschwindigkeit mind. 140 km/h“) und
- *Wünsche* (z. B. „Wartungsfreundlichkeit“, „hoher Sitzkomfort“)

128) Burger, A. [1995], S. 74.
129) Vgl. Burger, A. [1995], S. 75 - 76.

unterteilt werden.[130]

Kriterium	Gewichtung	Produkt-Ideen (P_i; i = 1, 2, 3,...,m)				
		P_1		P_2		P_3
K_1	g_1	w_{11}	$g_1\ w_{11}$	w_{21}	$g_1\ w_{21}$	w_{31}
K_2	g_2	w_{12}	$g_2\ w_{12}$	w_{22}	$g_2\ w_{22}$	w
.	.	.				
.	.	.	.	.	.	
K_j	g_j	w_{1j}	$g_j\ w_{1j}$	w_{2j}	$g_j\ w_{2j}$	w_{3j}
.	.	.				.
.	.	.	.	.	.	.
K_n	g_n	w_{1n}	$g_n\ w_{1n}$	w_{2n}	$g_n\ w_{2n}$	
	100	$N_1 = \sum_{j=1}^{n} g_j\ w_{1j}$		$N_2 = \sum_{j=1}^{n} g_j\ w_{2j}$		

P_i = Produktidee	g_j = Gewichtung	$g_j\ w_{ij}$ = Teilnutzwert
K_j = Kriterium	w_{ij} = Erfüllungsgrad	N_i = Gesamtnutzwert

Abb. 16: Gewichtung der Beurteilungskriterien
(in Anlehnung an: Zentrum Wertanalyse (VDI-GSP) [1995], S. 64.)

Die Nichterfüllung einer *Festforderung* bedeutet die völlige Untauglichkeit des betreffenden Objektes bzw. Objektbereiches. Die gleiche Aussage kann beim Unterschreiten einer *Mindestforderung* getroffen werden. Fest- und Mindestforderungen führen im Fall ihrer Nichterfüllung zur Ablehnung der betrachteten Alternative, so daß hierfür keine besonderen Gewichtungsfaktoren ermittelt werden müssen.[131]

Zusammenfassend sei darauf hingewiesen, daß die vorstehenden Ausführungen vor allem das *Prinzip der Wert-Bestimmung* eines Objektes aufzeigen sollen. Die Wert-Bestimmung kann in detaillierter oder formalisierter Weise realisiert

130) Vgl. Burger, A. [1995], S. 77.
131) Vgl. Zentrum Wertanalyse (VDI-GSP) [1995], S. 65 - 66.

werden, „... aber auch als nicht so stark quantifizierte Vorgehensweise verstanden werden. Auch hier ist - wie in der gesamten WA - pragmatische Beschränkung auf das Notwendige angezeigt.“[132]

2.1.2.2 Charakteristische Merkmale der Wertanalyse

Nach Jehle können sechs ***charakteristische Merkmale*** der Wertanalyse unterschieden werden:[133]

- Strukturierung durch Arbeitsplan
- Ganzheitliche und systemische Betrachtungsweise
- Funktions- und kostenorientiertes Arbeiten
- Anwendung von Regeln und Techniken für schöpferisches Arbeiten
- Anwendungsneutraler Einsatz
- Quantifizierte Zielvorgabe

2.1.2.2.1 Strukturierung durch Arbeitsplan

Die wertanalytische Arbeit wird durch den in DIN 69910 formalisierten *Wertanalyse-Arbeitsplan* sichergestellt, der die Struktur des Arbeitsablaufes sowie den Arbeitsinhalt enthält (vgl. Abbildung 17).[134]

Der *Wertanalyse-Arbeitsplan* gliedert sich in ***sechs Grundschritte***:

(1) Projektvorbereitung,
(2) Objektsituation bzw. IST-Zustand analysieren,
(3) SOLL-Zustand beschreiben,
(4) Lösungsideen entwickeln,
(5) Lösungen festlegen,
(6) Lösungen verwirklichen.[135]

---

132) Zentrum Wertanalyse (VDI-GSP) [1995], S. 66.
133) Vgl. Jehle, E. [1991], S. 288 ff.
134) Vgl. Zentrum Wertanalyse (VDI-GSP) [1995], S. 94.
135) Vgl. Zentrum Wertanalyse (VDI-GSP) [1995], S. 95 - 97.

Grundschritt	Teilschritt (Die Bearbeitungsintensität und ggfs. auch die Reihenfolge der Teilschritte innerhalb eines jeden Grundschritts sind projektabhängig)	Anmerkungen zu den Grundschritten
1. Projektvorbereitung	1.1 Moderator benennen. 1.2 Auftrag übernehmen, Grobziel mit Bedingungen festlegen. 1.3 Einzelziele setzen. 1.4 Untersuchungsrahmen abgrenzen. 1.5 Projektorganisation festlegen. 1.6 Projektablauf planen.	Die Projektorganisation ist Voraussetzung für einen gesicherten Ablauf und gute Ergebnisse.
2. Objektsituation bzw. IST-Zustand analysieren	2.1 Objekt- und Umfeldinformationen beschaffen. 2.2 Kosteninformationen beschaffen. 2.3 Funktionen ermitteln. 2.4 Lösungsbedingende Vorgaben ermitteln. 2.5 Kosten den Funktionen zuordnen.	Das Analysieren der Ausgangssituation des WA-Objektes bedeutet deren umfassendes Erkennen mit dem Zweck, durch Abstrahieren in Form von Funktionen ein ***möglichst breites Lösungsfeld*** zu erschließen. (Bei vorhandenem IST-Zustand stellt dieser die Objektsituation im Ausgangszustand dar.)
3. SOLL-Zustand beschreiben	3.1 Informationen auswerten. 3.2 SOLL-Funktionen festlegen. 3.3 Lösungsbedingende Vorgaben festlegen. 3.4 Kostenziele den SOLL-Funktionen zuordnen.	Mit dem Beschreiben des SOLL-Zustandes wird die ***Grundlage für die Ideensuche*** und für die ***Auswahl der Lösungen*** zum Erreichen der Einzelziele gegeben.

Grundschritt	Teilschritt (Die Bearbeitungsintensität und ggfs. auch die Reihenfolge der Teilschritte innerhalb eines jeden Grundschritts sind projektabhängig)	Anmerkungen zu den Grundschritten
4. Lösungsideen entwickeln	4.1 Vorhandene Ideen sammeln. 4.2 Neue Ideen entwickeln.	Dieser Grundschritt ist der schöpferische Schwerpunkt der Wertanalyse. ***Kreativitätsfördernde Maßnahmen*** und die Nutzung von Informationsquellen steigern die Qualität der Ideen. Eine ***große Ideenquantität*** erhöht die Wahrscheinlichkeit, über eine große Anzahl von Lösungsansätzen qualitativ ***hochwertige Lösungen*** zu finden.
5. Lösungen festlegen	5.1 Bewertungskriterien festlegen. 5.2 Lösungsideen bewerten. 5.3 Ideen zu Lösungsansätzen verdichten und darstellen. 5.4 Lösungsansätze bewerten. 5.5 Lösungen ausarbeiten. 5.6 Lösungen bewerten. 5.7 Entscheidungsvorlage erstellen. 5.8 Entscheidungen herbeiführen.	Dieser Schritt führt von der Ideensammlung durch Verdichten und Bewerten stufenweise zu einer ***nachvollziehbaren Entscheidung***.
6. Lösungen verwirklichen	6.1 Realisierung im Detail planen. 6.2 Realisierung einleiten. 6.3 Realisierung überwachen. 6.4 Projekte abschließen.	Die Umsetzung der verabschiedeten Lösungen in die Praxis stellt das Arbeitsergebnis sicher und schließt das WA-Projekt ab.

Abb. 17: Wertanalyse-Arbeitsplan nach DIN 69910
(in Anlehnung an: Zentrum Wertanalyse (VDI-GSP) [1995], S. 95 - 97.)

Der Arbeitsplan muß bei jedem WA-Projekt strikt eingehalten werden; die Reihenfolge und die Bearbeitungsintensität der einzelnen Teilschritte innerhalb eines Grundschrittes können dagegen projektspezifisch variiert werden.[136]

Die Schrittfolgen des Wertanalyse-Arbeitsplans werden mehrfach (iterativ) durchlaufen, wenn sich Zielabweichungen ergeben und/oder neue Einsichten und Erkenntnisse dies zweckmäßig erscheinen lassen.[137]

2.1.2.2.2 Ganzheitliche und systemische Betrachtungsweise

„... Die äußerst komplexe und dynamische Problemlandschaft, der sich die Führung heute gegenübersieht, ist nicht mehr mit einem bislang erfolgreich gewesenen analytischen Denken allein lösbar. Es muß vielmehr ergänzt werden durch eine ganzheitliche und integrierende Betrachtungsweise. Notwendig wird ein umfassendes systemisches Denken, das ein gedankliches Einordnen von Teilerkenntnissen in Gesamtkonzepte sowie ein wechselseitiges Denken auf unterschiedlichen Abstraktionsebenen erlaubt."[138]

Ein *ganzheitliches und systemisches Denken* stellt sich im allgemeinen jedoch nicht von selbst ein. Arbeitsteilige Organisationsstrukturen, auf Spezialisierung ausgerichtete Aus- und Weiterbildung und schließlich Bereichsegoismen tragen dazu bei, daß Problemstellungen nicht funktionsübergreifend bearbeitet und gelöst werden. Zur Überwindung dieser *„Ganzheitlichkeitslücke"* wird in der Literatur der Einsatz der Wertanalyse empfohlen, die auf hervorragende Weise geeignet ist, „... ein Denken und Problemlösen in ganzheitlichen Strukturen und Systemzusammenhängen anzustoßen und nachhaltig zu stützen."[139]

Durch *interdisziplinäre Gruppenarbeit* wird sichergestellt, daß im Rahmen des Wertanalyse-Prozesses sämtliche relevanten Einflüsse vollständig berücksichtigt werden und die in diesem Zusammenhang artikulierten, oft konfliktären Abteilungsinteressen zu einem gemeinsamen Brennpunkt, dem Gesamtoptimum, gebündelt werden.[140]

---

136) Vgl. Jehle, E. [1991], S. 288.
137) Vgl. Jehle, E. [1991], S. 288.
138) Bleicher, K. [1990], S. 157.
139) Jehle, E. [1991], S. 289.
140) Vgl. Jehle, E. [1991], S. 289.

Mit dem Ziel, einen möglichst hohen Grad an Interdisziplinarität zu erreichen, werden verschiedene *Wertanalyse-Teams* gebildet. Ein Team besteht aus 4 bis 8 Mitgliedern. Wichtig ist, daß in jedem Team alle Bereiche vertreten sein müssen, die am Untersuchungsobjekt funktionserstellend bzw. kostenverursachend beteiligt sind.[141] „... Die Teams sollten fachlich heterogen, hierarchisch aber homogen zusammengesetzt sein und von einem - in der Methodik der Wertanalyse erfahrenen - Moderator geleitet werden."[142] Die Koordination der Wertanalyse-Teams kann durch die Einrichtung einer Wertanalyse-Stelle realisiert werden, die außerdem auch für die Ausbildung der Mitarbeiter in der Methodik der Wertanalyse und für die Berichterstattung über die Wertanalyse-Aktivitäten verantwortlich sein sollte.[143]
Nach DIN 69910 wird die Wertanalyse als ein *System* charakterisiert, das sich aus den *Systemelementen Methode*, *Verhaltensweisen* und *Management* zusammensetzt.[144]

Schließlich gehen auch vom *Systemaufbau* der Wertanalyse mit den Systemelementen *Methode*, *Management* und *Verhaltensweisen* Impulse zu einem Denken in ganzheitlichen Strukturen und Systemzusammenhängen aus.[145]

Der Erfolg der Wertanalyse ist in entscheidendem Maße von der Beherrschung der *Methode*, der Unterstützung durch das *Management* und den Verhaltensweisen der am Wertanalyse-Prozeß beteiligten *Menschen* abhängig.[146] Jehle bezeichnet die drei Komponenten *Methode*, *Management* und *Mensch* aus diesem Grunde als die *3-M-Erfolgsfaktoren* der wertanalytischen Arbeit (vgl. Abbildung 18).[147]

Das *Gesamtsystem Wertanalyse* ist gekennzeichnet durch das Zusammenwirken der Systemelemente *Methode*, *Verhaltensweisen (Mensch)* und *Management* bei gleichzeitiger gegenseitiger Beeinflussung (vgl. Abbildung 19). Das angestrebte Ergebnis sind erfolgreiche Problemlösungen. Wertanalyse-Projekte mit positiven sowie negativen Ergebnissen wirken jeweils positiv oder negativ auf die Systemelemente *Verhaltensweisen* und *Management* und damit auf das Gesamtsystem zurück. Negative Ergebnisse können - neben negativen - aber auch positive Folgen nach sich ziehen (z. B. Lerneffekte). Umgekehrt können positive Ergebnisse - neben positiven - auch negative Folgen haben (z. B.

141) Vgl. Schröder, H. H. [1994], S. 159.
142) Schröder, H. H. [1994], S. 159.
143) Vgl. Schröder, H. H. [1994], S. 159.
144) Vgl. Zentrum Wertanalyse (VDI-GSP) [1995], S. 84.
145) Vgl. Jehle, E. [1991], S. 289.
146) Vgl. Zentrum Wertanalyse (VDI-GSP) [1995], S. 85.
147) Vgl. Jehle, E. [1991], S. 289; Jehle, E. [1995], S. 150.

Übermut). Eine Rückwirkung positiver oder negativer Ergebnisse auf das Systemelement *Methode* erfolgt nicht unmittelbar bei jedem Wertanalyse-Projekt, sondern nur auf längere Sicht im Rahmen der Weiterentwicklung der Methode.[148]

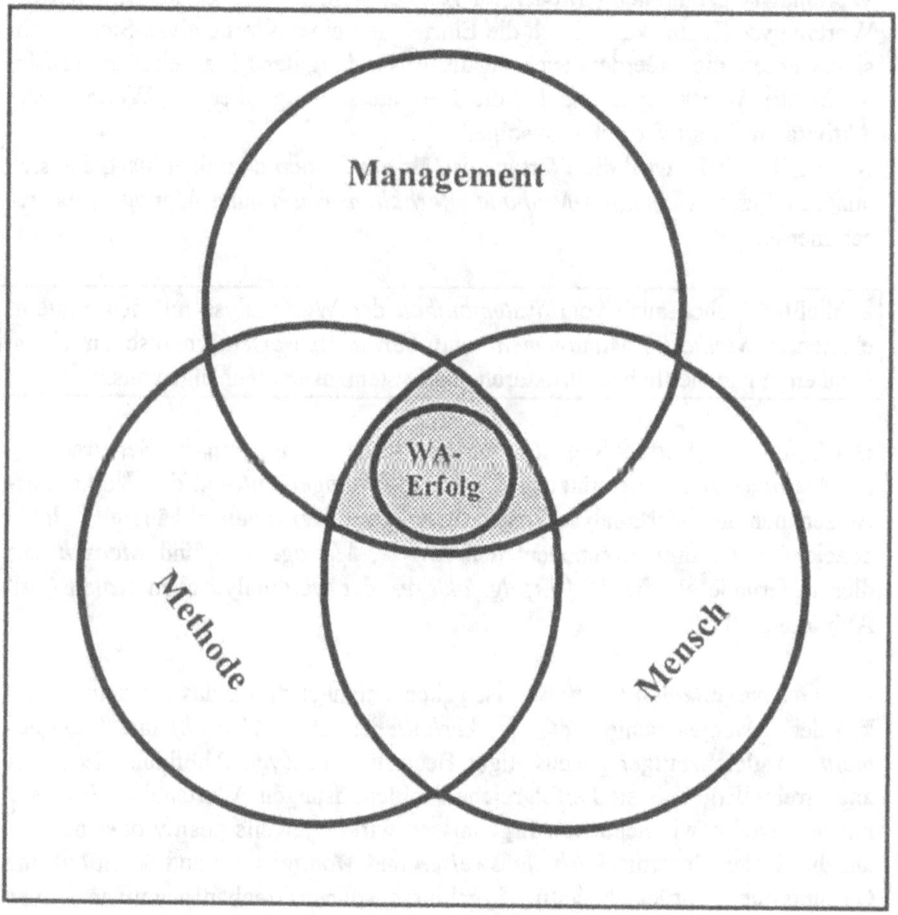

Abb. 18: Die 3-M-Erfolgsfaktoren der Wertanalyse
(in Anlehnung an: Jehle, E. [1995], S. 150.)

148) Vgl. Zentrum Wertanalyse (VDI-GSP) [1995], S. 88 - 89.

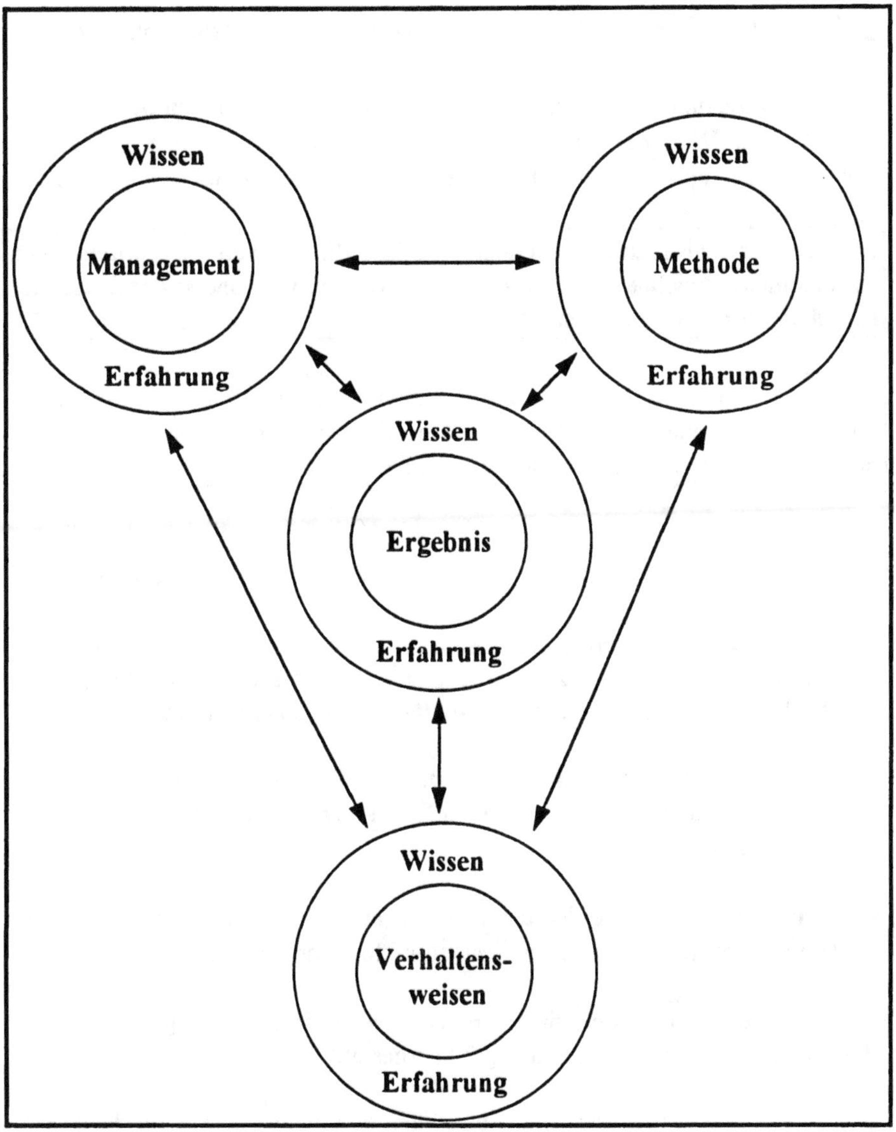

Abb. 19:
Gegenseitige Beeinflussung der Wertanalyse-Systemelemente
(in Anlehnung an: Zentrum Wertanalyse (VDI-GSP) [1995], S. 89.)

2.1.2.2.3 Funktions- und kostenorientiertes Arbeiten

„... Das Herzstück der Wertanalyse bildet zweifelsohne die **Funktionenanalyse.**“[149] Die Wertanalysen kennzeichnende Funktionenorientierung hat zur Folge, daß den einzelnen Funktionen Kostengrößen zugeordnet werden müssen:

„... Die Wertanalyse dient nicht dem Ziel, die Erfüllung von Produktfunktionen zu maximieren; vielmehr gilt es, *Produktfunktionen* im Kontext der damit einhergehenden *Kosten* zu sehen.“[150]

„... Die Wahl der optimalen Lösungsidee orientiert sich erstens an der Erfüllung von Soll-Funktionen; zweitens verlangt sie Kosteninformationen, um die optimale Konfiguration der Leistung auszuwählen.“[151]

Die Zuordnung der Kosten zu den einzelnen Funktionen erfolgt in drei Stufen:[152]

⇨ In der *ersten Stufe* werden die Kosten der Elemente ermittelt, aus denen sich das Wertanalyse-Objekt zusammensetzt. Als Elemente können Baugruppen und Teile sowie einzelne Prozeßaktivitäten herangezogen werden.

⇨ In der *zweiten Stufe* werden die Kosten der Elemente des Analyseobjektes auf die Funktionen verteilt, an deren Erstellung die einzelnen Elemente beteiligt waren.

⇨ In der *dritten Stufe* werden durch Aggregation der Kosten der zugehörigen Teilfunktionen die Kosten der Gesamtfunktion ermittelt.

Die Zuordnung der Kosten zu den Funktionen ist in Anlehnung an Jehle am Beispiel eines Knopfes in Abbildung 20 dargestellt.[153]

Die Zurechnung der Kosten zu den einzelnen Funktionen bereitet in der Praxis häufig Probleme, da die traditionelle Kosten- und Leistungsrechnung produkt- und kostenstellenbezogene Kosten und keine Funktionskosten ausweist.[154] Aus diesem Grunde wird zur Verbesserung der informatorischen Voraussetzungen

149) Jehle, E. [1991], S. 290.
150) Burger, A./Schellberg, B. [1995], S. 147.
151) Burger, A./Schellberg, B. [1995], S. 147.
152) Vgl. Schröder, H. H. [1994], S. 161.
153) Vgl. Jehle, E. [1991], S. 290 - 291.
154) Vgl. Jehle, E. [1991], S. 290.

der Funktionenanalyse die Implementierung einer Prozeßkostenrechnung empfohlen.[155]

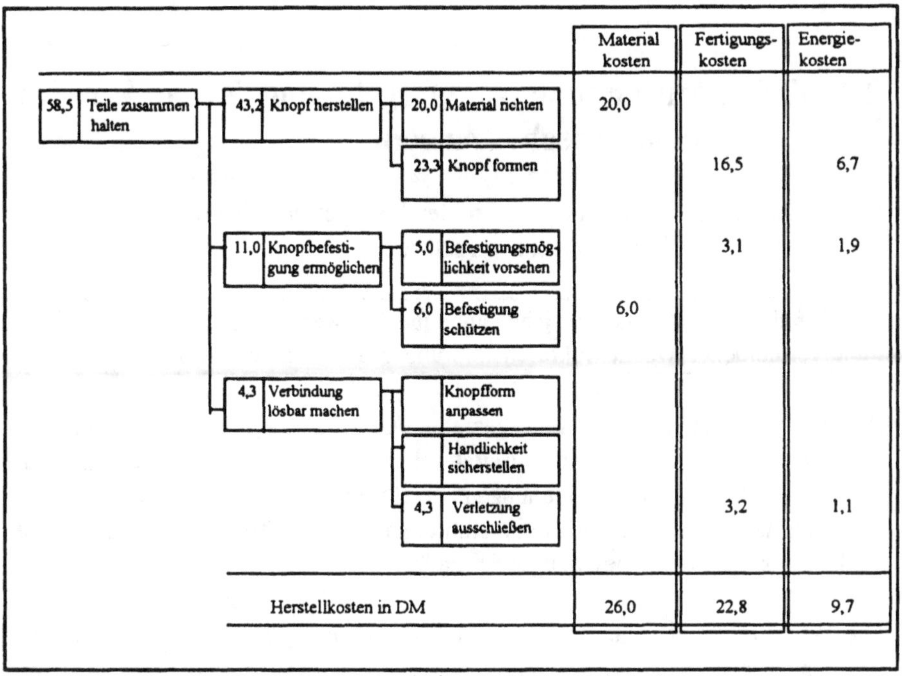

Abb. 20:
Zuordnung der Kosten nach Funktionen (Untersuchungsobjekt „Knopf")
(in Anlehnung an: Jehle, E. [1991], S. 291.)

Mit der *Funktionenanalyse* wird die *Ausgangsbasis* für die *Verbesserung des Funktionsbündels* geschaffen:[156]

- Zum einen können im Rahmen der Funktionenanalyse wichtige, unwichtige und evtl. unnötige Funktionen eines Wertanalyse-Objektes separiert und Wege zur *Vereinfachung* und *Verbesserung* aufgezeigt werden.

- Zum anderen können *Kostenschwerpunkte* und - in Folge - Ansatzpunkte zur *Kostensenkung* und *Effizienzsteigerung* transparent gemacht werden.

155) Vgl. Schröder, H. H. [1994], S. 161.
156) Vgl. Burger, A./Schellberg, B. [1995], S. 147; Jehle, E. [1991], S. 291.

„... Die Funktionenanalyse eröffnet durch Abstrahieren in der Definition den Weg zu Alternativen und erweitert damit das Suchfeld für neue, bessere und kostengünstigere Lösungen.“[157]

2.1.2.2.4 Anwendung von Regeln und Techniken für schöpferisches Arbeiten

Der Bedarf nach neuen, kreativen Problemlösungen im Unternehmen ist groß. Kreativität stellt sich jedoch nicht von selbst ein:

„... Kreatives Denken ist seit jeher unbequem gewesen oder sogar als Gefährdung vorhandener Machtstrukturen empfunden und bekämpft worden ...“[158].

Aus diesem Grunde bedarf es „... gezielter Anstöße und großer Anstrengungen des Managements, um der Kreativität im Unternehmen zum Durchbruch zu verhelfen.“[159] Ohne diese Bemühungen besteht die Gefahr, daß sich das Denken der Unternehmensmitglieder in eingefahrenen Gleisen bewegt und traditionelle Problemlösungsmuster bevorzugt werden.[160]

Die Wertanalyse ist eine der wenigen Problemlösungsmethoden, die die Anwendung von Regeln und Techniken zum schöpferischen Denken und Arbeiten explizit fordern und fördern.[161]

Abbildung 21 zeigt ein stark vereinfachtes Schema des Ablaufs der Phasen und Schritte beim *Problemlösungsprozeß* im Sinne der Wertanalyse. Mit welchen Hilfsmitteln und Techniken und mit welchem Aufwand die Einzelschritte realisiert werden, hängt vom jeweiligen Projekt ab.[162]

157) Jehle, E. [1991], S. 291.
158) Vgl. Zentrum Wertanalyse (VDI-GSP) [1995], S. 76.
159) Jehle, E. [1991], S. 292.
160) Vgl. Jehle, E. [1991], S. 292.
161) Vgl. Jehle, E. [1991], S. 292.
162) Vgl. Zentrum Wertanalyse (VDI-GSP) [1995], S. 71 - 74.

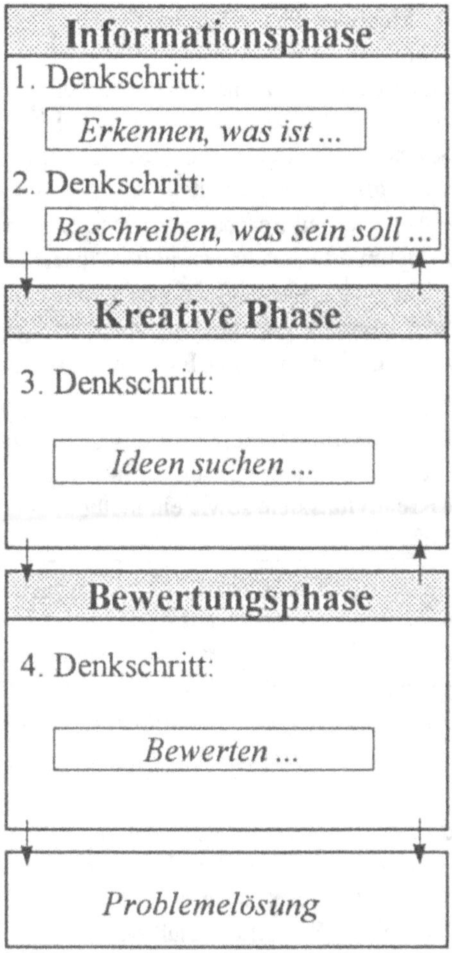

Abb. 21:
Ablauf der Phasen und Schritte beim Problemlösungsprozeß im Sinne der Wertanalyse

Die beiden ersten in der Informationsphase ablaufenden Denkschritte *„Erkennen, was ist ...“* und *„Beschreiben, was sein soll ...“* werden durch die Grundschritte 1 bis 3 des Wertanalyse-Arbeitsplans festgeschrieben. Sie gehören nicht direkt zum kreativen Prozeß, bilden jedoch die unbedingte Voraussetzung für das Auslösen der *„Ideenproduktion“*.[163]

163) Vgl. Zentrum Wertanalyse (VDI-GSP) [1995], S. 71.

In der zweiten, sog. kreativen Phase, die im Grundschritt 4 des Wertanalyse-Arbeitsplanes verankert ist, werden die Ideenelemente der Wertanalyse-Teammitglieder miteinander zu *Ideen* kombiniert. Hierbei handelt es sich um den eigentlichen *kreativen Prozeß*. Da dieser in der Regel intuitiv und im Unterbewußtsein abläuft, können z. B. durch geeignete Ideenfindungstechniken sowie des Schaffens einer geeigneten, kreativitätsfördernden Umgebung (durch Abbau von Ideenbremsen, Ängsten und Sorgen usw.) Voraussetzungen für eine quantitativ und qualitativ optimierte „*Ideenproduktion*" geschaffen werden.[164]

Nach Jehle kann ein Wertanalyse-Projekt nur dann erfolgreich verlaufen, wenn *Kreativität zum Prinzip* erklärt und danach gehandelt wird:[165]

„... Eine effiziente **Kreativitätsstrategie** für das Unternehmen muß wesentlich mehr als nur diverse Kreativitätstechniken umfassen. Sie sollte ... eine Kreativitätsphilosophie, Kreativitätsziele sowie ein methoden- und umweltbezogenes Controlling einschließen."[166]

Die *Kreativitätsphilosophie* integriert das spezifische Kreativitätsverständnis des Unternehmens. Mit der Festlegung von *Kreativitätszielen* werden die Richtung und das Ausmaß der kreativen Aktivitäten im Unternehmen festgelegt, das methoden- und umweltbezogene *Controlling* stellt den effizienten Einsatz des kreativitätspolitischen Instrumentariums sicher.[167]

Liegen ausreichend viele Ideen vor, ist die Kreativitätsphase abgeschlossen. Um „ideenbremsende" Auswirkungen auf die „Ideenproduktion" zu vermeiden, ist es wichtig, daß die Bewertung der Ideen erst nach Abschluß der Kreativitätsphase erfolgt. „... Vorzeitige Bewertung muß daher unbedingt vermieden werden und ist in den Regeln für Kreativitätstechniken verboten."[168]

Die *Bewertung der Ideen*, die dem Grundschritt 5 des Wertanalyse-Arbeitsplanes entspricht, erfolgt aus diesem Grunde in der Bewertungsphase, die deutlich von der kreativen Phase zu trennen ist.[169]

164) Vgl. Zentrum Wertanalyse (VDI-GSP) [1995], S. 73.
165) Vgl. Jehle, E. [1991], S. 292.
166) Jehle, E. [1991], S. 292.
167) Vgl. Jehle, E. [1991], S. 292.
168) Zentrum Wertanalyse (VDI-GSP) [1995], S. 73 - 74.
169) Vgl. Zentrum Wertanalyse (VDI-GSP) [1995], S. 73.

Lösungsvorschläge ohne Abweichung von den SOLL-Vorgaben werden als *Problemelösung* zur weiteren Bearbeitung an die anschließende Realisierungsphase weitergegeben.[170]

2.1.2.2.5 Anwendungsneutraler Einsatz

Die Wertanalyse kann ohne Schwierigkeiten für Probleme, Aufgaben und Bereiche unterschiedlichster Art eingesetzt werden (vgl. Abbildung 22). Wesentlich ist, daß der Wertanalyse-Arbeitsplan bei jedem Wertanalyse-Projekt strikt eingehalten wird.[171]

Wertanalyse für sämtliche Wirtschaftsbereiche	z. B. - Maschinenbau - Metallverarbeitung - Elektroindustrie - Automobilindustrie - Feingerätebau - Energieversorgung - Kunststoffverarbeitung - Chemische Industrie
Wertanalyse für jede Fertigungsstückzahl	z. B. - Massenproduktion - Großserienfertigung - Kleinserienfertigung - Einzelanfertigung
Wertanalyse in jedem Unternehmensbereich	z. B. - Erzeugnisentwicklung - Erzeugnisverbesserung - Verwaltung - Logistik - Instandhaltung - Einkauf

Abb. 22: Anwendungsneutralität der Wertanalyse
(in Anlehnung an: Wiest, R. [1981], S. 133.)

170) Vgl. Zentrum Wertanalyse (VDI-GSP) [1995], S. 74.
171) Vgl. Jehle, E. [1991], S. 292.

2.1.2.2.6 Quantifizierte Zielvorgabe

Die *Vorgabe quantifizierter Ziele* zählt zu den wesentlichen Grundsätzen der Wertanalyse.

„... Klare und eindeutige Zielvorgaben fördern die Konzentration der WA-Arbeiten auf das Wesentliche und motivieren die Teammitglieder zu größeren Leistungen. Sie beeinflussen darüber hinaus die Arbeitsintensität in ihren Bestandteilen Arbeitstiefe und -breite."[172]

Eine quantifizierte Zielvorgabe ist auch für Wertanalyse-Projekte aufrechtzuerhalten, deren Bewältigung wegen Zielunklarheit Probleme bereitet; eine derartige Zielsituation ist häufig bei strategischen und nicht-gegenständlichen Wertanalyse-Projekten anzutreffen. In derartigen Fällen kann die Bildung einer zusätzlichen Arbeitsgruppe zur Konkretisierung eines verbindlichen Wertanalyse-Zieles zweckmäßig sein.[173]

2.1.2.3 Beurteilung der Wertanalyse

Die Wertanalyse wird in zahlreichen Unternehmen jeder Größe im In- und Ausland routinemäßig eingesetzt. Die durch den Einsatz der Wertanalyse erzielten Kosteneinsparungen schwanken bei Unternehmen verschiedener Wirtschaftszweige zwischen 13 und mehr als 60 %.[174]

Spitzenreiter bei der Anwendung der Wertanalyse ist Japan mit einer Wertanalysenutzung im Vergleich zur Bundesrepublik Deutschland im Verhältnis 10 : 1. In Japan werden 80 bis 90 % aller neuen Produkte und 50 bis 85 % aller laufenden Produkte in der Fertigung mindestens einmal einer Wertanalyse unterzogen.[175]

Die Wertanalyse wird oft als reine Kostensenkungsmethode fehlinterpretiert, da es sich bei ca. 90 % der Wertanalyse-Einsätze in der Praxis um Kostensenkungsprogramme handelt. Das *Hauptziel* der Wertanalyse liegt jedoch in der Wertsteigerung der Wertanalyse-Objekte, die sowohl durch eine Senkung der Kosten als auch durch eine Erhöhung der Funktionserfüllung eines Wertana-

---

172) Jehle, E. [1991], S. 292.
173) Vgl. Jehle, E. [1991], S. 292.
174) Vgl. Schröder, H. H. [1994], S. 153.
175) Vgl. Jehle, E. [1991], S. 287.

lyse-Objektes erreicht werden kann.[176] Darüberhinaus werden durch den konsequenten und sachgerechten Einsatz der Wertanalyse noch weitere schwer zu quantifizierende *positive Nebenwirkungen* erzielt, wie zum Beispiel:

- Begeisterung für Teamarbeit,
- vermehrtes Denken der Mitarbeiter in Systemzusammenhängen,
- höhere Arbeitszufriedenheit,
- effizientere Zusammenarbeit zwischen den Mitarbeitern im Unternehmen,
- Förderung von schöpferischem Denken (mehr Lösungsvorschläge für ein Problem),
- gesteigerte Motivation,
- zunehmende Identifikation mit den Unternehmenszielen,
- Verbesserung des „Mannschaftsgeistes" (Wir-Gefühl) und
- Abbau von Widerständen bei der Einführung von Neuerungen im Unternehmen.[177]

Die Wertanalyse ist eine wirkungsvolle Rationalisierungs- und Problemlösungsmethode des Kostenmanagements , die bewußt auf *Genauigkeit*, *Tiefgang* im Sinne einer systematischen Erforschung der tieferliegenden Kostenursachen und auf eine volle *Ausschöpfung des kreativen Potentials* der Teammitglieder und des Wertanalyse-Umfeldes angelegt ist. Der mit der Durchführung eines Wertanalyse-Projektes verbundene Aufwand amortisiert sich in der Regel nach weniger als einem Jahr. Aufgrund dieser verhältnismäßig geringen Amortisationszeit und der im Vergleich zu anderen Kostenmanagementmethoden relativ hohen Akzeptanz, welche die Wertanalyse bei den Betroffenen, Beteiligten und beim Management aufgrund seiner humanzentrierten Struktur genießt, läßt sich die Wertanalyse in den Unternehmen relativ leicht institutionalisieren und damit als *ständige Einrichtung des Kostenmanagements* in den Unternehmen etablieren.[178] Durch die Kombination mit anderen Instrumenten des Kostenmanagements, wie z. B. der Prozeßkostenrechnung, Outsourcing, Kaizen und Benchmarking, kann eine Erhöhung des Wirkungsgrades des Wertanalyse-Einsatzes erreicht werden.

176) Vgl. Jehle, E. [1991], S. 293 - 294.
177) Vgl. Jehle, E. [1991], S. 292; Jehle, E. [1992], S. 73.
178) Vgl. Jehle, E./Willeke, M. [1996], S. 257.

2.1.2.4 Lehrfragen und Übungen

1. Bis zu ihrer heutigen Erscheinungsform hat die Wertanalyse (WA) mehrere Entwicklungsphasen durchlaufen. Im Verlaufe dieser Entwicklung hat sich die Konzeption einschließlich der dahinterstehenden Zielsetzung der Wertanalyse verändert. Stellen Sie das ursprüngliche und das heutige Konzept der Wertanalyse gegenüber.

2. Als charakteristische Merkmale der WA können

   - die anwendungsneutrale Vorgehensweise,
   - die interdisziplinäre Teamarbeit,
   - die ganzheitliche Problembetrachtung und
   - der Einsatz von Ideenfindungsmethoden

   genannt werden. Erläutern Sie die vorstehenden Merkmale.

3. Im Rahmen der WA steht die Funktionenbetrachtung im Mittelpunkt. Erläutern Sie die Funktionenbetrachtung der Wertanalyse, indem Sie den zugrundeliegenden Funktionenbegriff abgrenzen und systematisieren.

4. Erläutern Sie den im wertanalytischen Schrifttum verwendeten Wertbegriff.

5. Die WA ist ein ganzheitliches System zum Lösen komplexer Probleme, die nicht oder nicht vollständig algorithmierbar sind. Auf welche Weise wird die ganzheitliche und systemische Betrachtungsweise der Wertanalyse sichergestellt?

6. Die WA kennzeichnende Funktionenorientierung hat zur Folge, daß den einzelnen Funktionen Kostengrößen zugeordnet werden müssen. Welche Probleme ergeben sich in diesem Zusammenhang aus der Sicht der traditionellen Kosten- und Leistungsrechnung?

7. Nehmen Sie zu der nachstehenden Behauptung Stellung: „Ein Wertanalyse-Projekt kann nur dann erfolgreich verlaufen, wenn Kreativität zum Prinzip erklärt und danach gehandelt wird.“

2.1.3 Gemeinkostenwertanalyse (Overhead Value Analysis)

Die *Gemeinkostenwertanalyse* (GWA) wurde zu Beginn der 70er Jahre entwickelt. Vorreiter dafür war das Beratungsunternehmen McKinsey, das Anfang der 70er Jahre in den Vereinigten Staaten von Amerika eine Methode zur Kostensenkung konzipierte, die sie „Overhead Value Analysis" (OVA) nannte. Im deutschsprachigen Raum wurde dieses Kostensenkungsverfahren als Gemeinkostenwertanalyse bekannt.[179]

Die Gemeinkostenwertanalyse wird heute - in fast identischer Form - von unterschiedlichen Beratungsunternehmen als „Administrative Wertanalyse", „Strukturkosten-Wertanalyse", „Funktionsanalyse" oder „Leistungsuntersuchung" bezeichnet.[180]

Der konzeptionelle Verdienst der Gemeinkostenwertanalyse besteht darin, daß die *Leistungen* im Gemeinkostenbereich durch die Führungskräfte mit methodischer Unterstützung durch Berater bzw. Beraterinnen systematisch auf vorhandene Kostensenkungspotentiale untersucht werden.[181]

Im Rahmen der Gemeinkostenwertanalyse wird unter dem Begriff *Leistung* die Gesamtheit von innerbetrieblichen *Verwaltungstätigkeiten* verstanden. In diesem Zusammenhang interessiert der *betriebswirtschaftliche Verwaltungsbegriff*, der aus funktionaler Perspektive sämtliche notwendigen innerbetrieblichen Handlungen und Tätigkeiten zur *Sicherstellung des betrieblichen Kombinationsprozesses* umfaßt:[182]

„... Durch die Verwaltung werden die anderen Leistungen des Betriebes gesichert, geschützt, betreut, geordnet, überwacht und geprüft. Administrative Leistungen sind damit Innenleistungen, die die primären, d. h. direkt auf die Marktleistungen bezogenen Leistungen, unterstützen."[183]

179) Vgl. Meyer-Piening, A. [1994], S. 137; Müller, A. [1992], S. 39.
180) Vgl. Meyer-Piening, A. [1994], S. 137.
181) Vgl. Meyer-Piening, A. [1994], S. 137.
182) Vgl. Burger, A. [1995], S. 220.
183) Burger, A. [1995], S. 220. Aus betriebswirtschaftlich-institutionaler Perspektive wird die Verwaltung als abgegrenzter Unternehmensbereich definiert. Vgl. Burger, A. [1995], S. 220.

Das ***Hauptziel*** der Gemeinkostenwertanalyse liegt in der Durchsetzung von Kostensenkungen im Gemeinkostenbereich, indem nicht unbedingt erforderliche Aktivitäten reduziert oder eliminiert werden.[184] „... Dabei werden zu Beginn sehr hohe, meist bei 40 % liegende Einsparquoten als Sollvorgabe für eine GWA vorgegeben, um Einsparungsmöglichkeiten aufzudecken und anschließend zu realisieren.“[185]

In neueren Veröffentlichungen wird neben der Kostensenkung häufig eine Nutzensteigerung verlangt. „... Denkbar sind sogar erweiterte Verwaltungsleistungen, wenn die Nutzensteigerung höher ist als der Kostenzuwachs.“[186] Die im Rahmen der Gemeinkostenwertanalyse gewonnenen Daten sollen zudem organisatorische Veränderungen erleichtern und die Personalbedarfsplanung verbessern. Des weiteren kann die Gemeinkostenwertanalyse dazu dienen, bei den Mitgliedern des Unternehmens ein größeres Kostenbewußtsein zu schaffen.[187]

Die Ziele der Gemeinkostenwertanalyse beziehen sich auf die *Effizienz* und auf die *Effektivität* von Tätigkeiten im Gemeinkostenbereich (vgl. Abbildung 23). Effizienz ist eine Maßgröße für die Beziehung zwischen Mitteleinsatz (Input) und Leistungsergebnis (Output). Effektivität ist eine Maßgröße für die Beziehung zwischen Leistungsergebnis (Output) und den Zielen des Unternehmens; Effektivität kann in diesem Kontext auch als Ziel-Wirksamkeit interpretiert werden.[188]

Im Prinzip handelt es sich bei der Gemeinkostenwertanalyse „... um die Übertragung des Konzeptes der Wertanalyse auf den Gemeinkostenbereich einer Unternehmung.“[189]

Die Gemeinkostenwertanalyse unterscheidet sich in ihrem Vorgehen von der Wertanalyse nach DIN 69910 lediglich in den Grundschritten 2 bis 4 (vgl. Abbildung 24). „... In diesen Punkten wird bewußt auf Genauigkeit, Tiefe und volle Ausschöpfung des kreativen Potentials zugunsten von Umfang und Schnelligkeit der Analyseabwicklung verzichtet.“[190]

184) Vgl. Burger, A. [1995], S. 220 - 221; Meyer-Piening, A. [1994], S. 137; Müller, A. [1992], S. 40.
185) Streitferdt, L. [1994], S. 482.
186) Müller, A. [1992], S. 40.
187) Vgl. Steitferdt, L. [1994], S. 482.
188) Vgl. Burger, A. [1995], S. 221.
189) Streitferdt, L. [1994], S. 482.
190) Zentrum Wertanalyse (VDI-GSP) [1995], S. 479.

Die Gemeinkostenwertanalyse wird als Projekt auf Anforderung der Unternehmensleitung und überwiegend mit Unterstützung externer Unternehmensberater(innen) innerhalb eines festgelegten Zeitraumes durchgeführt. Sie stellt *kein dauerhaftes*, im Unternehmen fest verankertes *Instrument* dar.[191]

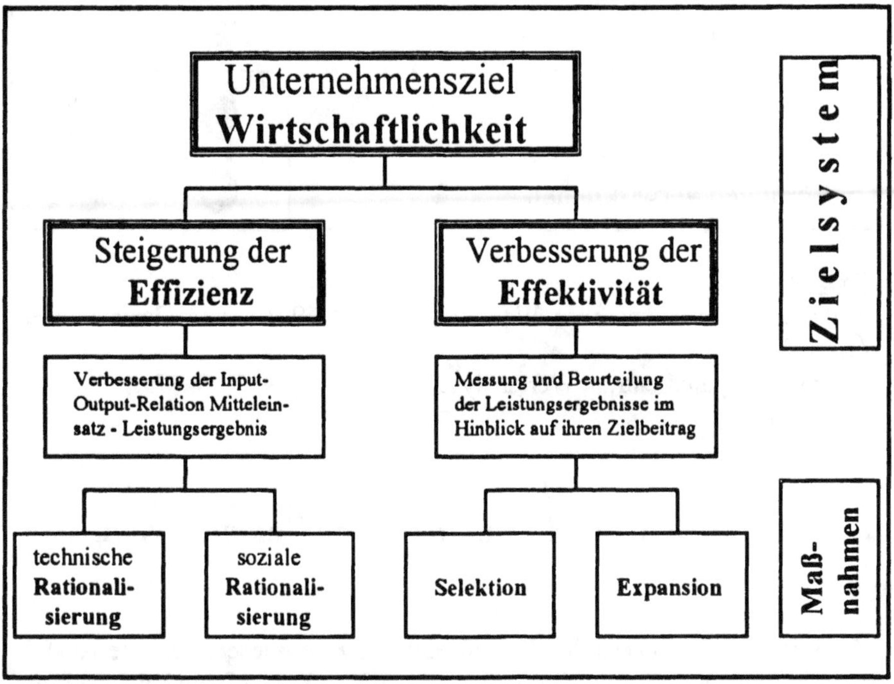

Abb. 23: Ziele der Gemeinkostenwertanalyse
(in Anlehnung an: Müller, A. [1992], S. 41.)

191) Vgl. Meyer-Piening, A. [1994], S. 137.

Grundschritte des Analyse-Ablaufs	Ausprägungen nach	
	WA	GWA
1. Projektvorbereitung	●	●
2. Objektsituation bzw. IST-Zustand analysieren	●	◐
3. SOLL-Zustand beschreiben	●	◐
4. Lösungsideen entwickeln	●	◐
5. Lösungen festlegen	●	◐
6. Lösungen verwirklichen	●	●

Abb. 24:
Methodenvergleich zwischen Wertanalyse (DIN 69910) und Gemeinkostenwertanalyse
(in Anlehnung an: Zentrum Wertanalyse (VDI-GSP) [1995], S. 479.)

2.1.3.1 Aufbau und Ablauf der Gemeinkostenwertanalyse

Mit dem Ziel, die angestrebte Kostenreduktion zu erreichen, sind die Ausführungsbestimmungen für die Gemeinkostenwertanalyse sorgfältig entwickelt und permanent verfeinert worden:

> Die Gemeinkostenwertanalyse ist durch eine speziell entwickelte *Projektorganisation* sowie eine *klar strukturierte Vorgehensweise*, die in drei Phasen (Vorbereitungs-, Durchführungs-, Realisationsphase) unterteilt werden kann, charakterisiert.[192]

192) Vgl. Küpper, H.-U. [1995], S. 309; Streitferdt, L. [1994], S. 482.

2.1.3.1.1 Projektorganisation

Funktionenträger der Gemeinkostenwertanalyse sind folgende Organe:

- die Geschäfts- oder Bereichsleitung eines Unternehmens,
- der Lenkungsausschuß,
- die Betreuerteams und
- die Leiter der Untersuchungseinheiten.[193]

Auftraggeber einer Gemeinkostenwertanalyse ist üblicherweise die *Geschäfts- oder Bereichsleitung* eines Unternehmens. Diese entscheidet über den Umfang und die Durchführung des GWA-Projektes, informiert die Führungskräfte und die Mitarbeiter, den Betriebs- bzw. Personalrat über die Ziele des Projektes und die grundsätzliche Art der Durchführung. Sie ernennt den Lenkungsausschuß, der das GWA-Projekt steuert und über die erarbeiteten Vorschläge entscheidet.[194]

Der *Lenkungsausschuß* vertritt die Geschäfts- oder Bereichsleitung in Fragen des GWA-Projektes. In kleineren Unternehmen kann diese Funktion durch die Geschäftsleitung selbst übernommen werden; in größeren Unternehmen wird der Lenkungsausschuß mit profilierten Führungskräften des Unternehmens besetzt. Der Lenkungsausschuß ernennt die Mitglieder der Betreuerteams, legt die Reihenfolge der zu untersuchenden Einheiten und die Soll-Ziele (i. d. R. 40 % Kostenreduzierung) fest und kontrolliert die von den Betreuerteams erarbeiteten Ergebnisse. Er entscheidet über bereichsübergreifende Maßnahmen, berichtet der Geschäftsführung über den Projektstand, informiert den Betriebs- oder Personalrat über die beschlossenen Maßnahmen und holt gegebenenfalls die erforderliche Zustimmung ein.[195]

Die *Betreuerteams* sind für den Projekterfolg in ihren Untersuchungsbereichen verantwortlich. Sie werden in Abhängigkeit von der Anzahl der zu analysierenden Untersuchungseinheiten gebildet. Ein Betreuerteam setzt sich aus drei bis zehn Führungskräften zusammen, bei denen es sich um qualifizierte Spezialisten bzw. Spezialistinnen des Unternehmens handeln sollte, die für die Dauer des GWA-Projektes von ihren bisherigen Aufgaben freigestellt werden. Die Mitglieder der Betreuerteams sind durch den Lenkungsausschuß einstimmig zu

---

193) Vgl. Meyer-Piening, A. [1994], S. 137; ähnlich auch: Streitferdt, L. [1994], S. 482; Zentrum Wertanalyse (VDI-GSP) [1995], S. 480.

194) Vgl. Meyer-Piening, A. [1994], S. 137 - 138; Zentrum Wertanalyse (VDI-GSP) [1995], S. 480.

195) Vgl. Meyer-Piening, A. [1994], S. 138.

wählen. Die Betreuerteams werden im Regelfall jeweils zusätzlich durch drei bis fünf externe Berater(innen) ergänzt. Ein externes Teammitglied übernimmt die Leitung des Betreuerteams sowie die organisatorische und die beratende Betreuung der Teammitglieder.[196]

Die *Leiter der Untersuchungseinheiten* (LUE) sind die eigentlichen *Träger* der Analyse. Die Untersuchungseinheiten sind in der Regel mit den vorhandenen Abteilungen oder Kostenstellen identisch; die Verantwortlichen dieser Unternehmensteilbereiche werden als *Träger* der Untersuchung benannt. Die LUE's analysieren die Ist-Situation und entwickeln die Einsparungsideen. LUE's werden - im Gegensatz zu den Mitgliedern der Betreuerteams - nicht von ihren eigentlichen Aufgaben entbunden, die Projektaufgaben werden also neben den normalen Tätigkeiten der Geschäftsabwicklung durchgeführt.[197]

2.1.3.1.2 Phasen der Gemeinkostenwertanalyse

Neben der oben beschriebenen Projektorganisation ist im Rahmen der Gemeinkostenwertanalyse auch die *Vorgehensweise* sehr präzise zu planen.

Die Gesamtdauer der GWA soll bis auf Stunden genau im voraus festgelegt werden:

„... Bei der Umsetzung ist der Grundsatz einzuhalten, keine Terminverschiebungen zuzulassen."[198]

Die Umsetzung der Gemeinkostenwertanalyse kann in die nachstehenden *drei Phasen*:

- die Vorbereitungsphase,
- die Durchführungsphase und
- die Realisierungsphase

untergliedert werden.[199]

196) Vgl. Meyer-Piening, A. [1994], S. 138.
197) Vgl. Meyer-Piening, A. [1994], S. 138 - 139.
198) Küpper, H.-U. [1995], S. 309.
199) Vgl. Jehle, E. [1992], S. 1509 ff.; ähnlich auch: Küpper, H.-U. [1995], S. 309; Streitferdt, L. [1994], S. 483.

2.1.3.1.2.1 Vorbereitungsphase

Im Rahmen der *Vorbereitungsphase* erfolgt eine präzise Aufgabendefinition. Es werden die zu untersuchenden Unternehmenseinheiten abgegrenzt, wobei in der Regel sämtliche Gemeinkostenbereiche des Unternehmens in die Untersuchung einbezogen werden. Ebenso werden in dieser Phase quantitative Ziele vorgegeben, die Teammitglieder und die LUE's festgelegt, die Ablauffolgen des Projektes bestimmt, der Betriebsrat bzw. der Personalrat und die betroffenen Mitarbeiter(innen) informiert sowie die Projektbeteiligten geschult. Die Ablauffolge des GWA-Projektes richtet sich nach vier Grundschritten, die üblicherweise auf jeweils eine Woche begrenzt werden. Auf diese Grundschritte wird in den anschließenden Ausführungen zur Durchführungsphase näher eingegangen.[200]

2.1.3.1.2.2 Durchführungsphase

Die Durchführung des GWA-Projektes erfolgt in mehreren Takten, die jeweils einen Zeitraum von vier bis maximal sechs Wochen umfassen. Diese *Takte* werden in *vier Grundschritte* aufgegliedert, die ca. jeweils eine Woche dauern und aus dem Wertanalyse-Arbeitsplan ableitbar sind:

- Schritt 1: Strukturierung der Kosten und Leistungen (Aufnahme des Ist-Zustandes),
- Schritt 2: Entwicklung von Einsparungsideen,
- Schritt 3: Bewertung der Einsparungsideen,
- Schritt 4: Dokumentation der Ergebnisse und Beantragen der Maßnahmen.[201]

Die vier Grundschritte, die in der Summe einen Takt bilden, werden zeitlich versetzt in jeder Untersuchungseinheit durchgeführt; aus diesem Grunde hängt die Projektdauer im wesentlichen von der Anzahl der Untersuchungseinheiten ab.[202]

200) Vgl. Jehle, E. [1992], S. 1509; Müller, A. [1992], S. 41 - 42.
201) Vgl. Jehle, E. [1992], S. 1511; Meyer-Piening, A. [1994], S. 138 - 139; Streitferdt, L. [1994], S. 483; Zentrum Wertanalyse (VDI-GSP) [1995], S. 480.
202) Vgl. Küpper, H.-U. [1995], S. 310.

Die *Strukturierung der Kosten und Leistungen* je Untersuchungseinheit wird von den zuständigen LUE's durchgeführt. Das Ergebnis ist ein Leistungskatalog mit den entsprechenden Kosten. Zu diesem Zweck werden sämtliche Leistungen (Tätigkeiten) der Untersuchungseinheit in einem Formular festgehalten und mit Mann-Jahren (oder besser: Personal-Jahren) bewertet. Ausgehend von dieser Tätigkeits- und Zeitstrukturanalyse bzw. Input-Output-Struktur können entsprechende Verbesserungsvorschläge zur rationelleren Bearbeitung der Aufgaben abgeleitet werden (vgl. Abbildung 25).[203]

Abteilung:		Fertigungssteuerung	
Mitarbeiteranzahl:		2	
Kostenstellengesamtkosten:		1,5 Mio. DM	
Funktions-Nr.	Funktions-beschreibung (Output)	Personal-Jahre (Input)	Kosten (TDM) (Input)
1	Sortieren der Werkstatt-papiere	0,15	112,50
2	Terminierung	0,25	187,50
3	Kapazitätsbedarfsrech-nung	0,50	375,00
4	Terminkartei pflegen	0,125	93,75
5	Fertigungsbelegerstel-lung	0,125	93,75
6	Arbeitsverteilung	0,30	225,00
7	Rückmeldungen bear-beiten	0,30	225,00
8	Arbeitsablaufplanung	0,25	187,50

Abb. 25: Beispiel für einen mitarbeiterbezogenen Tätigkeitskatalog

203) Vgl. Müller, A. [1992], S. 43.

Die *Entwicklung von Einsparungsideen* erfolgt auf der Grundlage der vorhandenen Input-Output-Struktur durch den LUE in Zusammenarbeit mit den jeweiligen Leistungsempfängern (vgl. Abbildung 26). Die LUE's werden hierbei durch das zuständige Betreuerteam, ggfs. den Fachabteilungen sowie durch das zuständige Mitglied des Lenkungsausschusses unterstützt.[204] Die Erarbeitung der konkreten Einsparungsideen ist jedoch Aufgabe des LUE's, der letztlich entscheiden muß, ob die Einsparungsideen tragbar sind oder nicht. Mit dem Ziel, möglichst viele Einsparungsideen zu gewinnen, wird für jede Untersuchungseinheit ein Kostensenkungspotential von 40 % vorgegeben.[205]

"... Dieses Ziel ist nicht dogmatisch zu sehen, sondern gilt gleichsam als "Ideenhürde" als Vorgabe zur Einsparung von Leistungen und Kosten und damit mittelbar von Personen."[206]

"... Die Kostensenkungsideen konzentrieren sich auf den Abbau nicht zwingend erforderlicher Leistungen und auf den Einsatz wirtschaftlicher Verfahren ..."[207] (vgl. auch Abbildung 27).

Die *Bewertung der Einsparungsideen* erfolgt anhand strenger Wirtschaftlichkeits- und Risikokriterien:

Die erarbeiteten Lösungsideen müssen innerhalb von zwei Jahren durchführbar und - im Verhältnis zum Nutzen - kostengünstiger als die bisherige Lösung sein; außerdem dürfen sie nur ein akzeptables Risiko in sich bergen.[208]

Die *Bewertung der Einsparungsideen* erfolgt in Form einer ABC-Analyse, d. h. die Lösungsvorschläge werden unter Risiko- und Nutzenerwägungen in drei Gruppen unterteilt:

- A-Ideen:
  A-Ideen sind mit geringem Risiko innerhalb der kommenden zwei Jahre zu realisieren.

204) Vgl. Streitferdt, L. [1994], S. 483.
205) Vgl. Jehle, E. [1992], S. 1512.
206) Meyer-Piening, A. [1994], S. 140.
207) Meyer-Piening, A. [1994], S. 140 - 141.
208) Vgl. Küpper, H.-U. [1995], S. 310.

- B-Ideen:
  Für B-Ideen sind noch abschließende Analysen und Befragungen durchzuführen, innerhalb derer geklärt werden muß, ob die B-Ideen zu A- oder C-Ideen werden.

- C-Ideen:
  C-Ideen sind aus Risiko- und Nutzenüberlegungen heraus abzulehnen.[209]

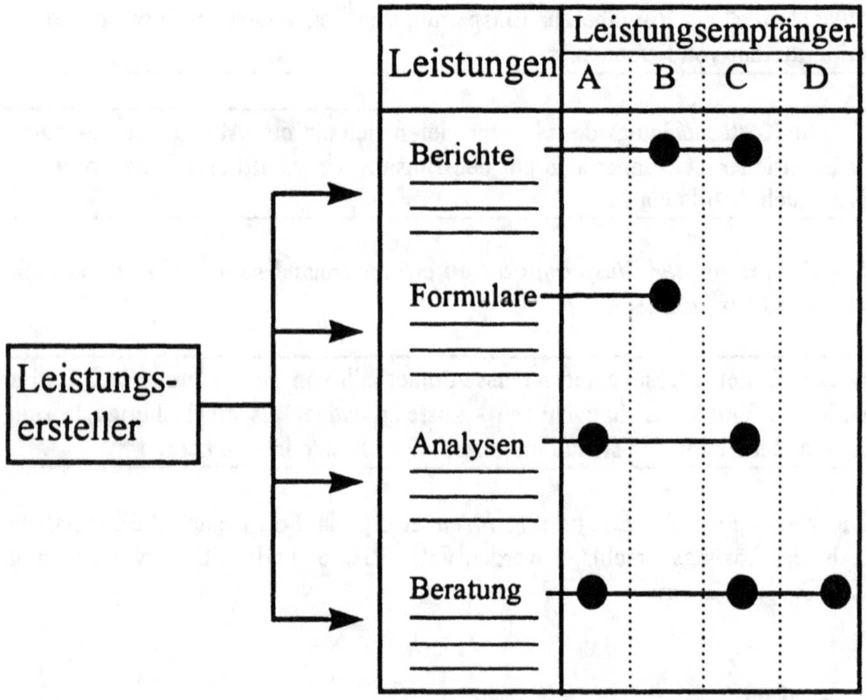

Abb. 26: Zusammenarbeit zwischen Leistungsersteller und -empfänger
(in Anlehnung an: Meyer-Piening, A. [1994], S. 140.)

209) Vgl. Meyer-Piening, A. [1994], S. 141; ähnlich auch: Zentrum Wertanalyse (VDI-GSP) [1995], S. 480 - 481.

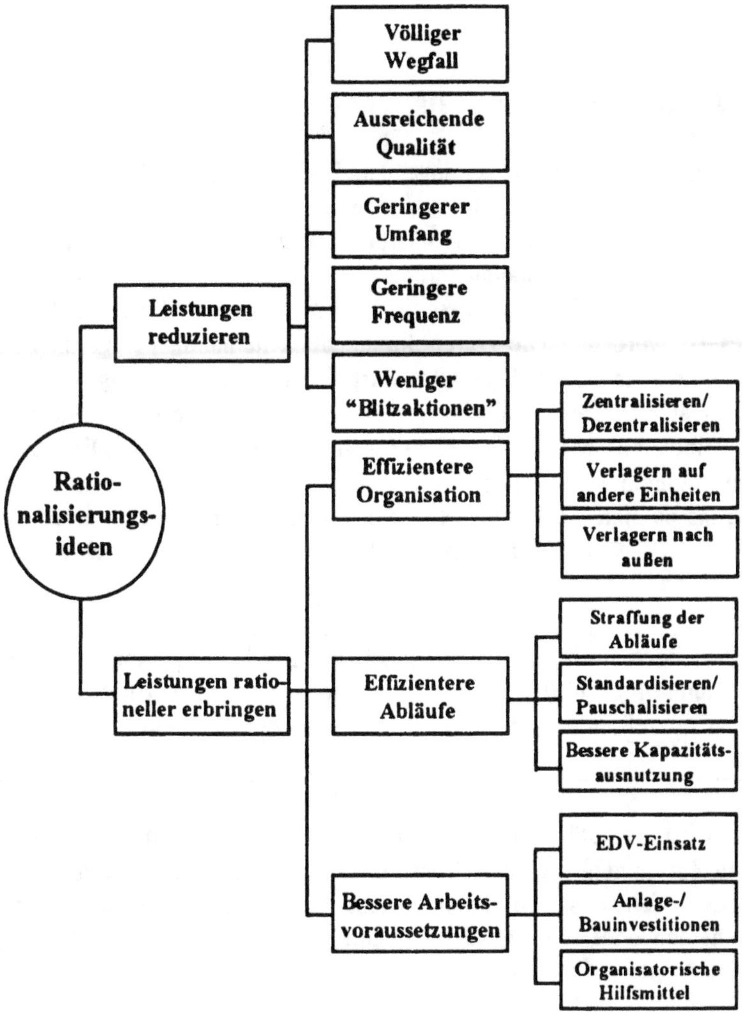

Abb. 27: Mögliche Rationalisierungsideen im Gemeinkostenbereich

Im *vierten Schritt* werden die ausgewählten Einsparungsideen den Betreuerteams zur Prüfung übergeben. Im Anschluß daran sind die Lösungsideen dem Lenkungsausschuß unter Einschaltung des Betriebs- bzw. Personalrats zur Verabschiedung vorzulegen.

2.1.3.1.2.3 Realisationsphase

Haben die Einsparungsvorschläge den Lenkungsausschuß und den Betriebs- bzw. Personalrat passiert, dann beginnt die *Realisierung*. Im Rahmen dieser Phase hat der Lenkungsausschuß dafür zu sorgen, daß die Voraussetzungen zur Durchführung der Maßnahmen geschaffen werden.[210] Mit Hilfe einer detaillierten *Realisierungsplanung* sollen die verabschiedeten Maßnahmen in die Praxis umgesetzt werden.[211] Die Durchführung der Maßnahmen liegt im Zuständigkeitsbereich der LUE's. In der Regel ist eine Kosteneinsparung nicht ohne Personalabbau möglich, so daß die Realisierung der beschlossenen Maßnahmen im allgemeinen mit personellen Konsequenzen verbunden ist. Die Maßnahmen sollen in einem Zeitraum von ca. zwei Jahren abgeschlossen sein. [212] Üblicherweise lassen sich die Voraussetzungen zur Realisierung rasch erfüllen, so daß etwa 60 - 70 % der Maßnahmen bereits nach Ablauf eines Jahres ausgeführt sein können.[213]

"... Da jedoch nach einer Grundregel der GWA die personelle Realisierung ohne zumutbare Härten für die Beteiligten zu geschehen hat, kann der Umsetzungsprozeß unter ungünstigen Umständen durchaus ein bis drei Jahre dauern."[214]

Dabei wird die natürliche Mitarbeiter-Fluktuation ausgenutzt. Allerdings ist in diesem Zusammenhang kritisch anzumerken, daß im Einzelfall nur sehr schwer nachzuvollziehen ist, ob die natürliche Fluktuation, also das altersbedingte Ausscheiden oder die eigene Kündigung von Mitarbeitern zu den geplanten Veränderungen geführt haben.[215]

210) Vgl. Küpper, H-U. [1995], S. 310; Meyer-Piening, A. [1994], S. 141.
211) Vgl. Müller, A. [1992], S. 44.
212) Vgl. Meyer-Piening, A. [1994], S. 141.
213) Vgl. Streitferdt, L. [1994], S. 483.
214) Streitferdt, L. [1994], S. 483.
215) Vgl. Meyer-Piening, A. [1994], S. 142.

Während des relativ langen Realisierungszeitraumes ist es wichtig, daß die Maßnahmen einer ständigen Überwachung unterzogen werden.

2.1.3.2 Beurteilung der Gemeinkostenwertanalyse

Die Gemeinkostenwertanalyse hat sich wegen der guten Strukturierung ihrer Vorgehensweise und der hohen Wirksamkeit, die insbesondere aus dem damit verbundenen Personalabbau resultiert, vor allem in Großunternehmen durchgesetzt:[216]

Der Einsatz einer Gemeinkostenwertanalyse führt nachweislich mindestens zu einer Kostenreduzierung von 10 %, üblicherweise liegen die Einsparungen aber durchschnittlich zwischen 15 und 20 % des ursprünglichen Kostenniveaus.[217]

Die Erfolge der Gemeinkostenwertanalyse führen dazu, daß innerhalb kürzester Zeit die Eigenfinanzierungskraft des Unternehmens gestärkt und konkurrenzfähige Preiskalkulationen möglich werden.[218]

Im Gegensatz zur Wertanalyse *verzichtet* die Gemeinkostenwertanalyse bewußt *auf* Genauigkeit, Tiefe und *volle Ausschöpfung des kreativen Potentials* zugunsten von Umfang und Schnelligkeit der Analyseentwicklung. Die Gemeinkostenwertanalyse schöpft ihren Erfolg aus diesem Grunde mehr aus der Breite als aus der Tiefe ihrer *Kostensenkungsprogramme*:[219]

"... Die inhaltliche Begrenzung der Ideenfindung ... liegt in erster Linie in der extrem knapp bemessenen Zeitspanne von einer Woche, in der weiterreichende Konzepte zur Verlagerung von Arbeiten, zur Systemverbesserung sowie zum ergänzenden Technologie-Einsatz nicht durchdacht werden können."[220]

216) Vgl. Meyer-Piening, A. [1994], S. 142.
217) Vgl. Küpper, H-U. [1995], S. 310; Müller, A. [1992], S. 45.
218) Vgl. Müller, A. [1992], S. 45.
219) Vgl. Jehle, E./Willeke, M. [1996], S. 257.
220) Meyer-Piening, A. [1994], S. 143.

"... Es bleibt nur die Kostensenkung ...".[221]

Die LUE's erkennen häufig ein strategisches Defizit, das durch Kostensenkungen auf den unteren Führungsebenen nicht beseitigt werden kann:

"... Kostensenkung ... ist kein Strategieersatz!"[222] "... Oft liegen die Ursachen von Unwirtschaftlichkeiten viel tiefer, beispielsweise im Management selbst, in der Zielsetzung oder in bestimmten Funktionen, die in der Vergangenheit nicht ausreichend wahrgenommen wurden, wie beispielsweise strategische Unternehmensplanung, Forschung und Entwicklung, Technologie-Entwicklung und Marketing."[223]

Über den Einsatz einer Gemeinkostenwertanalyse wird häufig der leichte Weg der *Mitarbeiterabbauplanung* beschritten, "... ohne einen selbständigen, aktiven Beitrag des Managements zu fordern."[224] "... Denn das Management steht gleichsam als unbeteiligter Beobachter außerhalb der Untersuchung, soweit es nicht im Lenkungsausschuß vertreten ist."[225]

Konsequente Personalabbaumaßnahmen sind außerdem mit der Gefahr einer Leistungsniveauverschlechterung verbunden, da häufig hervorragende Mitarbeiter ausscheiden und aufgrund eines quantitativen Einstellungsstopps nicht ersetzt werden dürfen.[226]

Die beschriebenen konzeptionellen Defizite in Verbindung mit einschneidenden Personalabbaumaßnahmen führen zu erheblichen Akzeptanzproblemen bei den Mitarbeitern. Aufgrund der mit dem Einsatz einer Gemeinkostenwertanalyse verbundenen Unruhen im Unternehmen sowie hohe Durchführungs- und Folgekosten, die zwischen 1 Million und 4 Millionen DM liegen können, ist die Gemeinkostenwertanalyse als *dauerhafte Einrichtung nicht geeignet.* Vielmehr wird empfohlen, die Gemeinkostenwertanalyse alle drei bis fünf Jahre als Einmalaktion zu wiederholen.[227]

221) Meyer-Piening, A. [1994], S. 143.
222) Meyer-Piening, A. [1994], S. 143.
223) Meyer-Piening, A. [1994], S. 143.
224) Meyer-Piening, A. [1994], S. 144.
225) Meyer-Piening, A. [1994], S. 144.
226) Vgl. Meyer-Piening, A. [1994], S. 142.
227) Vgl. Jehle, E./Willeke, M. [1996], S. 257.

„... Die Kosten müssen jedoch dauerhaft unter Kontrolle gehalten werden, da sie sonst zu einem späteren Zeitpunkt wieder ansteigen. Dieses den Kosten innewohnende Wachstumsgesetz führt dazu, daß bei der GWA „... die gewonnenen Ergebnisse häufig nicht sehr nachhaltig sind ...“.[228]

Aus diesem Grunde muß für ein permanentes (Gemein-) Kostenmanagement gesorgt werden,[229] das u. a. über die Implementierung eines Kontinuierlichen Verbesserungsprozesses (KVP) bzw. eines integrierten Ideenmanagements unterstützt werden kann.

Zusammenfassend kann festgehalten werden, daß die Gemeinkostenwertanalyse ein Instrument des Kostenmanagements darstellt, über dessen Einsatz relativ schnell Kosteneinsparungen im Gemeinkostenbereich, eine konkurrenzfähige Preiskalkulation und eine Stärkung der Eigenfinanzierungskraft des Unternehmens erreicht werden können. Kostensenkungen allein reichen im allgemeinen aber zur nachhaltigen Sicherung der Wettbewerbsfähigkeit nicht aus. Wichtig ist die Erkenntnis, daß jede Gemeinkostenwertanalyse *auch strategische Freiheitsgrade* eröffnet, "... denn sie senkt die Gemeinkostenbelastung der Fertigungsprodukte in einem Ausmaß, wie es sonst nur durch eine zwei- bis fünffache Vergrößerung des Produktionsvolumens zu erreichen ist ...".[230]

"... Die Nutzung dieser Freiheitsgrade für eine nachhaltige Sicherung der Wettbewerbsfähigkeit sollte Gegenstand neuer Projekte zur Strategieanpassung werden."[231]

228) Jehle, E./Willeke, M. [1996], S. 257.
229) Vgl. Müller, A. [1992], S. 50.
230) Streitferdt, L. [1994], S. 483.
231) Streitferdt, L. [1994], S. 483.

2.1.3.3 Lehrfragen und Übungen

1. Stellen Sie die Wertanalyse (WA) und die Gemeinkostenwertanalyse (GWA) gegenüber.

2. Für jede Untersuchungseinheit wird im Rahmen der GWA ein Kostensenkungspotential von 40 % vorgegeben. Die Entwicklung der Einsparungsideen erfolgt durch die Leiter der Untersuchungseinheiten (LUE). Welche Probleme ergeben sich hieraus aus der Sicht des Kostenmanagements?

3. Üblicherweise lassen sich die Voraussetzungen zur Realisierung der Einsparungsideen rasch erfüllen, so daß etwa 60 bis 70 % der Einsparungsmaßnahmen nach Ablauf eines Jahres ausgeführt sein können. Welche Probleme ergeben sich in der Praxis bei der Umsetzung der Einsparungsideen und warum ist eine exakte Quantifizierung der realisierten GWA-Maßnahmen i. d. R. schwierig.

4. Das Hauptziel der GWA liegt in der Durchsetzung von Kostensenkungen im Gemeinkostenbereich; in neueren Veröffentlichungen wird neben der Kostensenkung häufig eine Nutzensteigerung verlangt. In der Praxis ist die Durchführung einer GWA i. d. R. jedoch nur mit Kostensenkungsmaßnahmen verbunden, die häufig sogar mit Leistungsniveauverschlechterungen einhergehen. Erklären Sie dieses Phänomen.

5. Stellen Sie die Stärken und Schwächen der GWA gegenüber.

2.1.4 Zero-Base-Budgeting

Das Konzept des *Zero-Base-Budgeting* (ZBB) bzw. Zero-Base-Planning (ZBP) wurde Ende der 60er Jahre bei Texas Instruments in den USA unter der Regie von P. A. Phyhrr entwickelt.[232] Grundlage des Konzeptes war, "... die vom Management vorgegebenen Wachstumsziele von durchschnittlich 15 % p. a. durch ein verstärktes strategisches Denken und Planen zu unterstützen."[233]

Charakteristisch für die ZBB-Technik ist, daß die erarbeiteten Projektvorhaben mit Projektzielen, erforderlichen Ressourcen, Vorteilen und Konsequenzen dem *oberen Management* zur Prioritätensetzung und Entscheidung über die Mittelzuweisung *vorgelegt werden.* Entsprechend der verfügbaren Ressourcen werden die Projekte mit hoher Priorität mit den notwendigen Mitteln ausgestattet; Projekte mit geringerer Priorität werden zurückgestellt oder abgelehnt.[234]

Zero-Base-Budgeting ist eine Planungs-, Analyse- und Entscheidungstechnik, die zum ***Ziel*** hat, die Gemeinkosten zu senken und die verfügbaren Ressourcen im Gemeinkostenbereich möglichst wirtschaftlich einzusetzen.[235] Im Rahmen dieser Zielsetzung steht eine *Umverteilung der verfügbaren Ressourcen* von operativen Aufgaben auf strategische Projekte im Vordergrund.[236]

Zero-Base-Budgeting bedeutet Null-Basis-Planung und -Analyse, d. h. ausgehend von der Basis *"Null"* sollen sämtliche Gemeinkostenbereiche auf ihre Notwendigkeit, Art und Umfang ihrer Leistungen und auf die Wirtschaftlichkeit der Leistungserstellung analysiert werden:[237]

232) Vgl. Jehle, E. [1992], S. 1512; Küpper, H-U. [1995], S. 312; Müller, A. [1992], S. 45.
233) Meyer-Piening, A. [1994], S. 163.
234) Vgl. Meyer-Piening, A. [1994], S. 163.
235) Vgl. Meyer-Piening, A. [1982], S. 65; Müller, A. [1992], S. 45 - 46.
236) Vgl. Meyer-Piening, A. [1994], S. 164.
237) Vgl. Streitferdt, L. [1994], S. 484.

Zero-Base-Budgeting geht somit von dem Grundgedanken aus, daß sämtliche Aktivitäten im Gemeinkostenbereich eines Unternehmens *"auf der grünen Wiese" neu geplant* werden können.[238] "... Ausgangspunkt aller Überlegungen ist die Basis Null, also nicht das Bestehende, nicht das Budget des Vorjahres, nicht die Ist-Kosten und Leistungen der Vergangenheit, sondern das Unternehmensziel."[239]

Ebenso wie bei der Wertanalyse (WA) und der Gemeinkostenwertanalyse (GWA) handelt es sich bei der ZBB-Technik um ein heuristisches Problemlösungsverfahren, das der Effizienzsteigerung im Gemeinkostenbereich dient. Zwischen den drei Verfahren bestehen jedoch signifikante Unterschiede (vgl. Abbildung 28):

Während die Wertanalyse in erster Linie als *spezielle Methode* zur Lösung bekannter Einzelprobleme eingesetzt wird, handelt es sich bei der Gemeinkostenwertanalyse und der ZBB-Technik um *allgemeine Analysemethoden*, bei denen Effizienzverbesserungen im Gemeinkostenbereich ganzer Unternehmen oder Organisationsbereiche bewirkt werden sollen, wobei die Ansatzpunkte zur Effizienzverbesserung und die Prioritäten hierfür noch unbekannt sind.

Grundlegendes heuristisches Prinzip ist bei allen drei Verfahren die *Funktionenanalyse*, die im Rahmen der Wertanalyse einen unverzichtbaren und theoretisch untermauerten Baustein darstellt; bei der Gemeinkostenwertanalyse sowie bei der ZBB-Technik hingegen werden funktionsanalytische Denk- und Strukturierungsprinzipien nur mehr oder weniger rudimentär angewandt.

Bei der Gemeinkostenwertanalyse steht eindeutig das *Kostensenkungsziel* im Vordergrund, dagegen werden beim Einsatz der Wertanalyse und bei Anwendung der ZBB-Technik in der Regel auch signifikante *Leistungsverbesserungen* angestrebt.

---

238) Vgl. Jehle, E. [1992], S. 1512.

239) Meyer-Piening, A. [1994], S. 183. Im Gegensatz zur traditionellen Budgetierung, die inputorientiert von dem Budget des Vorjahres ausgeht und das folgende Budget mittels eines ex-post-plus-Vorgehens ableitet, löst sich das Zero-Base-Budgeting von den Größen der Vergangenheit und konzentriert sich zielorientiert auf eine input- und outputbezogene Neuausrichtung des Gemeinkostenbereichs. Vgl. Burger, A. [1995], S. 277.

Grundsätzlich können alle drei Verfahren zur Lösung strategischer Probleme eingesetzt werden; die strategische Orientierung im Rahmen des Problemlösungsprozesses ist bei der ZBB-Methode jedoch am stärksten ausgeprägt.[240]

2.1.4.1 Aufbau und Ablauf des Zero-Base-Budgeting

Ebenso wie bei der Durchführung einer Gemeinkostenwertanalyse kann die erfolgreiche Umsetzung eines Zero-Base-Budgeting-Projektes nur über eine sorgfältige *Projektorganisation* und eine klar strukturierte *Vorgehensweise* sichergestellt werden. Allerdings ist für ZBB-Projekte keine spezielle Projektorganisation entwickelt worden, so daß die Empfehlungen zu deren Gestaltung in der Literatur etwas allgemeiner gehalten sind. Die Vorgehensweise der Zero-Base-Technik geht auf den Wertanalysearbeitsplan zurück, der, ebenso wie bei der Gemeinkostenwertanalyse, in verkürzter Form angewandt wird. Da die Verfahrensschritte im Rahmen des Zero-Base-Budgeting - im Gegensatz zur Gemeinkostenwertanalyse - auf eine Umverteilung der Ressourcen ausgerichtet sind, ergeben sich jedoch signifikante Unterschiede bei der Umsetzung der beiden genannten wertanalytischen Verfahren.

2.1.4.1.1 Projektorganisation

Der ZBB-Prozeß soll weitgehend von den *eigenen Führungskräften* getragen werden, damit die Kenntnisse und Erfahrungen auch über den Projektzeitrahmen von etwa einem Vierteljahr hinaus im Unternehmen wirken.[241] Für die erfolgreiche Durchführung eines Zero-Base-Budgeting-Projektes bildet die Unternehmensleitung ein *Projektteam*, das aus herausragenden Mitarbeitern des Unternehmens besteht und die unternehmensspezifischen Funktionen, wie z. B. Forschung, Entwicklung, Controlling, Personalwesen und Materialwirtschaft, repräsentiert. Die Mitglieder der Projektteams stammen in der Regel aus der mittleren Führungsebene. Aufgrund der Unabhängigkeit von den internen Macht- und Organisationsstrukturen wird eine externe *Projektleitung* empfoh-

240) Vgl. Jehle, E. [1992], S. 1519 - 1521.
241) Vgl. Meyer-Piening, A. [1994], S. 188.

Kriterien	**GWA**	**ZBB**	**WA**
1. Allgemeinheitsgrad	●	●	◔
2. Dominanz des Kostensenkungsziels	◕	◐	◐
3. Ausprägung allokativer Effizienz	◔	◕	◐
4. Strategische Orientierung	◐	◕	◐
5. Funktionsorientierung	◔	◐	◕
6. Untersuchungsbreite	◕	◕	◔
7. Untersuchungstiefe	◔	◐	◕
8. Eingriffsintensität in die Organisation	◕	◕	◔
9. Akzeptanzpotential bei Kostensenkungsprogrammen	◔	◔	◕
10. Gefahr von Unruhen bei Kostensenkungsprogrammen	◐	◐	◔
11. Anwendungshäufigkeit	◔	◔	◕
12. Durchführungs- und Folgekosten	◕	◕	◔
13. Erfolg und positive Nebeneffekte	◐	◐	◕
14. Notwendigkeit von externen Beratern	◕	◕	◐

Abb. 28: Unterschiede zwischen GWA, ZBB und WA
(in Anlehnung an: Jehle, E. [1992], S. 1520.)

len. Die Projektleitung ist für die Projektplanung und -durchführung sowie für die Schulung der Teammitglieder verantwortlich. Die Schulung der Teammitglieder bezieht sich nicht nur auf die Vorgehensweise der ZBB-Analyse, vielmehr steht die Vermittlung von Zusammenhängen und Querverbindungen im Unternehmen sowie die Verbesserung der Teamfähigkeit im Vordergrund. Die *Teammitglieder* unterstützen das Projekt methodisch, stimulieren den kreativen Veränderungsprozeß und moderieren bei strittigen Fragen.[242]

2.1.4.1.2 Phasen des Zero-Base-Budgeting

Bei der Umsetzung eines Zero-Base-Budgeting können *drei Phasen*

- die Vorbereitungsphase,
- die Durchführungsphase und
- die Realisationsphase

unterschieden werden.

2.1.4.1.2.1 Vorbereitungsphase

In dieser Phase hat die Unternehmensleitung das *ZBB-Projektteam* zu bilden, die relevanten *Untersuchungsbereiche* abzugrenzen, den Betriebs- bzw. Personalrat und die von der Analyse betroffenen *Unternehmensmitglieder* zu *informieren.*[243]

Ausgangspunkt der ZBB-Analyse ist die strategische Unternehmensplanung mit den daraus abgeleiteten strategischen *Zielen:*

242) Vgl. Meyer-Piening, A. [1982], S. 91; Meyer-Piening, A. [1994], S. 190.
243) Vgl. Burger, A. [1995], S. 277; Küpper, H-U. [1995], S. 312; Müller, A. [1992], S. 46.

Zur Sicherstellung, daß die geringen verfügbaren strategischen Ressourcen so auf die strategischen Programme und Vorhaben aufgeteilt werden, daß *langfristig der größtmögliche Erfolg* erzielt wird, muß über sämtliche Hierarchieebenen hinweg bezüglich der angestrebten *Zielvorstellungen* als auch der verfolgten *Strategien* (z. B. Ausbau, Halten oder Rückzug aus bestimmten Produkt-/ Marktsegmenten) *Klarheit* bestehen.[244]

"... Häufig stellt sich erst im Zuge einer ZBB-Analyse heraus, daß über grundsätzliche Fragen viel weniger Klarheit besteht, als zunächst angenommen worden war. Es kommt auch vor, daß diese konzeptionelle Klarheit bei der obersten Führungsebene zwar vorhanden ist, daß aber Kommunikationsbarrieren im Unternehmen entstehen."[245] "... Das heißt, über grundsätzliche Produktstrategien bestehen auf den mittleren und unteren Führungsebenen, soweit es diese überhaupt betrifft, teilweise erhebliche Unklarheiten, die zu einer Verunsicherung und Orientierungslosigkeit der Führungskräfte beitragen."[246]

2.1.4.1.2.2 Durchführungsphase

Nach Abschluß der Vorbereitungsphase werden die durch die Unternehmensleitung abgegrenzten Unternehmensbereiche in *Entscheidungseinheiten* aufgeteilt.[247]

Eine *Entscheidungseinheit* ist die Summe bestimmter, inhaltlich zusammenhängender Aktivitäten, die im Rahmen des ZBB-Prozesses analysiert werden soll; sie umfaßt eine Gruppe von Mitarbeitern, die gemeinsame Aufgaben wahrnehmen und ein gemeinsames Ziel haben. *Entscheidungseinheiten* können z. B. Abteilungen, Kostenstellen, Mitarbeitergruppen, Funktionen, Projekte oder Dienstleistungen sein.[248]

Im nächsten Schritt sind für jede *Entscheidungseinheit* im Rahmen einer Ist-Analyse die derzeit vorhandenen Ziele, die erbrachten Leistungen, die Kosten der Leistungen und die Leistungsempfänger festzustellen. Die Kosten- und Leistungsstrukturen sind aus der Kosten- und Leistungsrechnung abzuleiten. Der Grundgedanke des Zero-Base-Budgeting verlangt eine zweifache Gliede-

---

244) Vgl. Meyer-Piening, A. [1982], S. 65 - 69.
245) Meyer-Piening, A. [1982], S. 69.
246) Meyer-Piening, A. [1982], S. 69.
247) Vgl. Meyer-Piening, A. [1994], S. 190.
248) Vgl. Küpper, H-U. [1995], S. 312; Meyer-Piening, A. [1982], S. 70.

rung der Gemeinkosten.[249] „... Zum einen sind sie nach den eingesetzten Ressourcen in Kostenarten zu differenzieren und zum anderen werden sie einzelnen Entscheidungseinheiten zugerechnet."[250] Da die traditionelle Kosten- und Leistungsrechnung lediglich produkt- und kostenstellenbezogene Kosten ausweist, kann sich die zusätzliche Implementierung einer Prozeßkostenrechnung als hilfreich erweisen.

Im Anschluß an die Ist-Analyse werden sämtliche Entscheidungseinheiten kritisch in *Brainstorming-Sitzungen* analysiert:[251]

Jede einzelne *Leistung* wird in den Brainstorming-Sitzungen *kritisch durchdacht*:

- Ist die Leistung überhaupt erforderlich?
- In welchem Umfang ist die Leistung notwendig?
- Könnte die Leistung auf andere Weise wirtschaftlicher durchgeführt werden?
- Welche Leistungen sollen zukünftig verstärkt durchgeführt werden?[252]

Hier kommt der Null-Basis-Gedanke besonders deutlich zum Ausdruck:

Gegenstand der Brainstorming-Sitzungen ist nicht nur der Abbau von Leistungen, sondern auch der Aufbau eventuell erforderlicher zusätzlicher Leistungen.[253]

Insofern kann im Rahmen bestehender Entscheidungseinheiten auch über künftig erforderliche Aufgaben nachgedacht werden. Es ist gleichzeitig möglich, neue Entscheidungseinheiten zu bilden, die eine Summe von Leistungen enthalten, die bisher im Unternehmen überhaupt noch nicht erbracht worden sind.[254]

Für jede Entscheidungseinheit sind schließlich drei *Ergebnisniveaus* (auch: Leistungsniveaus) festzulegen:

249) Vgl. Burger, A. [1995], S. 288.
250) Burger, A. [1995], S. 288 - 289.
251) Vgl. Meyer-Piening, A. [1994], S. 191.
252) Vgl. Meyer-Piening, A. [1982], S. 72 - 73; Meyer-Piening, A. [1994], S. 192.
253) Vgl. Meyer-Piening, A. [1994], S. 192.
254) Vgl. Meyer-Piening, A. [1994], S. 192.

Unter dem Begriff „Ergebnisniveau“ wird die Summe der Arbeitsergebnisse einer Entscheidungseinheit zusammenfaßt, die nach Menge und Qualität, Häufigkeit und Pünktlichkeit differenziert werden kann:[255]

⇨ Das *Ergebnisniveau 1* beschreibt das geringstmögliche Arbeitsergebnis. Es handelt sich hierbei um das sogenannte *Minimumsniveau*, mit dem im Hinblick auf die Unternehmenszielsetzung eine gerade noch sinnvolle Leistung erbracht werden kann.

⇨ Das *Leistungsniveau 2* beschreibt Arbeitsergebnisse, die über das Ergebnisniveau 1 hinaus wünschenswerte Leistungen erbringen. Das Leistungsniveau 2 bringt in der Regel die Arbeitsergebnisse zum Ausdruck, die dem gegenwärtig vorhandenen *Ist-Zustand* entsprechen.

⇨ Das *Ergebnisniveau 3* umfaßt die kurz-, mittel- und langfristig wünschenswerten Leistungen einer Entscheidungseinheit. In diesem Leistungsniveau werden im Vergleich zum Leistungsniveau 2 zusätzlich Ressourcen benötigt, die normalerweise um 20 % über dem Durchschnitt des Vorjahresbudgets liegen (vgl. Abbildung 29).[256]

„... Bei der **Bestimmung der Leistungsniveaus** ist zu prüfen, welche Tätigkeiten in welchem Umfang wirklich benötigt werden oder für eine bessere Zielerreichung wünschenswert sind. Ferner ist zu untersuchen, welche Verfahren für ihre Erbringung am effizientesten sind.“[257]

Für die Phase der Ideenfindung stehen ca. 7 Wochen zur Verfügung. Innerhalb dieser Zeitspanne müssen sämtliche Ideen so konkretisiert werden, daß Vor- und Nachteile, wirtschaftliche Verfahren und Wirkungen auf andere Unternehmensbereiche so beschrieben werden können, daß sie in sogenannten *Entscheidungspaketen* (decision-packages) zusammengefaßt werden können.[258]

255) Vgl. Meyer-Piening, A. [1994], S. 192.
256) Vgl. Jehle, E. [1992], S. 1513 - 1514; Küpper, H-U. [1995], S. 313; Meyer-Piening, A. [1982], S. 74; Meyer-Piening, A. [1994], S. 192- 193; Müller, A. [1992], S. 47; Streitferdt, L. [1994], S. 484.
257) Küpper, H-U. [1995], S. 313.
258) Vgl. Meyer-Piening, A. [1982], S. 76.

„... Ziel der Ausarbeitung alternativer Entscheidungspakte ist, die Leistungsempfänger und die Führungsebenen bis hinaus zur Unternehmensleitung zu einer klaren Entscheidung zu veranlassen, welches Ergebnisniveau unter Abwägen von Nutzen und Kosten für das Unternehmen das jeweils zweckmäßigste ist.“[259]

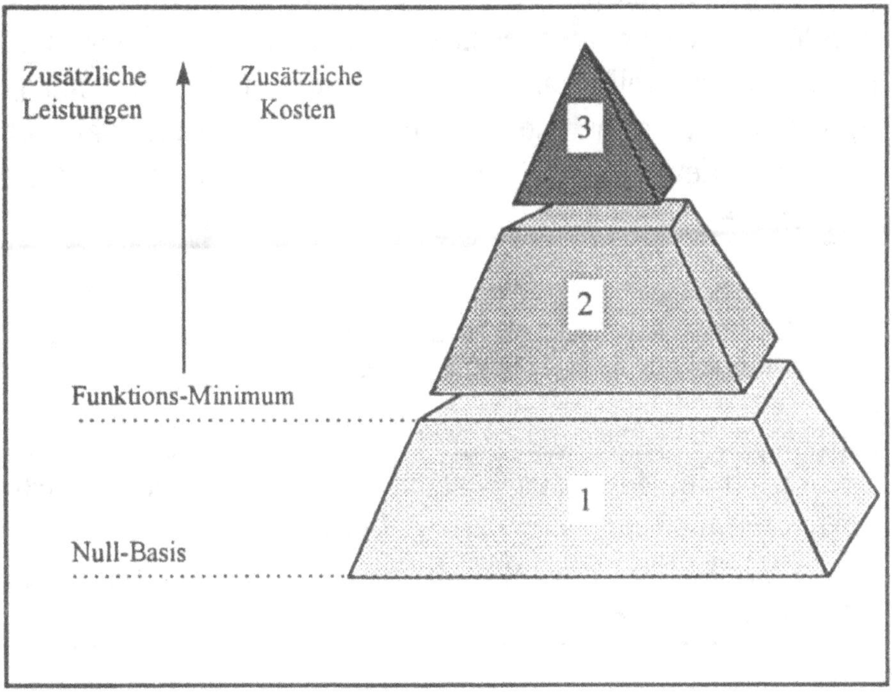

Abb. 29: Drei Ergebnisniveaus einer Entscheidungseinheit
(in Anlehnung an: Meyer-Piening, A. [1994], S. 192- 193.)

Im folgenden Schritt des ZBB-Prozesses erfolgt die schwierige Aufgabe für die Entscheidungsträger, *sämtliche Entscheidungspakete nach ihrer Priorität zu ordnen*. Die Bildung der *Rangordnungen* beginnt auf der unteren Führungsebene. Die Verantwortlichen der Entscheidungseinheiten ordnen zusammen mit ihrem verantwortlichen Abteilungsleiter sowie den wichtigsten Leistungsempfängern die Entscheidungsvorlagen zu einer Rangfolge, indem das relativ wichtigste Entscheidungspaket an die erste und das relativ unwichtigste

259) Meyer-Piening, A. [1994], S. 194.

an die letzte Stelle gesetzt wird. Aus den Vorschlägen der verschiedenen Abteilungen bildet die nächsthöhere Hierarchieebene (z. B. Hauptabteilungsleiter) eine übergreifende Rangordnung. Aus den Rangordnungen dieser Ebene schafft die nächsthöhere Ebene (z. B. Bereichsleiter) bis hin zur Unternehmensleitung eine Gesamtordnung über alle vorgeschlagenen Entscheidungspakete.[260]

> „... Es stellt sich die Frage: Was ist für das Unternehmen wichtiger, dieses oder jenes Entscheidungspaket? Dadurch wird sichergestellt, daß alle Leistungen im Zusammenhang des Gesamtunternehmens gesehen werden, und daß die Kosten der Leistungen angemessen berücksichtigt werden.“[261]

Nach Bildung der Rangordnungen hat die oberste Führungsebene die Aufgabe, einen angemessenen *„Budgetschnitt“* zu ziehen:

> „... Das heißt, für jeden Bereich und für das Unternehmen insgesamt muß man sich darüber klarwerden, wieviel Mittel zur Verfügung gestellt werden können, um den Gemeinkostenbereich zu bezahlen.“[262]

Die Unternehmensleitung entscheidet mit dem *„Budgetschnitt“* darüber, in welchem Umfang Ressourcen für den Gemeinkostenbereich bereitgestellt werden sollen. Unter Nutzen- und Kostenabwägungen wird festgestellt, welche Entscheidungspakete zukünftig realisiert werden sollen bzw. auf welche Leistungen unter dem Zwang der Kosteneinsparung künftig verzichtet werden muß (vgl. Abbildung 30).[263]

Schließlich müssen die zukünftig zu realisierenden Entscheidungspakete im Rahmen der *Maßnahmenplanung* in *periodisierte Budgetvorgaben* umgesetzt

260) Vgl. Küpper, H-U. [1995], S. 313 - 314; Meyer-Piening, A. [1994], S. 195 - 196.
261) Meyer-Piening, A. [1994], S. 196.
262) Meyer-Piening, A. [1982], S. 82 - 83.
263) Vgl. Küpper, H-U. [1995], S. 314 - 315; Meyer-Piening, A. [1994], S. 200.

werden. Nach dem Budgetschnitt durch die oberste Führungsebene steht fest, in welchen Gemeinkostenbereichen zukünftig wieviel Mitarbeiter tätig sein sollen und welche finanziellen Ressourcen den Bereichen zur Verfügung stehen:[264]

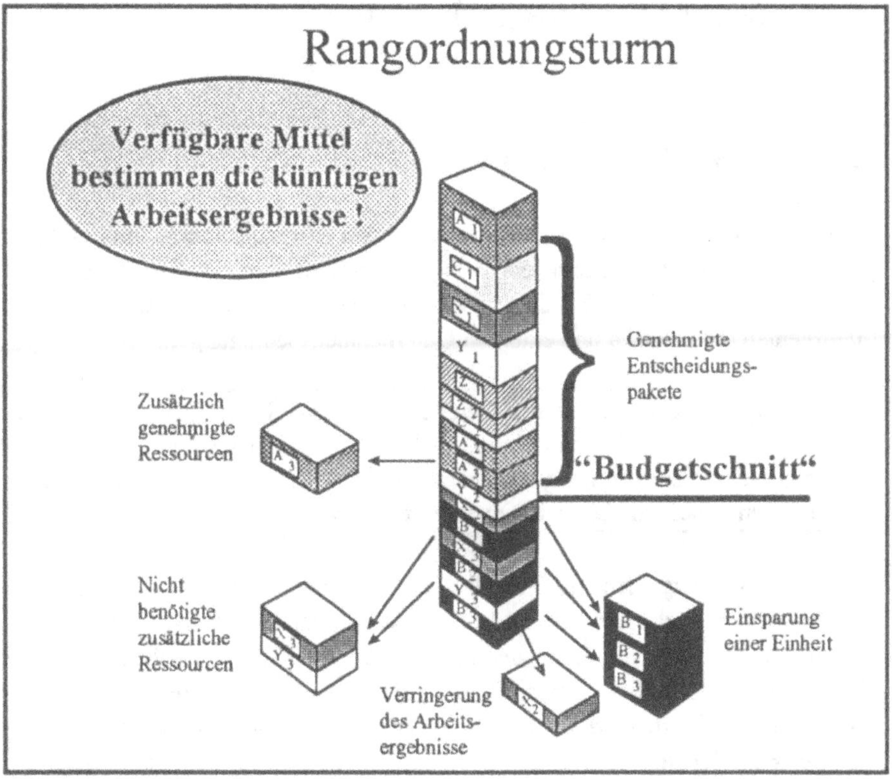

Abb. 30: Budgetschnitt durch die Unternehmensleitung
(in Anlehnung an: Meyer-Piening, A. [1994], S. 200.)

Das kann im Einzelfall bedeuten, daß in einem Bereich zuviel Mitarbeiter vorhanden sind, im anderen Bereich dagegen Mitarbeiter fehlen; dementsprechend müssen Mitarbeiter versetzt und umgeschult oder entlassen und ggfs. neue Mitarbeiter eingestellt werden.[265]

264) Vgl. Streitferdt, L. [1994], S. 484.
265) Vgl. Meyer-Piening, A. [1982], S. 85.

Diese Veränderungen müssen den Führungskräften und den verantwortlichen Mitarbeitern mitgeteilt und in konkrete, nachvollziehbare, kontrollierbare *Maßnahmenpakete* umgewandelt werden. Im Rahmen der *Maßnahmenplanung* ist die konstruktive Mitarbeit des Betriebs- bzw. Personalrates besonders wichtig; aus diesem Grunde ist es erforderlich, daß die Arbeitnehmervertreter von Anfang an in den ZBB-Prozeß eingebunden werden.[266]

2.1.4.1.2.3 Realisationsphase

Jede ZBB-Analyse hat einen stichtagsbezogenen Ausgangspunkt. Die beschlossenen Maßnahmen erfordern jedoch in der Durchführung in der Regel einen Zeitbedarf von ca. 1 bis 2 Jahren. Während dieses Zeitraumes verändern sich naturgemäß die internen und externen Unternehmensbedingungen.[267]

„... Während also auf der einen Seite das Interesse besteht, das einmal Beschlossene unbedingt durchzuführen, muß auf der anderen Seite berücksichtigt werden, daß die notwendigen vom Markt auf das Unternehmen zukommenden Änderungen gleichermaßen mit eingearbeitet werden."[268]

Das Kostenmanagement hat in diesem Zusammenhang die Aufgabe, die Kostenwirkungen der beschlossenen Maßnahmen unter Berücksichtigung geänderter Markt- und Produktionsbedingungen transparent zu machen und - im Sinne einer zielorientierten Beeinflussung des Kostenniveaus, der Kostenstrukturen und des Kostenverhaltens - ggfs. Anpassungs- und Verbesserungsmaßnahmen einzuleiten.

2.1.4.2 Beurteilung des Zero-Base-Budgeting

Im Rahmen des Zero-Base-Budgeting werden Kosten nicht *nur als ein zu bekämpfendes Übel* betrachtet, „... sondern auch und im besonderen als eine notwendige Voraussetzung für einen angestrebten Erfolg ...".[269] Die *Verbesserung der Kosten-Leistungs-Relation* im Gemeinkostenbereich steht im Mittelpunkt des Zero-Base-Budgeting. Die Effizienz einer bestimmten Leistung wird hier-

266) Meyer-Piening, A. [1982], S. 85; Streitferdt, L. [1994], S. 485.
267) Vgl. Meyer-Piening, A. [1982], S. 86.
268) Meyer-Piening, A. [1982], S. 86.
269) Jehle, E. [1992], S. 1518.

bei ausschließlich an einem angestrebten Ziel gemessen, wobei auch höhere Kosten in Kauf genommen werden.[270]

Erfahrungen aus den USA, Japan, England, Frankreich und Deutschland belegen, daß ZBB-Projekte zu Kosteneinsparungen in Höhe von 20 % führen können;[271] der Erfolg eines Zero-Base-Budgeting sollte aber aus o. g. Grunde nicht an prozentualen Kostenreduktionen gemessen werden.

Ebenso wie bei der Gemeinkostenwertanalyse kommt beim Zero-Base-Budgeting der Wertanalyse-Arbeitsplan nur in verkürzter Form zur Anwendung. Die Gemeinkostenwertanalyse geht aber von einem wesentlich kürzeren Zeitrahmen für die einzelnen Arbeitstakte von jeweils einer Woche aus, während für die Phase der Ideenfindung im Rahmen von ZBB-Projekten eine Zeitdauer von sieben Wochen zur Verfügung steht, innerhalb dessen Lösungsvorschläge zur Umverteilung der Ressourcen von operativen Aufgaben zu strategischen Projekten, der Verlagerung ganzer Arbeitsgebiete auf Dritte, zu effizienteren Verfahrensmöglichkeiten usw. erarbeitet werden können.[272]

Die Sicherstellung des strategischen und operativen Mitteleinsatzes unter Kostenaspekten ist ein konstruktives Merkmal des Zero-Base-Budgeting und stellt daher hohe Anforderungen an das Management, das - im Gegensatz zur Gemeinkostenwertanalyse - aktiv über sämtliche Führungsebenen hinweg in den Rangordnungsprozeß eingebunden wird.[273]

Ebenso wie bei der Gemeinkostenwertanalyse werden beim Zero-Base-Budgeting die Entscheidungsvorlagen von den unteren Führungsebenen erarbeitet und an die nächsthöhere Projektorganisations- bzw. Hierarchieebene zur Entscheidung weitergereicht. Da naturgemäß Hemmungen bestehen, übergeordnete Ebenen in ihrer Existenzberechtigung zu kritisieren, enthalten ZBB-Entscheidungspakete z. B. regelmäßig keinen Hinweis zum Abbau überhöhter Hierarchie-Ebenen.

Die Umsetzung einer ZBB-Analyse ist häufig mit tiefen Einschnitten in bestehende Organisationsstrukturen bzw. mit Versetzungen und Entlassungen von Mitarbeitern verbunden. Aus diesem Grunde ist es nicht verwunderlich, daß die Durchführung eines Zero-Base-Budgeting bei den Mitarbeitern, beim Betriebs- bzw. Personalrat und den Gewerkschaften häufig mit gravierenden Akzeptanzproblemen verbunden ist. Demotivation und Unruhen unter den Mitarbeitern

270) Vgl. Jehle, E. [1992], S. 1518.
271) Vgl. Streitferdt, L. [1994], S. 485.
272) Vgl. Meyer-Piening, A. [1994], S. 225 - 226.
273) Vgl. Meyer-Piening, A. [1994], S. 225 - 226.

sowie relativ hohe Durchführungs- und Folgekosten führen dazu, daß die ZBB-Methode, ebenso wie die Gemeinkostenwertanalyse, als *dauerhafte Einrichtung nicht empfohlen* werden kann.[274] Aus diesem Grunde wird ein Zero-Base-Budgeting im allgemeinen alle drei bis fünf Jahre als Einmalaktion wiederholt.[275]

Zusammenfassend kann festgehalten werden, daß das Zero-Base-Budgeting ein Instrument des Kostenmanagements darstellt, mit dessen Hilfe die Ressourcen im Gemeinkostenbereich optimal verteilt werden können. Am Beispiel des Zero-Base-Budgeting wird deutlich, daß eine zielorientierte Beeinflussung des Kostenniveaus, des Kostenverhaltens und der Kostenstrukturen durch das Kostenmanagement nicht ausschließlich über kostenreduzierende Maßnahmen erfolgen darf:

> Kostenbeeinflussungsmaßnahmen müssen sich immer an den Zielen des Unternehmens orientieren; die durchaus <u>auch</u> Kostensteigerungen rechtfertigen können.

2.1.4.3 Lehrfragen und Übungen

1. Charakterisieren Sie ausführlich das Zero-Base-Budgeting (ZBB). Arbeiten Sie im Rahmen Ihrer Ausführungen die wesentlichen Unterschiede von ZBB, GWA und WA heraus.

2. Im Rahmen der ZBB-Analyse sind jeder Entscheidungseinheit (z. B. Abteilung, Kostenstellen, Mitarbeitergruppen, Funktionen, Projekte, Dienstleistungen) Leistungen und Kosten zuzuordnen. Welche Probleme ergeben sich in diesem Zusammenhang aus der Perspektive der traditionellen Kosten- und Leistungsrechnung?

3. Warum werden innerhalb des ZBB-Prozesses für jede Entscheidungseinheit verschiedene Ergebnisniveaus gebildet? Beschreiben Sie die verschiedenen Niveaustufen.

274) Vgl. Jehle, E. [1992], S. 1521 - 1522.
275) Vgl. Meyer-Piening, A. [1994], S. 216.

2.2 Moderne Methoden und Instrumente

2.2.1 Benchmarking

Beim *Benchmarking* handelt es sich um eine Weiterentwicklung verschiedener Instrumente und Techniken. Die Ursprünge des Benchmarking liegen im *Reverse Engineering* und in der *Konkurrenzanalyse.*[276]

Das *Reverse Engineering* vergleicht Produkteigenschaften, -funktionalität und Leistungsfähigkeit mit gleichartigen Produkten oder Dienstleistungen von Wettbewerbern. Zur besseren Bewertung dieser Gestaltungsmerkmale werden die Konkurrenzprodukte in ihre Einzelteile zerlegt. Im Rahmen des *Benchmarking* wird die Idee des komponentenbezogenen Produktvergleichs von der reinen Produktebene auf die Prozeßebene ausgedehnt:[277]

„... Nicht allein die Produkte, sondern vor allem die Geschäftsprozesse der Konkurrenz werden in Teilaktivitäten zerlegt und mit den eigenen Aktivitäten verglichen."[278]

Wie oben bereits angedeutet, kann das *Benchmarking* als *Weiterentwicklung der traditionellen Konkurrenzanalyse* aufgefaßt werden. Während die *Konkurrenzanalyse* lediglich für strukturelle Geschäftsvorfälle und den Vergleich von Produkten der direkten Konkurrenten herangezogen wird, bindet das *Benchmarking* branchenübergreifend sämtliche Unternehmen, die Spitzenleistungen erbringen, in den Benchmarkingprozeß ein:[279]

276) Zum historischen Überblick zum Benchmarking vgl. ausführlich: Watson, G. H. [1993], S. 23 ff.

277) Vgl. Hoffjan, A. [1995], S. 157; Huch, B./Behme, W./Ohlendorf, Th. [1995], S. 413 - 414.

278) Hoffjan, A. [1995], S. 157.

279) Vgl. Coenenberg, G./Fischer, Th./Schmitz, J. [1994], S. 16; Hoffjan, A. [1995], S. 157.

„... Prägnante Praxisbeispiele für den Vergleich mit „Nicht-Konkurrenten" bietet das amerikanische Unternehmen Xerox:

- Vergleich mit American Express bei der Fakturierung,
- Vergleich mit Sony bezüglich der Kapitalumschlaghäufigkeit,
- Vergleich mit L. L. Bean (Versandhandelsunternehmen) in der Funktion Logistik/Vertrieb."[280]

Benchmarking ist ein Instrument, das die weltweit besten Unternehmen („best practice") als Maßstab für die Leistungsfähigkeit des eigenen Unternehmens betrachtet.[281]

Gegenstand des Benchmarking können Unternehmen insgesamt, Subsysteme und -prozesse (z. B. Fertigung, Vertrieb, Logistik, Service), Produkte, Strategien, Methoden und Verfahren sein.[282]

Mit Hilfe des *Benchmarking soll* gewährleistet werden, daß *der Wettbewerb in das gesamte Unternehmen hineingetragen* wird. Hierbei ist wesentlich, daß auch die internen Verwaltungs- und Dienstleistungsprozesse in den *Benchmarkingprozeß* eingebunden werden, die keine Schnittstelle zum Absatzmarkt haben.[283]

Die *Zwecksetzung* des Benchmarking liegt in dem *Ziel*, „der Beste der Besten" zu werden.[284]

Aus der vorstehenden Zwecksetzung können *phasenspezifische Zielsetzungen* abgleitet werden:[285]

---

280) Coenenberg, G./Fischer, Th./Schmitz, J. [1994], S. 16, vgl. auch: Horváth, P./Lamla, J. [1995], S. 66 - 67; Herter, R. N. [1992], S. 255.

281) Vgl. Horváth, P./Lamla, J. [1995], S. 66.

282) Vgl. Pieske, R. [1992], S. 152.

283) Vgl. Horváth, P./Lamla, J. [1995], S. 67.

284) Vgl. Hoffjan, A. [1995], S. 156.

285) Vgl. Hoffjan, A. [1995], S. 156; Pieske, R. [1992], S. 150 - 152.

- ⇨ Aufzeigen von Stärken und Schwächen des Unternehmens sowie deren Ursachen,
- ⇨ Bestimmung der Positionierung eines Unternehmens im Vergleich zum Wettbewerb,
- ⇨ Ableitung geeigneter Erfolgsfaktoren,
- ⇨ Formulierung und Umsetzung von Maßnahmen zum Abbau von Schwächen und Ausbau von Stärken.

2.2.1.1 Merkmale des Benchmarking

Als *charakteristische Merkmale* des *Benchmarking* können Prozeßorientierung, Kontinuität, Partnerschaft, Maßgrößen und Ganzheitlichkeit genannt werden.

Prozeßorientierung:
Das *Benchmarking* soll die Prozesse im Unternehmen identifizieren, verfeinern und managen. Zu diesem Zweck werden als kritisch eingestufte Prozesse präzise definiert und mit Hilfe geeigneter Maßgrößen quantifiziert. Operationale Maßgrößen bilden die Basis für den Vergleich der betriebsinternen Prozesse mit den Prozessen der Benchmarking-Partner. Aus dieser gegenüberstellenden Analyse sollen Anhaltspunkte gewonnen werden, warum vergleichbare Unternehmensprozesse beim Benchmarking-Partner besser gelöst werden.[286]

Kontinuität:
Benchmarking versteht sich *als kontinuierlicher Prozeß der Selbststeuerung und -verbesserung.*[287] Aus diesem Grunde reicht es nicht aus, die durch Benchmarking erzielten Vorgaben lediglich zu erreichen, da diese bei Erreichung bereits wieder überholt sein können. Erst eine wiederholte Anwendung des Instrumentes führt zu optimalen Ergebnissen.[288]

286) Vgl. Hoffjan, A. [1995], S. 158; Huch, B./Behme, W./Ohlendorf, Th. [1995], S. 412; Karlöf, B./Östblom, S. [1994], S. 58.
287) Vgl. Herter, R. N. [1992], S. 254.
288) Vgl. Hoffjan, A. [1995], S. 158.

Partnerschaft:
Die Kooperation zwischen Unternehmen im Sinne eines Austausches von Informationen über Geschäftspraktiken und Techniken zur Prozeßverbesserung erfordert eine veränderte Sichtweise der Konkurrenzbeziehungen:[289]

„... Aus Wettbewerbern werden Partner, die im Rahmen ihrer Zusammenarbeit auf der Basis gemeinsamer Prozesse Informationen über Ablaufverbesserungen austauschen."[290]

Im Rahmen der Benchmarking-Kooperation gilt der Grundsatz, daß ein Benchmarking-Partner niemals detailliertere Informationen fordern darf, als er selbst bereit ist, seinem Kooperations-Partner preiszugeben.[291]

Maßgrößen:
Der *Erfolg des Benchmarking* basiert im wesentlichen auf der Festlegung geeigneter Leistungsbeurteilungsgrößen (*Benchmarks*) für sämtliche relevanten Aktivitäten. Mit der Einführung des Benchmarking werden Prozesse und andere Bezugsobjekte häufig erstmals quantifiziert. Quantifizierbare Leistungsniveaus erleichtern es, die eigenen Unternehmensaktivitäten besser zu verstehen und zu beurteilen sowie andere Unternehmen, die Spitzenleistungen erbringen, zu identifizieren. Als Maßgrößen zur Leistungsmessung kommen beispielsweise der Input eines Prozesses, der Prozeß selbst, der Output und/oder die Kundenzufriedenheit in Frage.[292]

Ganzheitlichkeit:
Das *Benchmarking* beschränkt sich nicht nur auf ein eng umgrenztes Anwendungsfeld, es kann vielmehr für die *gesamte Wertschöpfungskette* des Unternehmens eingesetzt werden.[293] Als *Gegenstand des Benchmarking* eignen sich zum Beispiel die Prozesse Eingangslogistik, Produktion, Ausgangslogistik, Vertrieb, Kundendienst ebenso wie die Aktivitäten Personalwirtschaft, Technologieentwicklung und Beschaffung.[294]

---

289) Vgl. Watson, G. H. [1993], S. 33.
290) Hoffjan, A. [1995], S. 158.
291) Vgl. Huch, B./Behme, W./Ohlendorf, Th. [1995], S. 412.
292) Vgl. Herter, R. N. [1992], S. 256; Hoffjan, A. [1995], S. 158; Kleinfeld, K. [1994], S. 20 - 21.
293) Vgl. Karlöf, B./Östblom, S. [1994], S. 103.
294) Vgl. Hoffjan, A. [1995], S. 159; Huch, B./Behme, W./Ohlendorf, Th. [1995], S. 413.

2.2.1.2 Grundtypen des Benchmarking

Trotz der aufgeführten Merkmalsübereinstimmung werden in der Literatur eine Vielzahl von *Erscheinungsformen des Benchmarking* diskutiert. Dabei haben sich im wesentlichen drei Grundtypen des Benchmarking herauskristallisiert, die nachstehend beschrieben werden.

2.2.1.2.1 Internes Benchmarking

Beim *Internen Benchmarking* werden die Aktivitäten und Verfahrensweisen innerhalb des eigenen Unternehmens gegenübergestellt. Hierbei können z. B. ein einzelnes Werk, mehrere zum Unternehmen gehörende Werke und mehrere Tochtergesellschaften in die Analyse einbezogen werden.

Das wesentliche Charakteristikum des Internen Benchmarking ist darin zu sehen, daß sämtliche Benchmarking-Partner zum selben Unternehmen gehören.[295]

Im Rahmen des *Internen Benchmarking* werden ähnliche Unternehmenseinheiten und/oder ähnliche Geschäftsabläufe verglichen. Die Vorteile des *Internen Benchmarking* ergeben sich aus dem problemlosen Zugang zu den benötigten Informationen, der relativ schnellen Fertigstellung und der hohen Präzision des Vergleichs. Ein weiterer Vorteil ist darin zu sehen, daß die Beteiligten mit dem Instrument *Benchmarking* vertraut werden; erste positive Erfahrungen können zur Motivation weiterer Benchmarking-Schritte beitragen. Aus diesem Grunde kann das *Interne Benchmarking* als Einstieg in ein umfassendes Benchmarking-Projekt empfohlen werden. Die Wahrscheinlichkeit, mit Hilfe des *Internen Benchmarking* globale Spitzenleistungen aufzufinden, ist jedoch äußerst gering.[296]

---

295) Vgl. Huch, B./Behme, W./Ohlendorf, Th. [1995], S. 413; Watson, G. H. [1993], S. 107.

296) Vgl. Hoffjan, A. [1995], S. 159; Huch, B./Behme, W./Ohlendorf, Th. [1995], S. 413; Karlöf, B./Östblom, S. [1994], S. 123; Watson, G. H. [1993], S. 107.

2.2.1.2.2 Wettbewerbsorientiertes Benchmarking

Werden im Rahmen der Benchmarking-Analyse direkte Konkurrenzunternehmen als Benchmarking-Partner ausgewählt, so spricht man vom *Wettbewerbsorientierten Benchmarking*.

Das wesentliche Charakteristikum des Wettbewerbsorientierten Benchmarking ist darin zu sehen, daß die Benchmarking-Partner der direkten Konkurrenz angehören.[297]

Das Auffinden von Vergleichspartnern kann jedoch erhebliche Probleme bereiten:

Letzlich muß die Konkurrenz davon überzeugt werden, daß die „... Absichten redlich sind und zu beiderseitigem Nutzen führen."[298]

In der Praxis - und hier insbesondere in der Automobilindustrie - wird in diesem Zusammenhang auch häufig von *„Co-opetition"* gesprochen, einer Wortschöpfung die sich aus den Teilen der Wörter *Cooperation* (Zusammenarbeit) und *Competition* (Wettbewerb) zusammensetzt.[299]

Bei der Wahl des Benchmarking-Partners ist zu beachten, daß der Konkurrent, der die höchsten Renditen aufweist, nicht unbedingt auch für den im Rahmen des Benchmarking ausgewählten Teilbereich die besten Leistungen erbringen muß.[300]

2.2.1.2.3 Funktionales Benchmarking

Das wesentliche Charakteristikum des *Funktionalen Benchmarking* ist darin zu sehen, daß eine bestimmte Funktion eines Unternehmens mit derselben oder sehr ähnlichen Funktion in einem oder in mehreren anderen Unternehmen verglichen wird.[301]

297) Vgl. Hoffjan, A. [1995], S. 159; Huch, B./Behme, W./Ohlendorf, Th. [1995], S. 413; Karlöf, B./Östblom, S. [1994], S. 123; Watson, G. H. [1993], S. 107.
298) Karlöf, B./Östblom, S. [1994], S. 124.
299) Vgl. Karlöf, B./Östblom, S. [1994], S. 124.
300) Vgl. Karlöf, B./Östblom, S. [1994], S. 123.
301) Vgl. Huch, B./Behme, W./Ohlendorf, Th. [1995], S. 414.

Die Beschaffung relevanter Informationen ist beim *Funktionalen Benchmarking* relativ unproblematisch, da diese nicht vom direkten Wettbewerber bereitgestellt werden.[302]

Ein weiterer wesentlicher Vorteil des *Funktionalen Benchmarking* ergibt sich daraus, daß aufgrund der logischen Gleichartigkeit von Betriebsabläufen *branchenübergreifende Lernprozesse* erlaubt und gewünscht sind:[303]

„... Das Funktionale Benchmarking verspricht das größte Potential für Leistungssteigerungen: die Konkurrenten können nicht nur eingeholt, sondern überholt werden.“[304]

Allerdings kommt es gerade beim *Funktionalen Benchmarking* bei den Mitarbeitern häufig zu Akzeptanzproblemen, da diese nicht ohne weiteres bereit sind, ähnliche Geschäftsabläufe von artfremden Branchen zu übernehmen.[305]

2.2.1.3 Benchmarkingprozeß am Beispiel des Cost Benchmarking

Das *allgemeine Benchmarking* berücksichtigt die Zielgrößen *Qualität, Kundenzufriedenheit, Kosten* und *Zeit* gleichermaßen. Für die nachstehende Darstellung des *Benchmarkingprozesses* ist exemplarisch die Zielgröße *Kostenreduktion* ausgewählt worden. Die Benchmarkingvariante, die lediglich die *Kostenreduktion* als Zielgröße heranzieht, wird in der Literatur als *Cost Benchmarking* bezeichnet. Für die Umsetzung in die Praxis sind verschiedene Phasenkonzepte des Benchmarking-Prozesses entwickelt worden; sämtliche Abläufe basieren jedoch auf den gleichen Gliederungsphasen:

- Planungsphase,
- Analysephase,
- Aktionsphase und
- Wiederholung des Benchmarking.[306]

302) Vgl. Hoffjan, A. [1995], S. 160.
303) Vgl. Huch, B./Behme, W./Ohlendorf, Th. [1995], S. 414.
304) Hoffjan, A. [1995], S. 160.
305) Vgl. Huch, B./Behme, W./Ohlendorf, Th. [1995], S. 414.
306) Vgl. Hoffjan, A. [1995], S. 160; Horváth, P./Lamla, J. [1995], S. 65 ff.

2.2.1.3.1 Planungsphase

Im Rahmen der *Planungsphase* sind die erforderlichen Vorbereitungen für die Projektdurchführung zu treffen: die Auswahl des Benchmarking-Objektes, die Identifizierung von Benchmarking-Partnern und die Festlegung der Datenerhebungsmethoden.[307]

Auswahl des Benchmarking-Objektes:
Im Mittelpunkt des ersten Schrittes der Planungsphase steht die konkrete Ermittlung der Unternehmensbereiche, die in den *Benchmarking-Prozeß* einbezogen werden sollen. Jeder Aspekt des Verhaltens oder der Leistung des Unternehmens kann als *Benchmarking-Objekt* ausgewählt werden: Produkte, interne Dienstleistungen, Arbeitsprozesse, Kundenbedürfnisse, unterstützende Systeme, Stäbe usw.[308]

„... Tatsächlich gibt es für Benchmarking keine Einschränkungen außer denen, die sich aus den Kundenwünschen und den Anforderungen an das eigene Unternehmen ableiten lassen."[309]

Für die ausgewählten *Benchmarking-Objekte* müssen gleichzeitig *Leistungsbeurteilungsgrößen* bestimmt werden.[310] Um eine Vergleichbarkeit der Leistungen ermöglichen zu können, sind die kritischen Leistungsmerkmale (nach Möglichkeit) quantitativ abzubilden:

„... Es gilt: Nur was gemessen wird, kann auch beurteilt werden ...".[311]

Die Quantifizierung der Leistungen erfolgt in der Regel mit Hilfe von Kennzahlen.[312] Typische Leistungsmaßzahlen stellen zum Beispiel Gewinn-, Kosten- und Rentabilitätsgrößen dar. Des weiteren können zum Beispiel das Preis-Leistungs-Verhältnis, die Gemeinkostenstruktur, die Gemeinkosten je

307) Vgl. Hoffjan, A. [1995], S. 160.
308) Vgl. Hoffjan, A. [1995], S. 160 - 161; Huch, B./Behme, W./Ohlendorf, Th. [1995], S. 414; Karlöf, B./Östblom, S. [1994], S. 86 - 87 u. S. 91 ff.
309) Karlöf, B./Östblom, S. [1994], S. 86 - 87 u. S. 92.
310) Vgl. Herter, R. N. [1992], S. 256.
311) Horváth, P./Lamla, J. [1995], S. 69.
312) Vgl. Horváth, P./Lamla, J. [1995], S. 69 ff.

Angestellten, Personalkosten je DM Umsatz als Leistungsmaßzahl herangezogen werden.[313]

„... Bevor man den Benchmarking-Partner sucht, sollte in jedem Fall die Leistung der eigenen Organisation ermittelt worden sein. Ohne die eigenen Daten zu kennen, sind die Lernmöglichkeiten aus der Leistungsermittlung bei >Best of Best<-Unternehmen sehr begrenzt."[314]

Identifizierung von Benchmarking-Partnern:
Im zweiten Schritt der Planungsphase erfolgt die Suche nach Unternehmen, die zu den *„Klassenbesten"* auf dem ausgewählten Gebiet zählen. In diesem Zusammenhang muß auch entschieden werden, ob ein Wettbewerbsorientiertes oder Funktionales Benchmarking realisiert werden soll.[315]

„... Bei der Auswahl der Vergleichspartner ist darauf zu achten, daß diese in den untersuchten Bereichen Spitzenleistungen erbringen und einen hohen Grad der Vergleichbarkeit mit dem eigenen Unternehmen aufweisen."[316]

Festlegung der Datenerhebungsmethoden:
Im Anschluß an die Festlegung der Vergleichsbetriebe sind die *Datenerhebungsmethoden* zu bestimmen. Informationen über potentiell relevante unternehmensexterne Daten können über *primäre und sekundäre Informationsquellen* gewonnen werden (vgl. Abbildung 31).[317]

Mit Blick auf die relativ geringen Beschaffungskosten von Sekundärmaterial[318] sollte bei der Datenermittlung mit der Recherche von sekundären Informationsquellen begonnen werden, wodurch häufig bereits ein Großteil des erforderlichen Informationsbedarfs kostengünstig erschlossen werden kann.[319]

313) Vgl. Karlöf, B./Östblom, S. [1994], S. 93.
314) Vgl. Kleinfeld, K. [1994], S. 21.
315) Vgl. Hoffjan, A. [1995], S. 161; Huch, B./Behme, W./Ohlendorf, Th. [1995], S. 415; Kleinfeld, K. [1994], S. 21.
316) Hoffjan, A. [1995], S. 161.
317) Vgl. Herter, R. N. [1992], S. 257.
318) Vgl. Hoffjan, A. [1995], S. 161.
319) Vgl. Herter, R. N. [1992], S. 257.

Es stehen eine Vielzahl von primären Informationsquellen zur Verfügung; Firmenbesichtigungen nehmen bei der Durchführung eines *Benchmarking* jedoch die bedeutendste Stellung ein. Inwieweit die Möglichkeit besteht, das Vergleichsunternehmen zu besichtigen und Informationen auszutauschen, hängt selbstverständlich davon ab, ob es sich um ein Konkurrenzunternehmen oder einen Nichtkonkurrenten handelt. Oftmals reichen physische Beobachtungen aus, um die erforderlichen Informationen zu ermitteln (z. B. Informationen über die Ablauforganisation, die Auftragsbearbeitung, den Technisierungsgrad).[320]

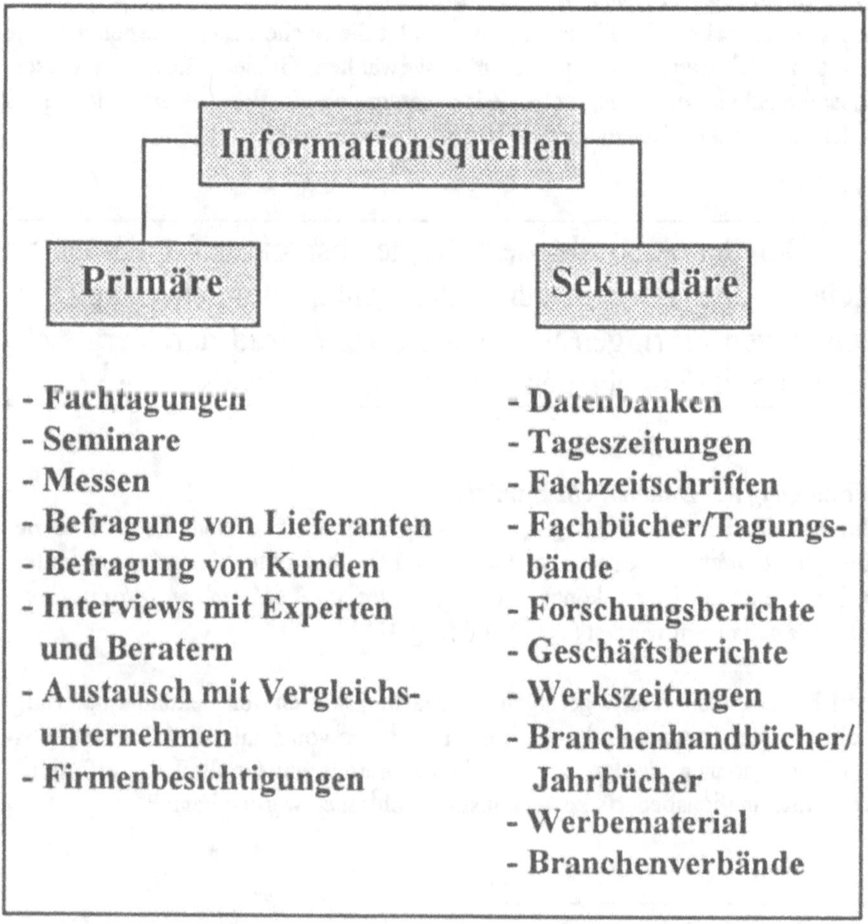

Abb. 31: Informationsquellen[321]

320) Vgl. Hoffjan, A. [1995], S. 161.
321) Vgl. Herter, R. N. [1992], S. 257.

Eine gute Ausgangssituation liegt vor, wenn der Informationslieferant gleichzeitig ein Kunde oder Lieferant des Unternehmens ist.[322]

Im Rahmen der Informationsbeschaffung sollten bestimmte ethische Grundsätze eingehalten werden. So muß beispielsweise sichergestellt werden, daß keine Informationen ohne Zustimmung einer der beteiligten Parteien weitergegeben werden. In diesem Zusammenhang wird in der Literatur ein Benchmarking-Verhaltenskodex empfohlen:[323]

Sämtliche Vereinbarungen sind zu dokumentieren, die Informationen sind vertraulich zu behandeln, nichts darf ohne ausdrückliche Zustimmung des Benchmarking-Partners nach außen dringen. Kein Benchmarking-Partner darf auf die Herausgabe von Informationen bestehen, zu deren Freigabe er selber nicht bereit ist. Bei Konkurrenzunternehmen ist die Analyse empfindlicher Bereiche zu vermeiden. Für ergänzende Informationen bei Kunden und Lieferanten des Partners ist die Erlaubnis einzuholen und aus den ermittelten Informationen sind für keinen anderen Zweck als das Benchmarking-Projekt Vorteile zu ziehen.

2.2.1.3.2 Analysephase

In der *Analysephase* ist die eigene strategische Position quantitativ und qualitativ zu beurteilen und das Ausmaß der erforderlichen Leistungsverbesserungen festzulegen. Für die Zwecke des Cost-Benchmarking empfiehlt es sich, die Analysephase in die vier nachstehenden Teilschritte zu zerlegen:

- Analyse der Wertschöpfungskette,
- Identifikation der wichtigsten kostentreibenden Faktoren,
- Bestimmung der Kostenstrukturen der Vergleichsunternehmen und
- Untersuchung der Quellen von Kostenunterschieden.[324]

Analyse der Wertschöpfungskette:
Ausgangsbasis des Cost-Benchmarking-Prozesses ist die Ermittlung der Wertschöpfungskette der ausgewählten Leistung. Die Kenntnis der Wertschöpfungs-

322) Vgl. Herter, R. N. [1992], S. 257; vgl. auch: Pieske, R. [1992], S. 152.
323) Vgl. Hoffjan, A. [1995], S. 164; Karlöf, B./Östblom, S. [1994], S. 157.
324) Vgl. Hoffjan, A. [1995], S. 162.

kette bildet die Voraussetzung für die Identifizierung und Analyse der auf jeder Wertschöpfungsstufe entstehenden Kosten.[325]

Zur Ermittlung der Kosten je Wertschöpfungsstufe werden sämtliche für die Leistungserstellung erforderlichen Aktivitäten (auch: Prozesse) erfaßt. Ziel ist es, den ermittelten Prozeßleistungen die damit in Zusammenhang stehenden Prozeßkosten zuzuweisen.[326] Tätigkeitsanalysen und Aufschreibungen im Rahmen einer Prozeßkostenrechnung ermöglichen eine Zuordnung von Prozeßkosten und Prozeßleistungen.[327]

Prozeßkettenanalysen sind mit einem großen finanziellen und zeitlichen Aufwand verbunden. Nicht jedes Unternehmen verfügt über ausreichende finanzielle Mittel, um eine Prozeßanalyse entlang der gesamten Wertschöpfungskette durchführen zu können. Aus diesem Grunde ist es häufig ratsam, die Cost-Benchmarking-Analyse auf solche Wertschöpfungsstufen bzw. Kostenelemente zu konzentrieren, deren Kostenanteil am größten ist. Eine schwerpunktmäßige Konzentration des Benchmarking wird in der Literatur als „Single Function Cost Benchmarking" bezeichnet.[328]

Identifikation der wichtigsten kostentreibenden Faktoren:
Die präzise Identifizierung und Definition der kostentreibenden Faktoren je Wertschöpfungsstufe sowie ihrer Haupteinflußfaktoren bilden die Basis für die Ermittlung und Analyse der Wettbewerbsdaten und somit für die Entwicklung der Wertschöpfungsketten der Vergleichsbetriebe. Für die Ermittlung der Kostendaten der Benchmarkingpartner ist es im allgemeinen ausreichend, wenn sich die Recherche auf die Haupteinflußfaktoren der Kostentreiber mit den größten „Hebelwirkungen" in bezug auf die Beeinflußbarkeit von Kosten beschränkt.[329]

Bestimmung der Kostenstrukturen der Vergleichsunternehmen:
Für die Bestimmung der Wertschöpfungsketten der Benchmarking-Partner müssen die gesammelten Kostendaten der Vergleichspartner durch interne und externe Experten systematisiert und interpretiert werden. Die anschließende Entwicklung der Kostenstrukturen der Referenzbetriebe wird ebenfalls durch

325) Vgl. Hoffjan, A. [1995], S. 162; vgl. auch: Horváth, P./Lamla, J. [1995], S. 71 - 72.
326) Vgl. Horváth, P./Lamla, J. [1995], S. 72 - 73; Weber, J./Goeldel, H./Hamprecht, M. [1995], S. 118 ff.
327) Vgl. Hardt, R. [1996], S. 307 ff.
328) Vgl. Hoffjan, A. [1995], S. 162.
329) Vgl. Hoffjan, A. [1995], S. 162 - 163.

ein Expertenteam realisiert, das sich aus Mitgliedern aller relevanten Funktionsbereiche zusammensetzt.[330]

Untersuchung der Quellen von Kostenunterschieden:
Im letzten Schritt der Analysephase ist festzustellen, ob die Methoden und Prozesse der Vergleichsunternehmen den eigenen überlegen sind bzw. ob eine *Leistungslücke* vorliegt.[331]

Die *Leistungslücke*, also die Differenz zwischen eigener Leistung und der Leistung des Weltbesten, ist nach Möglichkeit zu quantifizieren. In diesem Zusammenhang muß überprüft werden, ob die festgestellten Leistungsbeurteilungsgrößen auch wirklich geeignet sind, die Methoden und Prozesse umfassend und richtig zu beurteilen. Vergleichsverzerrende Störfaktoren, wie z. B. unterschiedliche Betriebsinhalte, Unterschiede im Leistungsumfang, unterschiedliche Marktbedingungen, unterschiedliche Kostensituationen, länderspezifische Besonderheiten, sind transparent zu machen und weitestgehend zu bereinigen.[332]

Ein wesentlicher Schritt innerhalb des Benchmarking-Prozesses liegt „... in dem Erkennen, Analysieren und Beachten der Einflußfaktoren, die den Vergleich von Unternehmen erschweren."[333]

„... Das Identifizieren und das Berücksichtigen dieser nicht-vergleichbaren Einflußfaktoren ist eine intellektuell sehr anspruchsvolle Aufgabe, in die eine beträchtliche Menge Zeit und Mühe gesteckt werden muß."[334]

Bevor gezielte Maßnahmen zur Schließung der Leistungslücke ergriffen werden können, müssen zunächst die Ursachen der Lücke identifiziert werden.[335] „... Erst dann ist es möglich, nicht nur die Ist-Unterschiede festzustellen, sondern auch die unterschiedlichen Potentiale der Methoden und Prozesse zu erkennen und die zukünftige Entwicklung der Leistungslücke zu prognostizieren."[336]

---

330) Vgl. Hoffjan, A. [1995], S. 162 - 163.
331) Vgl. Herter, R. N. [1992], S. 257.
332) Vgl. Herter, R. N. [1992], S. 257; Hoffjan, A. [1995], S. 162 - 163. Zu den Störfaktoren vgl. ausführlich: Karlöf, B./Östblom, S. [1994], S. 166.
333) Karlöf, B./Östblom, S. [1994], S. 166.
334) Karlöf, B./Östblom, S. [1994], S. 166.
335) Vgl. Herter, R. N. [1992], S. 257.
336) Herter, R. N. [1992], S. 257.

2.2.1.3.3 Aktionsphase

Auf der Grundlage der Benchmarking-Ergebnisse können zukünftige Leistungsziele auf verschiedene Art beeinflußt werden:

- Die ermittelten Leistungsstandards der Vergleichsunternehmen erfordern, daß die eigenen Zielgrößen entsprechend angepaßt werden.
- Es wird festgestellt, daß bei den existierenden Zielgrößen eine falsche Gewichtung besteht, die eine andere Prioritätensetzung notwendig macht.
- Die existierenden Zielgrößen erweisen sich als ungeeignet und sind durch neue zu ersetzen.[337]

Die Ergebnisse des Benchmarking sind mit den betroffenen Mitarbeitern zu diskutieren und im Unternehmen bekanntzumachen.[338]

> „... Die Integration der Beschäftigten und ihre Beteiligung an der Festlegung der neuen Leistungsstandards erhöht die Akzeptanz der Benchmarking-Studie."[339]

Ausgehend von den definierten Leistungszielen werden Aktionspläne zu deren Umsetzung entwickelt. Die Umsetzung der Aktionspläne erfolgt in den drei Teilschritten:

1. Abfolge der Aktionsschritte:
Die Aufgabe ist in einzelne Teilschritte aufzuspalten und in eine Prioritätenfolge zu bringen. Die Reihenfolge für die Umsetzung der Maßnahmen ist davon abhängig, welche Aspekte der Leistung beeinflußt und verbessert werden müssen.[340]

2. Kosten:
Sämtliche mit dem Veränderungsprozeß verbundenen Kosten müssen so genau wie möglich abgeschätzt werden. Daneben ist es im Rahmen der Kostenbeeinflussungsaktivitäten des Kostenmanagements von großer Bedeutung, daß die

337) Vgl. Herter, R. N. [1992], S. 257.
338) Vgl. Karlöf, B./Östblom, S. [1994], S. 187.
339) Hoffjan, A. [1995], S. 163.
340) Vgl. Karlöf, B./Östblom, S. [1994], S. 189 - 190.

mit dem Benchmarking-Prozeß verbundenen Kostenveränderungen analysiert und festgehalten werden.[341]

3. Zeitplan und Zuordnung der Verantwortlichkeit:
Es ist für jede Teilaufgabe ein detaillierter Zeitplan aufzustellen. Um Kompetenzprobleme zu vermeiden sollte für jede Teilaufgabe der verantwortliche Personenkreis bestimmt werden. Aufgrund der Prozeßorientierung empfiehlt es sich, die Verantwortlichkeit auf einen funktionsübergreifenden Personenkreis zu verteilen.[342]

2.2.1.3.4 Wiederholung des Benchmarking

Nach Umsetzung der Aktionspläne sind die Verfahrensfortschritte fortlaufend zu überwachen.[343] Hierbei ist zu berücksichtigen, daß Methoden und Prozesse ständigen Veränderungen unterworfen sind:

„... Was vor kurzem noch als Spitzenleistung galt, wird schnell zum Standard oder sinkt sogar darunter."[344]

Aus diesem Grunde ist regelmäßig zu überprüfen, ob die ermittelten Spitzenwerte noch aktuell sind. Benchmarking ist folglich kein einmaliger Prozeß:

„... Ein erfolgreiches Benchmarking darf keine einmalige Angelegenheit sein. Benchmarking kann seine volle Wirkungskraft nur durch wiederholte Anwendung erzielen."[345]

2.2.1.4 Beurteilung des Benchmarking

Benchmarking ist ein Instrument zur Verbesserung der Leistungsfähigkeit sämtlicher Unternehmensbereiche. Das Benchmarking deckt verbesserungsfä-

341) Vgl. Herter, R. N. [1992], S. 258; Karlöf, B./Östblom, S. [1994], S. 190.
342) Vgl. Herter, R. N. [1992], S. 258; Karlöf, B./Östblom, S. [1994], S. 190.
343) Vgl. Hoffjan, A. [1995], S. 163.
344) Herter, R. N. [1992], S. 258.
345) Karlöf, B./Östblom, S. [1994], S. 192.

hige Betriebsabläufe auf, ermittelt Unternehmen, die ähnliche Probleme hervorragend zu lösen vermögen, gibt Aufschluß über das Erfolgsrezept des Best-in-Class-Unternehmens. Insbesondere für indirekte, unterstützende Unternehmensbereiche (z. B. Verwaltung und Vertrieb) werden durch den Benchmarking-Prozeß Impulse zur Leistungsverbesserung ausgelöst.[346] Da Benchmarking auf Unternehmen ausgedehnt wird, die den Untersuchungsgegenstand am besten beherrschen, unabhängig davon, ob es sich um Konkurrenten handelt oder nicht, besteht über branchenübergreifende Lernprozesse die Möglichkeit, daß die Konkurrenten nicht nur eingeholt, sondern überholt werden.[347] Das Cost-Benchmarking laßt sich sinnvoll mit anderen Instrumenten des Kostenmanagements, wie z. B. Prozeßkostenrechnung, Target Costing, Outsourcing und insbesondere einem Kontinuierlichen Verbesserungsprozeß (KVP), im Rahmen eines umfangreichen Kostenmanagementsystems kombinieren.

2.2.1.5 Lehrfragen und Übungen

1. Grenzen Sie die Begriffe „Reverse Engineering“, „Konkurrenzanalyse“ und „Benchmarking“ ab.

2. Als charakteristische Merkmale des Benchmarking können Prozeßorientierung, Kontinuität, Partnerschaft, Maßgrößen und Ganzheitlichkeit genannt werden. Erläutern Sie diese Merkmale.

3. Interpretieren Sie die nachstehende Aussage aus der Sicht des Kostenmanagements: „Benchmarking erfordert eine veränderte Sichtweise der Konkurrenzbeziehungen.“

4. Welche potentiellen Wege der Informationsbeschaffung können im Rahmen des Benchmarking genutzt werden? Beurteilen Sie die von Ihnen dargestellten Alternativen.

5. Begründen Sie, warum Fachexperten die wiederholte Anwendung des Benchmarking empfehlen.

6. In der Analysephase gilt es, die Prozesse des eigenen Unternehmens und die der Konkurrenz zu bewerten. Welche Probleme ergeben sich aus der Perspektive der Kosten- und Leistungsrechnung?

---

346) Vgl. Hoffjan, A. [1995], S. 164; vgl. auch: Watson, G. H. [1993], S. 204 - 205.
347) Vgl. Hoffjan, A. [1995], S. 160.

2.2.2 Target Costing

Beim *Target Costing*, das in der Literatur auch als *marktorientiertes Zielkostenmanagement* bezeichnet wird, handelt es sich um ein strategisches Kostenmanagementinstrument, das im Jahre 1965 von Toyota entwickelt wurde.[348]

Mit dem Einsatz des Target Costing wird angestrebt, eine Reduktion der Kosten herbeizuführen, die ein Produkt während der Phasen des Produktlebenszyklusses (Entwicklungs-, Markt- und Nachsorgezyklus) verursacht. Parallel dazu sind die Produkte bzw. Leistungen möglichst frühzeitig auf die Kundenwünsche abzustimmen. Auf diese Weise sollen insbesondere Fehler bei der Produktentwicklung vermieden werden, die dazu führen, daß z. B. Produkte aufgrund nicht erwünschter oder zu teurer Funktionen mit zu hohen Kosten bzw. Preisen auf den Markt gelangen.[349]

Das ***Ziel*** des Target Costing ist es, über eine vom Markt ausgehende, kostenorientierte Steuerung sämtlicher Unternehmensaktivitäten die Wettbewerbsfähigkeit zu erhöhen.[350]

Das ***Leitmotiv*** des Target Costing lautet: *„Was **darf** ein Produkt kosten?“*.[351]

348) Vgl. Horváth, P./Niemand, S./Wolbold, M. [1993], S. 3.
349) Vgl. Götze, U. [1993], S. 382.
350) Vgl. Götze, U. [1993], S. 381.
351) Vgl. Seidenschwarz, W. [1991], S. 199; Seidenschwarz, W. [1994], S. 74.

Die ***grundlegenden Merkmale*** des Target Costing sind:

(1) konsequente Markt- und Kundenorientierung,
(2) Kostenmanagement über den gesamten Produktlebenszyklus, insbesondere während der ersten Phasen,
(3) ganzheitliche Steuerung aller Unternehmensbereiche und aller Prozesse der Wertschöpfungskette,
(4) Streben nach permanenter Verbesserung der Kostensituation,
(5) kostenorientierte Verhaltensbeeinflussung der Mitarbeiter.[352]

2.2.2.1 Aufbau und Ablauf des Target Costing

Die Ausgangsbasis des Target Costing bildet ein *erster Produktentwurf*. Nach der Positionierung des Produktes im Markt sind - ausgehend von den durch Marktforschung ermittelten subjektiven Kundenwünschen - die bedeutenden Produkteigenschaften festzulegen.[353] Wesentlich ist, daß das Target Costing - im Gegensatz zur traditionellen Kostenrechnung - nicht erst mit dem Produktionsbeginn einsetzt, sondern in den frühen Produktlebensphasen als Kostenmanagementinstrument zum Einsatz gelangt, um in Abhängigkeit von den Kundenanforderungen so früh wie möglich kostenbeeinflussende Maßnahmen einleiten und unterstützen zu können.[354] Der Ausgangspunkt des Target Costing liegt somit nicht im Unternehmen, sondern im Markt.[355]

„... Nicht das Unternehmen plant, sondern der Markt gibt vor.“[356]

352) Vgl. Coenenberg, A. G./Fischer, Th./Schmitz, J. [1994], S. 3; Götze, U. [1993], S. 381- 382.
353) Vgl. Götze, U. [1993], S. 383. Vgl. hierzu auch die Ausführungen zu Gliederungspunkt 2.1.2 „Wertanalyse“.
354) Vgl. Niemand, S. [1992], S. 119. Vgl. hierzu die Ausführungen zu Gliederungspunkt 2.2.5 „Product Life Cycle Management“.
355) Vgl. Seidenschwarz, W. [1991], S. 201.
356) Seidenschwarz, W. [1991], S. 201.

Der Aufbau und Ablauf des Target Costing lassen sich in drei Phasen gliedern:

(1) *Zielkostenfindung* für das Produkt,

(2) *Zielkostenspaltung*: Zielkostenbestimmung für die Produktfunktionen, -komponenten und -teile,

(3) *Zielkostenerreichung und -verbesserung.*

2.2.2.1.1 Zielkostenfindung

Für die Zielkostenbestimmung des Produktes stehen grundsätzlich fünf verschiedene Möglichkeiten zur Auswahl:

1. Market into Company:

Ausgangspunkt des *Market into Company* ist der am Markt erzielbare Preis des Produktes. Hierzu sind zunächst fundierte Marktforschungsaktivitäten erforderlich, um Erkenntnisse zu gewinnen, welchen Wert die Kunden den von ihnen gewünschten Produkteigenschaften beimessen. Als Ergebnis dieser Marktforschung ist der Preis zu ermitteln, den die Kunden für ein Produkt zu zahlen bereit sind. Von dem vom Markt erlaubten Preis (auch: Zielpreis) ist anschließend der von der Unternehmensleitung angestrebte Gewinnanteil zu subtrahieren (Zielpreis - Zielgewinn). Das Ergebnis, die vom Markt erlaubten Kosten auf Vollkostenbasis (auch: allowable costs) können als *Zielkosten* des Produktes angesetzt werden. Häufig liegen die *allowable costs* jedoch weit unter den mit aktuellen Verfahrensweisen erreichbaren Kosten (auch: *drifting costs*). Die *Zielkosten* werden dann häufig im Bereich zwischen *allowable costs* und *drifting costs* festgesetzt (vgl. Abbildung 32). Die exakte Bestimmung der Zielkosten sollte aber in jedem Fall von der jeweiligen Wettbewerbssituation und der verfolgten Strategie abhängig gemacht werden.[357]

„... So wird es bei hartem Wettbewerb und bei Verfolgung einer Strategie der Kostenführerschaft sogar der Fall sein, daß Allowable Costs und Target Costs identisch sind.“[358]

357) Vgl. Coenenberg, A. G./Fischer, Th./Schmitz, J. [1994], S. 3 - 4; Claasen, U./Ellßel, R. [1996], S. 138 - 142; Götze, U. [1993], S. 383; Horváth, P./Niemand, S./Wolbold, M. [1993], S. 11 - 13; Niemand, S. [1992], S. 120; Seidenschwarz, W. [1991], S. 199 - 200.

358) Seidenschwarz, W. [1991], S. 200.

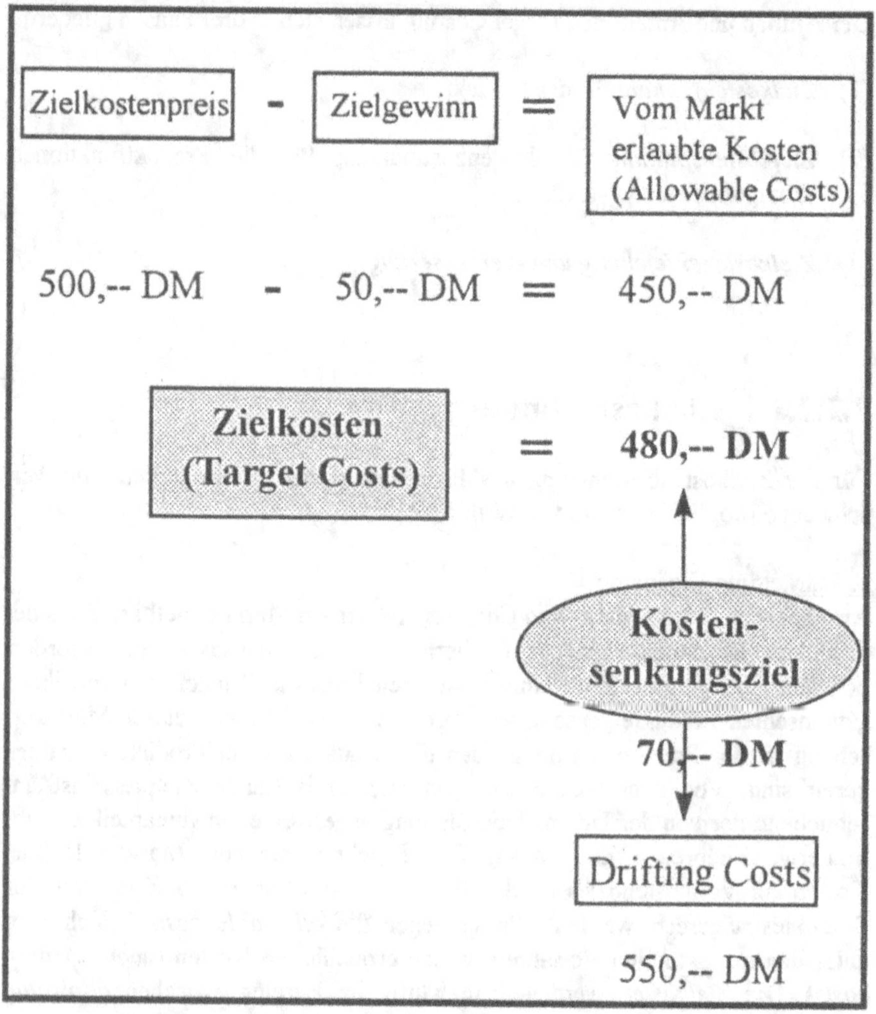

Abb. 32: Beispiel einer Zielkostenfestlegung im Rahmen eines Target Costing

Die *Festlegung der Zielkosten* orientiert sich an den Produktmerkmalen; im Rahmen der *Zielkostenfestlegung* wird gleichzeitig untersucht, welche Anforderungen die Kunden an die Produktmerkmale stellen und wie sie diese letztlich vergüten, d. h. es wird neben den *Zielkosten* auch der *Zielverkaufspreis* ermittelt:

„... Das Zielkostenmanagement betrachtet den gesamten Produktlebenszyklus. Der Zielverkaufspreis ist daher als *langfristiger Preis* zu verstehen, der mancherorts auch als *„strategischer Preis"* bezeichnet wird."[359]

2. Out of Company:
Ableitung der Zielkosten aus konstruktions- und fertigungstechnischen Faktoren in Abhängigkeit vorhandener Fähigkeiten, Fertigkeiten, Produktionsmöglichkeiten und vorhandenem Erfahrungsschatz. „... Diese Form der Zielkostenfestlegung führt nur dann zu Anstrengungen zur Kostenreduktion, wenn *Abschläge* von den internen Standardkosten angesetzt werden. Marktliche Überlegungen können hier ex definitione keinen Kostenreduktionsbedarf auslösen."[360] Die Festlegung der Zielkosten im Sinne eines *Out of Company* ist bei Produkten sinnvoll, deren Märkte vom Unternehmen beherrscht werden und deren Preiselastizität der Nachfrage sehr gering ist. Ist die Feststellung von Marktpreisen für ein Produkt nicht möglich, so kann im *Out-of-Company-Vorgehen* ein zweckmäßiger Weg gesehen werden.[361]

3. Into and out of Company:
Hierbei handelt es sich um eine Kombination der Methoden (1) und (2). „... Das *marktorientierte* Vorgehen führt zu einem Kostenreduktionsbedarf, die innenorientierte Vorgehensweise kommt durch Abschläge von den Standardkosten zu einem Kostenreduktionsbedarf. In einer Art Gegenstromverfahren gilt es dann, die Kostenreduktionsbedarfe aufeinander abzustimmen und damit ein Ziel für die Kostenverminderung vorzugeben."[362] Diese Form der Zielkostenfestlegung wird häufig in europäischen Unternehmen angewandt. Eine Gefahr der *Into-and-Out-of-Company-Vorgehensweise* liegt in der Abweichung des Marktbezuges, da Marktanforderungen durch interne Strukturen relativiert werden können.[363]

---

359) Burger, A. [1995], S. 41. Vgl. hierzu auch die Ausführungen zu Gliederungspunkt 2.2.5 „Product Life Cycle Management".

360) Burger, A. [1995], S. 46.

361) Vgl. Burger, A. [1995], S. 46; Horváth, P./Niemand, S./Wolbold, M. [1993], S. 10 - 11; Niemand, S. [1992], S. 119 - 120; Seidenschwarz, W. [1991], S. 199.

362) Burger, A. [1995], S. 47.

363) Vgl. Burger, A. [1995], S. 47; Niemand, S. [1992], S. 119 -120.

4. Out of Competitor:
Beim *Out of Competitior* werden die Zielkosten aus den Kosten der Konkurrenz abgeleitet.[364] „... Die Anforderungen der Kunden auf dem Markt werden ersetzt durch die Standardkosten und die angebotene Produktgestaltung der oder eines Konkurrenten.“[365] Diese Form der Zielkostenfestlegung geht von einer imitatorischen Innovationsstrategie aus. Ein Druck auf die Veränderung der internen Verfahrens-, Technologie- und Kostenstrukturen entsteht nur insofern, als sich Innovationen bei Konkurrenten vornehmlich in niedrigeren Kosten offenbaren. Auf diese Weise können jedoch nur größere Wettbewerbsnachteile gegenüber den Konkurrenten vermieden werden; für ein Überholen reicht diese Form der Marktorientierung im Normalfall nicht.[366]

5. Out of Optimal Costs:
Out of Optimal Costs ist eine innenorientierte Vorgehensweise, bei der einerseits Standardkosten aufgrund vorhandener Strukturen und andererseits Plankosten bei optimalem Leistungsvollzug ermittelt werden. „... Diese Form der Zielkostenfestlegung betont die *Optimalisierung* des Kombinationsprozesses; es gilt, das erwogene Produkt im erwarteten Absatzvolumen mit den niedrigsten Kosten zu erstellen und abzusetzen.“[367] Im Gegensatz zur *Out-of-Company-Vorgehensweise*, bei der der Kostenreduktionsbedarf durch vereinbarte Abschläge ermittelt wird, stellt das *Out-of-Optimal-Costs-Vorgehen* auf das *Minimumprinzip* ab, das im Stadium der Entstehungsphase eines Produktes[368] auch zu einer Veränderung vorhandener Standards führen kann.[369]

Da die Methoden (2) bis (5) von der durch das Target Costing postulierten Marktorientierung abweichen, spricht Seidenschwarz im Falle des *Market into Company* von der Reinform des Target Costing, das in Japan „Genka Kikaku“ genannt wird.[370]

---

364) Vgl. Burger, A. [1995], S. 48; Horváth, P./Niemand, S./Wolbold, M. [1993], S. 10 - 11; Seidenschwarz, W. [1991], S. 199.
365) Burger, A. [1995], S. 48.
366) Vgl. Burger, A. [1995], S. 48.
367) Burger, A. [1995], S. 49.
368) Vgl. hierzu auch die Ausführungen zu Gliederungspunkt 2.2.5 „Product Life Cycle Management“.
369) Vgl. Burger, A. [1995], S. 49.
370) Vgl. Seidenschwarz, W. [1991], S. 199; vgl. auch: Huch, B./Behme,W./Ohlendorf, Th. [1995], S. 419; Götze, U. [1993], S. 383.

2.2.2.1.2 Zielkostenspaltung, Zielkostenerreichung und -verbesserung

Zur Operationalisierung der marktorientierten Kostenvorgabe werden im Rahmen der Zielkostenspaltung die Gesamtzielkosten in funktions-, komponenten- und teilespezifische *allowable costs* aufgespalten. Mit Hilfe der *Wertgestaltung (Value Engineering)*[371] wird versucht, die Funktionen, Komponenten und Teile eines Produktes so zu entwerfen, daß die angestrebten Zielkosten unter Berücksichtigung der subjektiven Kundenwünsche eingehalten werden können.[372]

Für die Durchführung der Zielkostenspaltung werden in der Literatur folgende Schritte vorgeschlagen:

(1) Bestimmung und Strukturierung der Produktfunktionen,
(2) Gewichtung der ermittelten Produktfunktionen,
(3) Gewichten der Produktkomponenten hinsichtlich der Erfüllung der Produktfunktionen,
(4) Schätzung der Kosten einzelner Produktkomponenten,
(5) Bestimmung eines komponentenspezifischen Zielkostenindex,
(6) Verbesserung des Zielkostenindex mit Hilfe eines Zielkostenkontrolldiagramms,
(7) Vornahme von Kostensenkungen.

Ein Produkt setzt sich aus *Funktionen* zusammen, die durch Kunden jeweils wahrgenommen und als wichtig oder weniger wichtig eingestuft werden. In Abbildung 33 sind am Beispiel eines Personenkraftwagens beispielhaft Produktfunktionen mit entsprechender Gewichtung durch die Kunden dargestellt. Im Rahmen der Zielkostenspaltung ist zu beachten, daß auch die direkt mit dem Produkt in Verbindung stehenden Dienstleistungen (z. B. Installation, Vertrieb, Finanzierung) berücksichtigt werden:

„... Gerade Dienstleistungen besitzen für den Kunden oft einen hohen Produktwert. Sie sollten deshalb von Beginn an bewußter Teil der gezielten Produktwertgestaltung - und damit der Zielkostenspaltung - sein."[373]

---

371) Vgl. hierzu auch die Ausführungen zu Gliederungspunkt 2.1.2 „Wertanalyse".
372) Vgl. Coenenberg, A. G./Fischer, Th./Schmitz, J. [1994], S. 9; Götze, U. [1993], S. 384; Huch, B./Behme,W./Ohlendorf, Th. [1995], S. 420.
373) Seidenschwarz, W. [1994], S. 80.

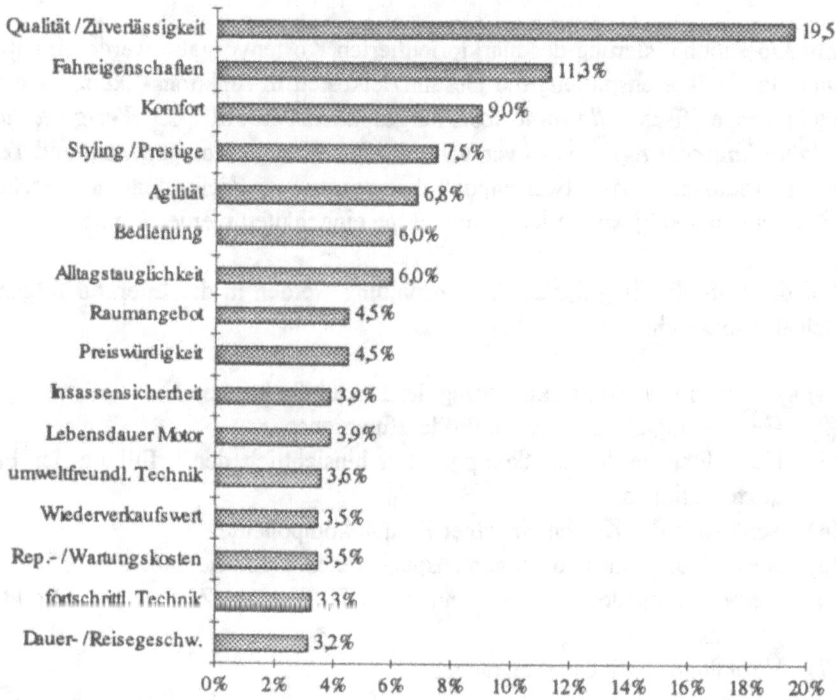

Abb. 33:
Gewichtete Produktfunktionen am Beispiel eines Personenkraftwagens
(in Anlehnung an: Deisenhofer, Th. [1993], S. 103.)

Der Beitrag einer Produktfunktion zur Erfüllung des Kundennutzens kann - wie im folgenden beispielhaft dargestellt - als Teilgewicht in Prozent vom Gesamtnutzen des Produktes ausgedrückt werden:[374]

374) Um Erkenntnisse zu gewinnen, welchen Wert die Kunden den von ihnen gewünschten Produkteigenschaften beimessen, wird in der Literatur zum Target Costing die Conjoint-Analyse empfohlen. Vgl. hierzu ausführlicher z. B. Burger, A. [1995], S. 57 - 60; Coenenberg, A. G./Fischer, Th./Schmitz, J. [1994], S. 9; Götze, U. [1993], S. 383; Jakob, F. [1993], S. 168 - 169; Seidenschwarz, W. [1993], S. 40 ff.

(Haupt-)Funktionen	Gewichtung
F1	0,50
F2	0,10
F3	0,20
F4	0,20
Summe	1,00

Stehen die vom Markt geforderten Funktionen und ihre relative Gewichtung aus der Perspektive der Kunden fest, ist zu ermitteln, in welchem Umfang die *Produktkomponenten* zur Realisierung der Produktfunktionen beitragen:

(Haupt-)Funktionen →	F1 0,50	F2 0,10	F3 0,20	F4 0,20	Summe 1,00
Produktkomponenten ↓					
K1	10	20	40	60	
K2	30	15	10	10	
K3	20	25	5	10	
K4	40	40	45	20	
Summe	100	100	100	100	

Anschließend wird die prozentuale Bedeutung jeder Produktkomponente in Abhängigkeit von dem Grad ihrer Funktionserfüllung gewichtet:

(Haupt-)Funktionen →	F1 0,50	F2 0,10	F3 0,20	F4 0,20	Summe 1,00
Produktkomponenten ↓					
K1	5	2	8	12	27
K2	15	1,5	2	2	20,5
K3	10	2,5	1	2	15,5
K4	20	4	9	4	37
Summe	1,00	1,00	1,00	1,00	100

Die Herstellkosten auf Vollkostenbasis je Produktkomponente werden mit Hilfe der *Kostenrechnung* abgeleitet. Das Ergebnis sind die Kosten je Produktkomponente auf der Basis des vorhandenen Technologiestandes (*drifting costs*).[375] Im Anschluß kann der prozentuale Kostenanteil je Produktkomponente ermittelt werden:

Produktkomponenten	Kostenanteil (%)
K1	35
K2	22
K3	20
K4	23
Summe	100

Die Division der prozentualen Bedeutung einer Produktkomponente durch den prozentualen Kostenanteil ergibt den Zielkostenindex je Produktkomponente:[376]

$$\text{Zielkostenindex} = \frac{\text{\% Bedeutung der Komponente}}{\text{\% Kostenanteil}}$$

	Kostenanteil	Bedeutung	Zielkostenindex
K1	35,0 %	27,0 %	0,77
K2	22,0 %	20,5 %	0,93
K3	20,0 %	15,5 %	0,77
K4	23,0 %	37,0 %	1,61

375) Vgl. Coenenberg, A. G./Fischer, Th./Schmitz, J. [1994], S. 9 - 13; Götze, U. [1993], S. 384 - 385; Huch, B./Behme,W./Ohlendorf, Th. [1995], S. 420 - 421.

376) Ausführliche Zahlenbeispiele zur Zielkostenspaltung sind zu finden in z. B.: Horváth, P./Niemand, S./Wolbold, M. [1993], S. 13 - 16; Jakob, F. [1993], S. 168 - 180.

Zur Ermittlung der *Zielkosten* je Produktkomponente wird im Rahmen des Target Costing von nachstehender Idealforderung ausgegangen:

Der Ressourceneinsatz für eine Komponente soll genau der Gewichtung durch den Kunden für diese Komponente entsprechen.

Im Idealfall muß der Zielkostenindex für sämtliche Produktkomponenten den Wert 1 annehmen. Ist der Index größer als 1, so ist zu überprüfen, ob die Lösung aus der Perspektive der Kunden u. U. „zu einfach" ist. Ist der Zielkostenindex kleiner als 1, so ist die Produktkomponente aus der Sicht der Kunden „zu teuer".[377]

Die Forderung, daß der Zielkostenindex den Wert 1 besitzen soll, kann in der Realität kaum eingehalten werden. Aus diesem Grunde wird eine Bandbreite akzeptabler Zielkostenindizes ermittelt. Die Bandbreite akzeptabler Zielkostenindizes (Zielkostenzone) läßt sich in einem Zielkostenkontrolldiagramm mit den Achsen „Gewichtung in %" und „Kostenanteil in %" darstellen, wobei die Bandbreite erlaubter Abweichungen mit zunehmend hoher Gewichtung (Bedeutung) abnimmt (vgl. Abbildung 34):[378]

„... Je näher die Zielkosten für das Gesamtprodukt bei den vom Markt erlaubten Kosten festgelegt werden, umso enger sollte auch die Zielkostenzone gesetzt sein."[379]

Falls sich eine Lücke zwischen den sich in der Zielkostenzone widerspiegelnden *angestrebten Zielkosten* und den bei Anwendung vorhandener Technologien erreichbaren *drifting costs* ergibt (in diesem Fall liegen die Zielkostenpunkte der Komponenten oberhalb der Zielkostenzone), muß diese so weit wie möglich verringert werden. Für Komponenten, deren Zielkostenpunkte unterhalb der Zielkostenzone liegen, sind produktwert- und kostengestalterische Maßnahmen einzuleiten.

377) Vgl. Coenenberg, A. G./Fischer, Th./Schmitz, J. [1994], S. 13; Götze, U. [1993], S. 385; Huch, B./Behme,W./Ohlendorf, Th. [1995], S. 421.

378) Vgl. Coenenberg, A. G./Fischer, Th./Schmitz, J. [1994], S. 14; Götze, U. [1993], S. 385; Horváth, P./Niemand, S./Wolbold, M. [1993], S. 13 - 15; Huch, B./Behme,W./Ohlendorf, Th. [1995], S. 421.

379) Coenenberg, A. G./Fischer, Th./Schmitz, J. [1994], S. 15.

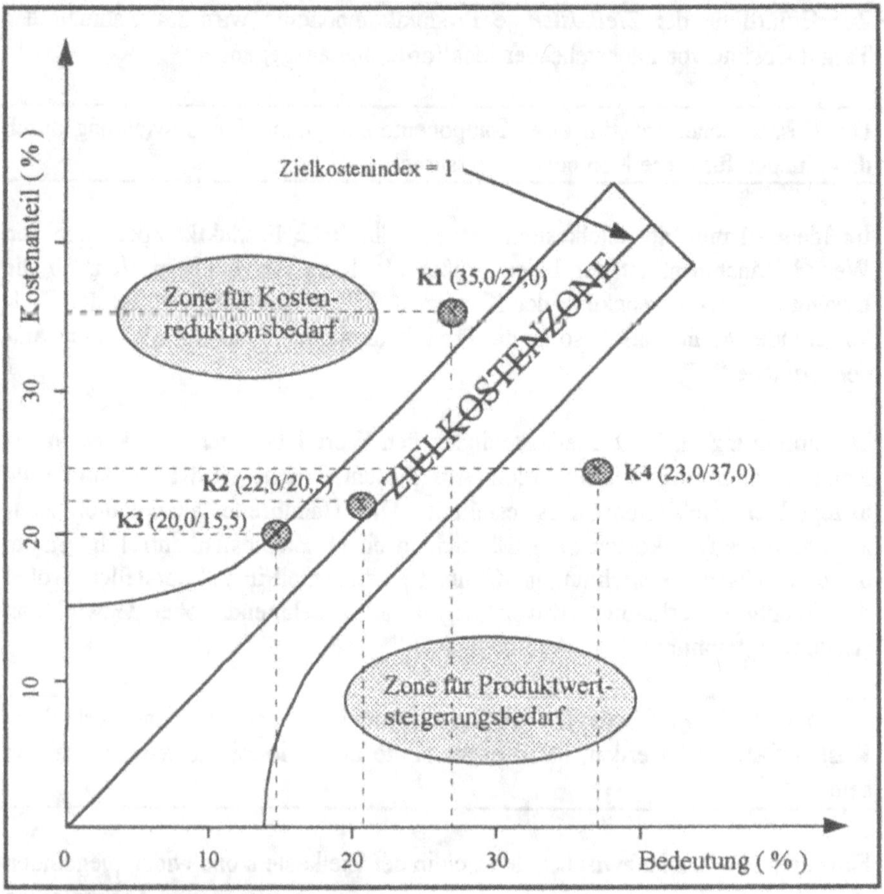

Abb. 34: Zielkostenkontrolldiagramm

An dem Prozeß der Zielkostenerreichung und -verbesserung wirken vorwiegend Teams mit, die sich aus Mitarbeitern unterschiedlicher Unternehmensbereiche (Entwicklung, Konstruktion, Fertigung, Marketing, Rechnungswesen) zusammensetzen; auf diese Weise sollen langwierige Abstimmungsprozesse zwischen den verschiedenen Unternehmensbereichen vermieden werden.

Zur Zielkostenerreichung und -verbesserung werden die verschiedenen bekannten Kostenmanagementinstrumente (z. B. Wertanalyse bzw. Wertgestaltung, Prozeßkostenrechnung, Benchmarking, Outsourcing, Insourcing, Produktlebenszyklusrechnungen, Fixkostenproportionalisierung, Kaizen sowie das Erfahrungskurvenkonzept) unterstützend in den Target-Costing-Prozeß eingebunden;[380] aus diesem Grunde wird das Target Costing auch als eine

„... *Lokomotivfunktion im strategischen Kostenmanagement*“[381]

bezeichnet.

Der *begleitende* Einsatz der verschiedenen Kostenmanagementinstrumente innerhalb des Target-Costing-Prozesses ist allerdings noch keine Erfolgsgarantie für ein erfolgreiches Target Costing. Im allgemeinen gilt, daß *vor* dem Einsatz eines Target Costing zunächst die Voraussetzungen für dessen erfolgreiche Umsetzung geschaffen werden müssen. „... Schlechte Voraussetzungen für die Aufnahme eines Target-Costing-Prozesses sind im allgemeinen das Vorhandensein eines hohen Kostenniveaus, komplexe und damit oft langsame und fehlerbehaftete Prozeßabläufe, falsche Produkteigenschaften u. ä.“[382] Hier ist die Aufgabe des strategischen Kostenmanagements angesprochen, das in seiner kostengestalterischen Funktion *vor* Beginn des Target-Costing-Prozesses die Voraussetzungen für dessen erfolgreichen Einsatz schafft und *während* des Target-Costing-Prozesses für dessen wirksame Umsetzung sorgt.

2.2.2.2 Beurteilung des Target Costing

Vor dem Hintergrund einer hohen Wettbewerbsintensität, kurzen Produktlebenszyklen, neuer Fertigungstechnologien und einer hohen Variantenvielfalt ist das Target Costing als ein erfolgversprechendes Instrument zur Berücksichtigung der Markterfordernisse und -entwicklungen im Rahmen des Kostenmanagements anzusehen. Der primäre Anwendungsbereich des Target Costing liegt bei Serienfertigern in High-tech-Branchen (z. B. der Elektro-, der Automobil-, der Maschinenbau- oder Feinmechanikindustrie), da für diese eine große Vari-

380) Vgl. Coenenberg, A. G./Fischer, Th./Schmitz, J. [1994], S. 15 ff.; Götze, U. [1993], S. 386 ff.; Jakob, F. [1993], S. 181 ff.

381) Seidenschwarz, W. [1994], S. 76.

382) Seidenschwarz, W. [1994], S. 78.

antenzahl sowie kurze Produktlebenszyklen - und damit eine hohe Bedeutung der Produktentwicklung und -einführung - charakteristisch sind.[383]

Das Konzept des Target Costing wird seit den 70er Jahren in fast allen Branchen in Japan implementiert. In Deutschland sind zum gegenwärtigen Zeitpunkt zahlreiche Unternehmen dabei, im Rahmen von Pilotprojekten das Konzept des Target Costing einzusetzen. Aus diesem Grunde liegen Ergebnisse zum routinemäßigen Einsatz des Target Costing zur Zeit nur aus Japan vor. Gemäß einer empirischen Studie, die in den Jahren 1991 und 1992 in Japan durchgeführt wurde, wird Target Costing überwiegend in der Automobilindustrie (100 %), in der Elektroindustrie (88,5 %), im Maschinenbau (82,8 %) und in der Feinmechanik (75 %) eingesetzt. Seltener kommt Target Costing in den Bereichen Chemie/Pharma (31,3 %), Nahrungsmittel (28,6 %), Stahl (23,1 %) und Papier (0 %) zum Einsatz. Momentan werden primär Materialkosten (98,1 %), Zukaufteile (97,2 %) und direkte Herstellkosten (99,1 %) in den Target-Costing-Prozeß einbezogen. Wie die oben genannte Studie zeigt, gewinnen die indirekten Kosten jedoch zunehmend an Bedeutung (indirekte Herstellkosten werden zu 80,7 % und Logistikkosten zu 69,4 % einbezogen).[384]

Hinsichtlich der Übertragbarkeit japanischer Vorgehensweisen auf deutsche Unternehmen bleiben allerdings noch einige Fragen zum Target-Costing-Konzept offen. Die wesentlichen offenen Fragen bzw. Kritikpunkte sind im folgenden zusammengefaßt:[385]

- ⇨ Wie kann der erlaubte Marktpreis ermittelt werden?
- ⇨ Welcher Gewinnanteil ist anzusetzen?
- ⇨ Welche Zielkosten sind anzusetzen bzw. wie weit dürfen Zielkostenindizes sinnvollerweise von Eins abweichen?
- ⇨ Welche Möglichkeiten der Zielkostenerreichung gibt es?
- ⇨ Welche Mitarbeiter sollten welche Aufgaben des Target Costing übernehmen?

383) Vgl. Götze, U. [1993], S. 387 - 388.
384) Vgl. Horváth, P./Niemand, S./Wolbold, M. [1993], S. 23 - 26.
385) Vgl. Götze, U. [1993], S. 388; Niemand, S. [1992], S. 121 - 122.

⇨ Wie sollte das Target Costing aufbau- und ablauforganisatorisch in das Führungssystem eingegliedert und mit dem implementierten Kostenrechnungssystem verknüpft werden?

2.2.2.3 Lehrfragen und Übungen

1. Im Rahmen der traditionellen Kosten- und Leistungsrechnung steht die Frage: „Was kostet ein Produkt bzw. wie hoch sind die Selbstkosten eines Erzeugnisses?“ im Vordergrund. Welche Frage ist im Rahmen des Target Costing relevant?

2. Für die Zielkostenfindung eines Produktes sieht das Target Costing fünf verschiedene Möglichkeiten vor. Beschreiben Sie die alternativen Vorgehensweisen und erläutern Sie, welche Vorgehensweise aus der Sicht des Target Costing die optimale Alternative ist und warum diese optimale Vorgehensweise in der Praxis häufig nicht zum Einsatz kommt.

3. Erklären Sie mit Hilfe eines Zielkostenkontrolldiagramms den Prozeß der Zielkostenerreichung und -verbesserung. Unterstützen Sie Ihre Ausführungen graphisch.

4. Erläutern Sie, warum das Target Costing auch als eine „*Lokomotivfunktion im strategischen Kostenmanagement*“ bezeichnet wird.

5. Welche Voraussetzungen sind durch das Kostenmanagement vor dem Einsatz eines Target Costing zu schaffen. Begründen Sie Ihre Erläuterungen ausführlich.

6. Welche Bedeutung nimmt die Wertanalyse im Rahmen des Target Costing ein?

7. Erläutern Sie, warum es wichtig ist, das Konzept des integrierten Produktlebenszyklusses in das Target-Costing-Konzept zu integrieren.

8. Welche Bedeutung hat die Kosten- und Leistungsrechnung im Rahmen des Target Costing und welche Probleme ergeben sich aus der Sicht der traditionellen Kosten- und Leistungsrechnung?

2.2.3 Integriertes Ideenmanagement

Es besteht Einigkeit, daß der Erfolg eines Unternehmens maßgeblich von den Ideen der Mitarbeiter getragen wird.[386] Als strategisches Unternehmensziel moderner Organisationsgestaltung und Mitarbeiterführung ergibt sich folglich, daß das Ideenreichtum, das Initiativpotential und das Engagement der Mitarbeiter angeregt und gefördert werden.[387]

Zur Erschließung des Ideenpotentials der Mitarbeiter stehen den Unternehmen verschiedene Instrumente zur Verfügung, die auf innovative und/oder kontinuierliche Verbesserungen gerichtet sind:

Doch erst *die synergetische Kombination* dieser Instrumente im Sinne eines *integrierten Ideenmanagements* führt zu einer Optimierung der Kosten-/Nutzen-Verhältnisse im Unternehmen (Abbildung 35).

Im Rahmen eines *integrierten Ideenmanagements* steht die ***Zielsetzung*** im Vordergrund, über die *Ausschöpfung des Verbesserungspotentials aller Unternehmensmitglieder* die Kosten-/Nutzen-Verhältnisse durch die *synergetische Kombination* von *Innovation* und *kontinuierlicher Verbesserung* zu *optimieren*.

Die Idee, das Kreativitätspotential der Mitarbeiter erfolgswirksam zu nutzen, ist nicht neu. So werden in der Praxis seit jeher für *innovative* Aufgabenstellungen *Expertenteams* gebildet. Die meisten Methoden und Instrumente des Kostenmanagements (z. B. Gemeinkostenwertanalyse, Wertanalyse, Zero-Base-Budgeting, Benchmarking, Target-Costing, Prozeßkostenrechnung) werden mit Hilfe von Experten-/Projektteams eingeführt. Die personelle Zusammensetzung dieser Teams ist von der jeweiligen Aufgabenstellung abhängig; in der Regel ist eine fachübergreifende Zusammenarbeit erforderlich, die häufig von externen Beratern begleitet und unterstützt wird. Die Ergebnisse sind im

386) Vgl. Brinkmann, E. P./Simon, A. [1994], S. 41; Gasior, W. [1993], S. 288; Hardt, R./Schalow, W. [1995], S. 91; Quarch, U. [1993], S. 298.

387) Vgl. Gasior, W. [1993], S. 288; Hardt, R./Schalow, W. [1995], S. 90; Reichel, F.-G./Cmiel, H.-G. [1994], S. 23.

allgemeinen durch *deutlich meßbare Erfolge* (z. B. Abbau von Personaljahren, Kostenreduzierung, Produktivitätssteigerung) charakterisiert.

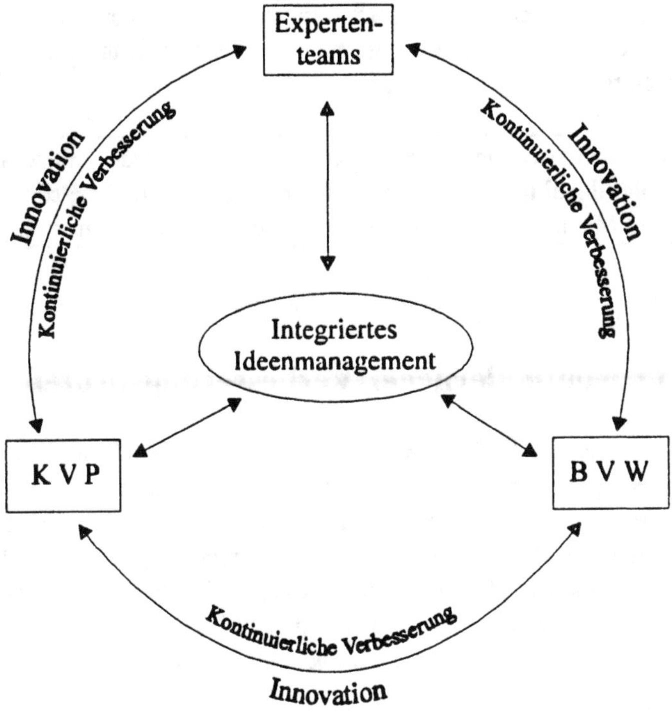

Abb. 35: Integriertes Ideenmanagement

Das wichtigste Instrument zur Erschließung des Kreativitätspotentials der Mitarbeiter ist jedoch das *Vorschlagswesen*:

⇨ Dabei setzt das traditionelle *Betriebliche Vorschlagswesen (BVW)* vorrangig auf Verbesserungsvorschläge mit relativ hohen Einsparungseffekten.

⇨ Das japanische Management setzt dagegen seit vielen Jahrzehnten den Schwerpunkt auf die vielen kleinen und kleinsten Ideen ihrer Mitarbeiter, die im Rahmen eines *Kontinuierlichen Verbesserungsprozesses (KVP)* initiiert werden und den Erfolg eines Unternehmens nur schrittweise verbessern.

Die Idee des *KVP* nimmt heute in vielen deutschen Unternehmen neben dem *BVW* eine an Relevanz gewinnende Stellung ein. Unternehmen wie zum Beispiel Bosch, Opel, VW und Mercedes-Benz haben den *KVP* bereits umgesetzt und vielversprechende Erfolge erzielt.[388] Mit dem Ziel, die Kosten-/Nutzen-Verhältnisse im Unternehmen zu optimieren, werden die Vorteile von KVP und BVW genutzt, indem beide Instrumente kombiniert im Sinne eines *integrierten Ideenmanagement* zum Einsatz gelangen:[389]

Die gezielte Generierung von kostensparenden und/oder nutzensteigernden Ideen erfolgt dabei nicht nur durch den einzelnen Mitarbeiter, sondern wird in verstärktem Maße auch in Formen der Gruppenorganisation institutionalisiert.[390]

2.2.3.1 Kontinuierlicher Verbesserungsprozeß (KVP)

Der *Kontinuierliche Verbesserungsprozeß* (KVP) ist ein Teilbereich von *Kaizen*.[391] Streng genommen handelt es sich bei *Kaizen* um eine japanische Philosophie, die ihren Ursprung im ZEN-Buddhismus hat. KAI bedeutet „ändern“, ZEN ist mit „gut“ zu übersetzen, d. h. zusammengefaßt bedeutet *Kaizen* „ändern zum Guten“. Die japanische *Kaizen-Philosophie* erstreckt sich *auf ständige Verbesserungen* im politischen, gesellschaftlichen, kulturellen und privaten Bereich sowie auf Verbesserungen im Arbeitsleben:[392]

Das ***Leitmotiv*** von *Kaizen* lautet:

Es soll kein Tag ohne irgendeine Verbesserung vergehen.[393]

Die Idee der ständigen Verbesserung wird zunehmend auch in die Unternehmenskultur europäischer Unternehmen eingebunden. In diesem Zusammenhang werden in der deutschen Praxis Bezeichnungen wie *Kontinuierlicher Verbesse-*

388) Vgl. Jehle, E./Willeke, M. [1996], S. 259.
389) Vgl. Reiß, M./Corsten, H. [1992], S. 1480.
390) Vgl. Reiß, M./Corsten, H. [1992], S. 1480.
391) Vgl. Haug, N./Martens, B./Pudeg, R. [1993], S. 148.
392) Vgl. Simon, A. [1994], S. 55.
393) Vgl. Imai, M. [1992], S. 24.

rungsprozeß (KVP), *Kaizen* und *CIP* (continuous improvement process) verwendet bzw. gleichgesetzt.[394]

Eine begriffliche Abgrenzung hat das Institut für angewandte Arbeitswissenschaft (IfaA), Köln, vorgenommen:[395]

- *Kaizen* ist ein Oberbegriff für alle Verbesserungsaktivitäten in sämtlichen Bereichen des Unternehmens.
- *KVP* ist durch die ständige Verbesserung der eigenen Arbeit in kleinen und kleinsten Schritten gekennzeichnet und kann somit als Teilaufgabe von *Kaizen* interpretiert werden.

2.2.3.1.1 Bedeutung des KVP im Rahmen des Kostenmanagements

Bei der Diskussion um geeignete Methoden des Kostenmanagements werden *zwei kontrastierende Stoßrichtungen unterschieden*:

- die *erste* umfaßt *fallweise Kostensenkungen* quasi im Hau-ruck-Verfahren, die nur mit Hilfe von *Innovationen* erreicht werden können; dies entspricht der *Politik in großen Schritten*,
- die *zweite* beinhaltet die *kontinuierliche Kostengestaltung;* dies entspricht der *Politik in kleinen Schritten.*[396]

Japanische Unternehmen bevorzugen in der Regel die *kleinen Schritte*, während westliche Unternehmen sich im allgemeinen für die *großen Schritte* und somit für die Innovation entscheiden:[397]

394) Vgl. Hofmann, A./Nolden, H.-G. [1994], S. 168; Industriegewerkschaft Metall (Hrsg.) [1994], S. 1; Jasuda, J. [1994], S. 20.
395) Vgl. Simon, A. [1994], S. 55; Simon, A. [1996], S. 22.
396) Vgl. Hofmann, A./Nolden, H.-G. [1994], S. 191; Horváth, P./Lamla, J. [1996], S. 335.
397) Vgl. Imai, M. [1992], S. 47.

„... Unter Innovation sind große Veränderungen in Richtung auf einen technologischen Durchbruch oder die Einführung neuester Managementkonzepte und Produktionstechniken zu verstehen. Die Innovation verläuft dramatisch und zieht die Aufmerksamkeit aller auf sich.“[398]

„... Im Gegensatz dazu ist KAIZEN wenig spektakulär, und seine Auswirkungen springen selten sofort ins Auge.“[399]

„... Während es sich bei KAIZEN um einen kontinuierlichen Prozeß handelt, ist die Innovation meist ein einmaliges, abgeschlossenes Phänomen.“[400]

In der Abbildung 36 sind wesentliche Unterscheidungsmerkmale von *Kaizen* und *Innovation* gegenübergestellt.

Imai vergleicht *Kaizen* mit einem Brutkasten, in dem kleine, aber anhaltende Veränderungen ausgebrütet werden, während er die *Innovation* als Magma charakterisiert, das von Zeit zu Zeit in Form gewaltiger Eruptionen auftaucht.[401] Ein weiterer Unterschied zwischen *Kaizen* und *Innovation* ist darin zu sehen, daß *Kaizen* einer kontinuierlichen Anstrengung und Verpflichtung bei gegebener Technik bedarf, jedoch keiner großen Investition bei der Umsetzung:[402]

„... In KAIZEN zu investieren, das heißt, in Mitarbeiter zu investieren. Kurz gesagt: KAIZEN ist mitarbeiterorientiert, während die Innovation technologisch und finanziell orientiert ist.“[403]

Der Erfolg einer Innovation (z. B. Kostenabbau, Rentabilität, Effektivität, Produktivität) kann *idealtypisch* in Form einer Treppe dargestellt werden (vgl. Abbildung 37). Hierbei bleibt jedoch unberücksichtigt, daß jedes System ab dem Zeitpunkt seiner Etablierung dem Verfall preisgegeben ist:

398) Imai, M. [1992], S. 47.
399) Imai, M. [1992], S. 47.
400) Imai, M. [1992], S. 47.
401) Vgl. Imai, M. [1992], S. 49.
402) Vgl. Imai, M. [1992], S. 48 - 49.
403) Imai, M. [1992], S. 52.

„... Eines der berühmten Parkinsonschen Gesetze besagt, daß der Niedergang einer Organisation mit der Fertigstellung des Gebäudes, in dem sie untergebracht wird, beginnt. In anderen Worten: Bereits zur Erhaltung des Status quo bedarf es schon beständiger Anstrengungen."[404]

	Kaizen	Innovation
1. Effekt	langfristig und andauernd, aber undramatisch	kurzfristig, aber dramatisch
2. Tempo	kleine Schritte	große Schritte
3. Zeitlicher Rahmen	kontinuierlich und steigend	unterbrochen und befristet
4. Erfolgschance	gleichbleibend hoch	abrupt und unbeständig
5. Protagonisten	jeder Firmenangehörige	wenige "Auserwählte"
6. Vorgehensweise	Kollektivgeist, Gruppenarbeit, Systematik	"Ellbogenverfahren", individuelle Ideen und Anstrengungen
7. Devise	Erhaltung und Verbesserung	Abbruch und Neuaufbau
8. Erfolgsrezept	konventionelles Know-how und jeweiliger Stand der Technik	technologische Errungenschaften, neue Erfindungen, neue Theorien
9. Praktische Voraussetzungen	kleines Investment, großer Einsatz zur Erhaltung	großes Investment, geringer Einsatz zur Erhaltung
10. Erfolgsorientierung	Menschen	Technik
11. Bewertungskriterien	Leistung und Verfahren für bessere Ergebnisse	Profitresultate
12. Vorteil	hervorragend geeignet für eine langsam ansteigende Wirtschaft	hauptsächlich geeignet für eine rasch ansteigende Wirtschaft

Abb. 36: Merkmale von Kaizen und Innovation
(in Anlehnung an: Imai, M. [1992], S. 48.)

404) Imai, M. [1992], S. 50.

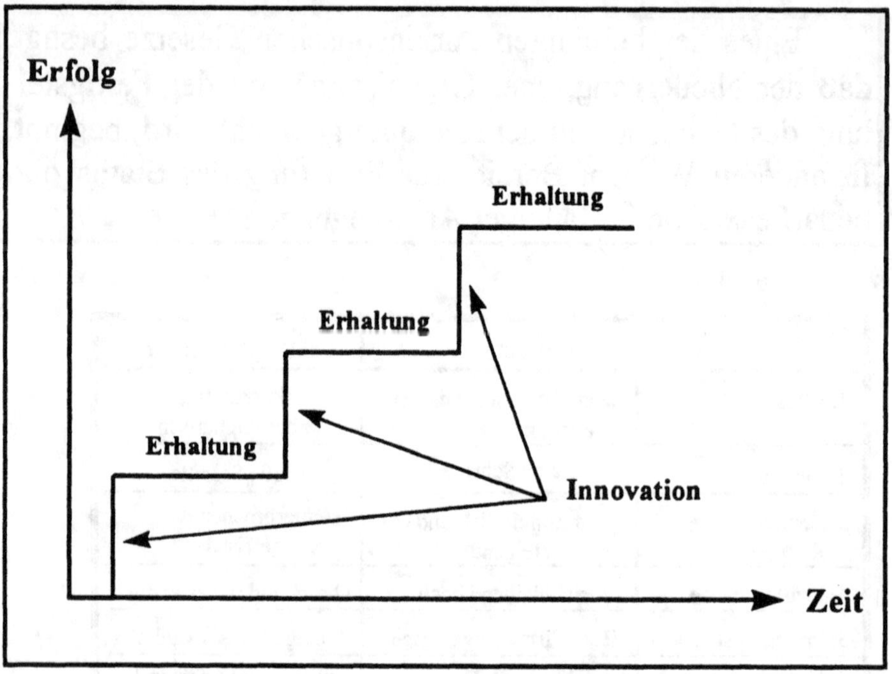

Abb. 37: Idealtypischer Erfolgsverlauf einer Innovation
(in Anlehnung an: Imai, M. [1992], S. 49.)

In der Realität wird der Erfolg einer Innovation daher eher den in Abbildung 38 dargestellten Verlauf annehmen. „... Ursache dafür ist, daß sich der Zustand eines aufgrund von Innovation installierten Systems ständig verschlechtert, wenn nicht kontinuierliche Anstrengungen unternommen werden, um das System zu erhalten und zu verbessern."[405] Aus diesem Grunde müssen nach einer einmal erreichten Innovation eine Reihe von Kaizen-Aktivitäten einsetzen, um den Zustand zu erhalten und zu verbessern (vgl. Abbildung 39).[406]

„... Während Innovation eine punktuelle Angelegenheit ist, deren Erfolge durch starke Konkurrenz und sich verschlechternde Standards verringert werden, handelt es sich bei KAIZEN um ein stetiges, mit Synergieeffekten einhergehendes Bestreben, welches im Lauf der Jahre zu wachsendem Erfolg führt."[407]

405) Imai, M. [1992], S. 50.
406) Vgl. Imai, M. [1992], S. 51.
407) Imai, M. [1992], S. 51.

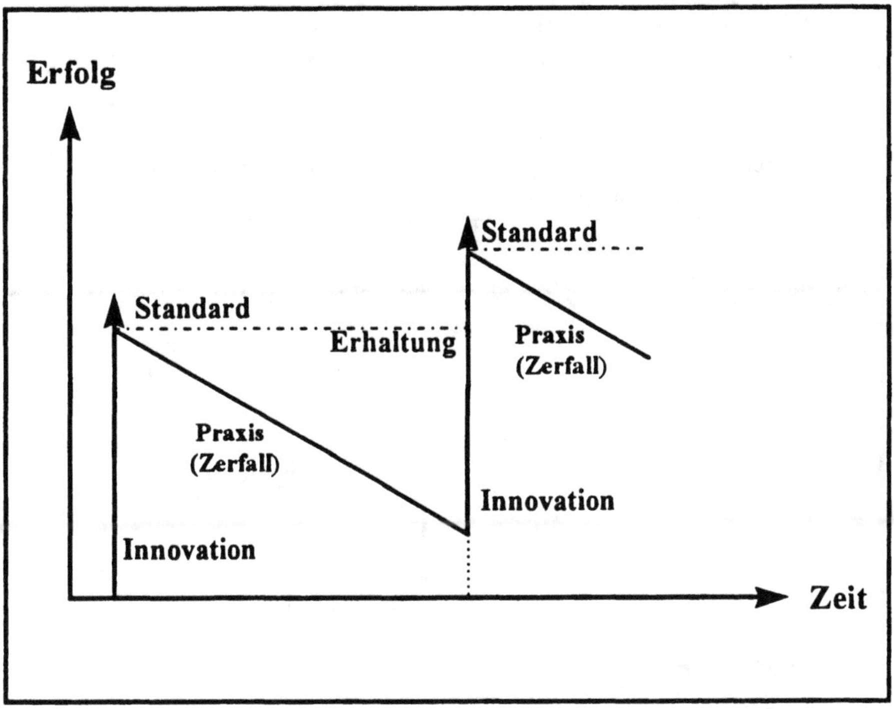

Abb. 38: Realtypischer Erfolgsverlauf einer Innovation
(in Anlehnung an: Imai, M. [1992], S. 50.)

„... KAIZEN ist stetig bestrebt, Standards nicht nur zu erhalten, sondern diese auch zu verbessern."[408]

Unter *Erhaltung* sind sämtliche Aktivitäten zu verstehen, die auf die Aufrechterhaltung bestehender technologischer, arbeits- und ablaufmäßiger Standards abzielen; zur *Verbesserung* zählen alle jene Aktivitäten, die zu einer Erhöhung der bestehenden Standards führen:[409]

408) Imai, M. [1992], S. 51.
409) Vgl. Imai, M. [1992], S. 26 - 27.

„... Standards verbessern, heißt höhere Standards setzen. Nachdem dies geschehen ist, ist es die erhaltende Aufgabe des Managements, auf die Befolgung dieser Standards zu achten. Anhaltend kann Verbesserung nur erreicht werden, wenn die Mitarbeiter mit immer höheren Standards arbeiten. Auf diese Weise ist Erhaltung und Verbesserung der Standards für die meisten japanischen Manager untrennbar miteinander verbunden."[410]

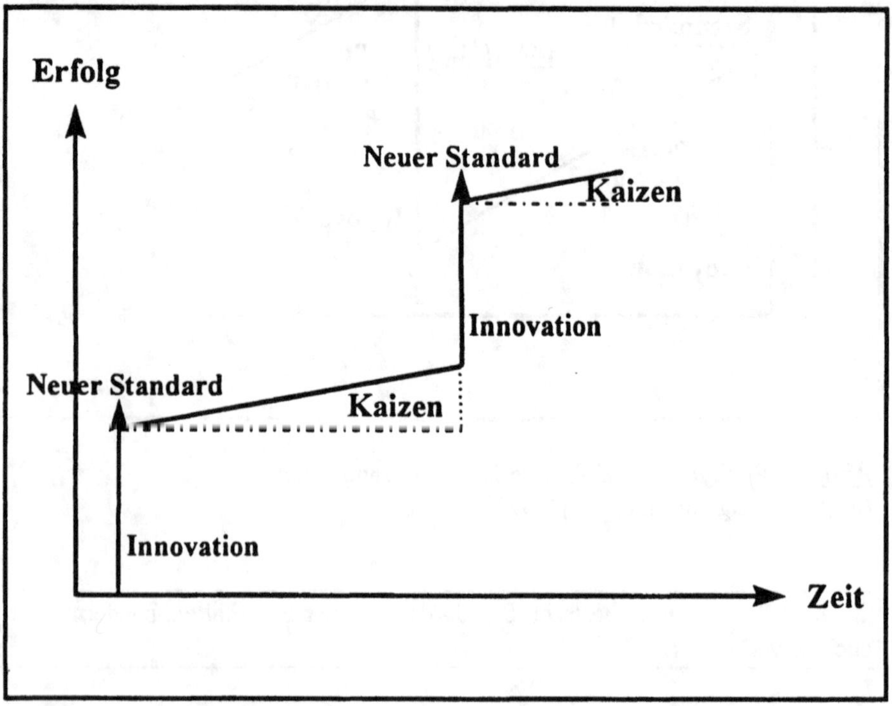

Abb. 39: Erfolgsverlauf bei Kombination von Innovation und Kaizen
(in Anlehnung an: Imai, M. [1992], S. 51.)

Kaizen bezieht jeden Mitarbeiter eines japanischen Unternehmens in den Verbesserungsprozeß ein:

410) Imai, M. [1992], S. 27.

Kaizen beginnt bei der Art und Weise, wie ein Mitarbeiter seine Arbeit am eigenen Arbeitsplatz ausführt und schließlich verbessert (personenorientiertes Kaizen), setzt sich fort bei der Verbesserung der Arbeitsbereiche (gruppenorientiertes Kaizen) und reicht bis zur Verbesserung von Systemen und Verfahren (managementorientiertes Kaizen) (vgl. Abbildung 40).[411]

Das *managementorientierte Kaizen* ist deshalb so bedeutsam, weil es Impulse zur Aufrechterhaltung von Fortschritt und Arbeitsmoral gibt. Managementorientierte Kaizen-Aktivitäten konzentrieren sich auf Verfahrens- und insbesondere auf Systemverbesserungen (z. B. Verbesserungen in den Bereichen Planung, Steuerung, und Organisation, Produktion und Logistik).[412] Jede Verbesserung wird vom Management standardisiert. Die Arbeit eines Mitarbeiters beruht somit zunächst in jedem Unternehmen auf gegebenen, vom Management festgelegten Standards, die mittels Training und Disziplin zu erreichen bzw. zu erhalten sind, d. h. in der Ausgangssituation konzentrieren sich die Aktivitäten auf die *Erhaltung* der vorgegebenen Standards. Sobald die Mitarbeiter jedoch mit ihrer Arbeit vertrauter sind, beginnen sie über *Verbesserungen* nachzudenken und im Rahmen von *Einzel- oder Gruppenverbesserungsvorschlägen* (= *personen- und gruppenorientiertes Kaizen*) zur Verbesserung des Arbeitsablaufs beizutragen.[413] Die *Verbesserungen* der Mitarbeiter werden vom Management standardisiert, d. h. sie führen zu einem höheren Standard, der wieder zu erhalten und zu verbessern ist. Der beschriebene Prozeß bzw. die ständige Verbesserung des (eigenen) Arbeitsumfeldes durch die Mitarbeiter, die zugleich systemerhaltend und systemverbessernd wirkt, wird als *Kontinuierlicher Verbesserungsprozeß* (KVP) bezeichnet:

Unter *KVP* „... wird die innere Denk- und Handlungsweise eines jeden Mitarbeiters verstanden, *jeden Zustand in Frage zu stellen und nach dessen Verbesserung zu suchen.*“[414]

411) Vgl. Imai, M. [1992], S. 126.
412) Vgl. Imai, M. [1992], S. 112 u. 126.
413) Vgl. Imai, M. [1992], S. 27.
414) Haug, N./Martens, B./Pudeg, R. [1993], S. 148

	Management-orientiertes Kaizen	Gruppen-orientiertes Kaizen	Personen-orientiertes Kaizen
Einbeziehung	Manager und Spezialisten	Teilnehmer einer Gruppe	Alle
Verbesserungsbereich	Verfahren und Systeme	Arbeitsbereiche	Arbeitsplätze
Ergebnisse	Neue Systeme und verbesserte Anlagen Verbesserte Leistungsfähigkeit des Managements	Verbesserte Arbeitsverfahren Verbesserte Arbeitsmoral Überarbeitung von Standards	Verbesserung vor Ort Verbesserte Arbeitsmoral Kaizen-Bewußtsein Selbstentfaltung
Richtung	Stufenweise sichtbare Verbesserung Deutliche Steigerung	Stufenweise sichtbare Verbesserung	Stufenweise sichtbare Verbesserung

Abb. 40: Drei Segmente von Kaizen
(in Anlehnung an: Imai, M. [1992], S. 111 - 112.)

Die Praxis zeigt, daß in deutschen Unternehmen ein großer Erfahrungsschatz bezüglich *einmaliger Kostensenkungsprogramme* vorhanden ist. Wie vorstehend gezeigt wurde, greifen die dabei eingesetzten traditionellen Methoden wie die *Gemeinkostenwertanalyse* oder das *Zero-Base-Budgeting* für sich allein betrachtet nur kurz „... und versuchen in einem Kraftakt das Pferd von hinten aufzuzäumen ...“[415]: Ineffiziente Prozesse werden erst dann optimiert, wenn sie sich bereits etabliert haben.

415) Horváth, P./Lamla, J. [1996], S. 335.

Den meisten Methoden des Kostenmanagements (z. B. Gemeinkostenwertanalyse, Zero-Base-Budgeting, Benchmarking, Target-Costing und Wertanalyse) sind auf eine umfassende Ergebnis-, Kunden- und Wettbewerbsorientierung im Sinne einer Veränderung in *großen Schritten* in Form *innovativer Prozesse* gerichtet.[416]

KVP legt im Gegensatz zu den oben genannten Methoden den *Schwerpunkt* auf eine *kontinuierliche Verbesserung in kleinen Schritten.*

Politik der großen Schritte bzw. *Innovationen* auf der einen Seite und *Politik der kleinen Schritte* bzw. *kontinuierliche Verbesserung* auf der anderen Seite!

Welche Stoßrichtung ist für ein Unternehmen die jeweils richtige?

Im Rahmen des Kostenmanagements gibt es die allein richtige Stoßrichtung nicht!

Erst die der jeweiligen Unternehmenssituation angemessene *Kombination beider Stoßrichtungen* bzw. eine angemessene *Kombination von Innovation und KVP* führt zur nachhaltigen und am Wettbewerb ausgerichteten Kostengestaltung.[417]

2.2.3.1.2 Abgrenzung, Zielsetzung und Schwerpunkte des KVP

KVP wird vorwiegend im Arbeitsbereich einer Gruppe praktiziert, wobei die Gruppe selbst Schwachstellen nicht nur erkennen, sondern auch eliminieren soll. Daneben schließt *KVP* auch Mitarbeiter in Einzelarbeit ein.[418] Zur Bewältigung von Schnittstellenproblemen werden auch Mitarbeiter anderer Arbeitsbereiche in den KVP-Prozeß eingebunden.[419]

416) Vgl. auch: Horváth, P./Lamla, J. [1995], S. 84 - 85.
417) Vgl. Horváth, P./Lamla, J. [1996], S. 335.
418) Vgl. Simon, A. [1994], S. 56.
419) Vgl. Simon, A. [1996], S. 26.

Die ***Zielsetzung*** des *KVP* liegt darin, jegliche *Verschwendung* im Unternehmen *zu vermeiden.*[420]

Eine der wichtigsten Aufgaben im Rahmen des *KVP* ist die Untersuchung der Arbeitsabläufe, weil gemäß der *Kaizen-Philosophie* zunächst die Prozesse verbessert werden müssen, ehe verbesserte Ergebnisse erwartet werden können.[421] Damit ist häufig ein Umdenken von der Ergebnisorientierung zur Prozeßorientierung notwendig:[422]

Die ***Schwerpunkte*** des *KVP* lassen sich wie folgt umreißen:

- *KVP* bezieht sämtliche Mitarbeiter zum Mitdenken, zur Gestaltung und in die Verantwortung ein,
- *KVP* ist durch kleine Schritte erfolgreich und kann mit geringem finanziellen Aufwand umgesetzt werden,
- *KVP* soll Arbeitsabläufe, Arbeitsmethoden, Arbeitsverfahren, Arbeitsplätze und Arbeitsmethoden sowie die Qualität der Prozesse, Produkte und Dienstleistungen ständig verbessern und Verschwendung aller Art minimieren,
- *KVP* findet in Produktion und Verwaltung statt.[423]

Das japanische Management ist im Gegensatz zum westlichen Management primär prozeßorientiert; wichtig für die Realisierung einer Verbesserung ist stets die Frage nach ihrem Wie:[424]

„... Durch welche Maßnahmen kann eine Verbesserung erreicht werden?“[425]

Kleine und kleinste Prozeßverbesserungen werden vom westlichen Management häufig nicht unterstützt. „... Im Westen kann z. B. ein mittlerer Manager für Projekte wie CAD (Computer Aided Design), CAM (Computer Aided Manufactoring) und MRP (Materials Requirements Planning) im allgemeinen die Unterstützung seiner Geschäftsleitung erwarten, weil es sich dabei um innova-

420) Vgl. Simon, A. [1994], S. 56 - 58.
421) Vgl. Imai, M. [1992], S. 39.
422) Vgl. Simon, A. [1994], S. 58.
423) Vgl. Simon, A. [1994], S. 56; Simon, A. [1996], S. 22.
424) Vgl. Horváth, P./Lamla, J. [1996], S. 336.
425) Horváth, P./Lamla, J. [1996], S. 336.

tive Projekte handelt, welche die bestehenden Systeme revolutionieren. Als solche bieten sie gute Aussichten auf Return on investment, denen sich Manager kaum entziehen können. „... Wenn aber z. B. ein Betriebsleiter die Art der Maschinennutzung durch die Arbeiter auch nur leicht verändern will oder wenn er Arbeitsplätze flexibilisieren und Produktionsabläufe neu gestalten will (was meist lange Diskussionen mit der Gewerkschaft und zusätzliches Training der Arbeiter nach sich zieht), kann es oft sehr schwer fallen, die Unterstützung des Managements zu bekommen."[426]

Die Schwerpunkte der KVP-Aktivitäten liegen in der Beherrschung von Störungen, im Beseitigen von Schwachstellen und im Vermeiden unnötiger Arbeit; kurz: im Vermeiden von Verschwendungen:

„... Wichtig bei allen Aktivitäten im Rahmen eines KVP ist das *konsequente Denken und Handeln* eines jeden Mitarbeiters, um jegliche Verschwendung zu beseitigen und um nicht-wertschöpfende aber notwendige Tätigkeiten soweit wie möglich zu minimieren."[427]

Die Eliminierung von Verschwendungen führt u. a. zu verbesserten Arbeitsausführungen (Arbeitsmethoden, Arbeitsprozesse) und somit zu Verbesserungen. Verbesserungen führen wiederum zu Änderungen der bisher bestehenden Arbeitsanweisungen und Standards (z. B. Soll-Zeiten, Nutzungsgrade, Qualitätskennzahlen):[428]

Mit Hilfe des *KVP* werden somit über Prozeßverbesserungen letztlich auch Ergebnisverbesserungen (z. B. Produktivitätssteigerungen, Kostenreduzierungen, Qualitätsverbesserungen) erzielt.

Im Gegensatz zum Betrieblichen Vorschlagswesen (BVW) sind Verbesserungsvorschläge über den *KVP* Bestandteil der Arbeitsaufgabe, d. h. für den Verbesserungsprozeß ist ein Zeitbudget im Arbeits- bzw. Schichtplan vorgegeben. Vorgeschlagene Verbesserungsmaßnahmen sind unmittelbar nach der Erarbeitung durch den Vorgesetzten zu begutachten und bei Annahme <u>sofort</u> umzusetzen.[429]

426) Imai, M. [1992], S. 47 - 48.
427) Haug, N./Martens, B./Pudeg, R. [1993], S. 148.
428) Vgl. Simon, A. [1996], S. 25.
429) Vgl. Simon, A. [1994], S. 61; Simon, A. [1996], S. 23.

Die Mitarbeiter von Toyota reichen pro Jahr ca. 1,5 Millionen Verbesserungsvorschläge ein, von denen 95 Prozent umgesetzt werden.[430]

Neben der sofortigen Umsetzung der eingereichten Verbesserungsvorschläge motiviert das japanische Management die Mitarbeiter mit Hilfe verschiedener materieller und insbesondere immaterieller Anerkennungen zu weiteren Verbesserungsaktivitäten.[431]

„... Oft findet man an den einzelnen Arbeitsplätzen auf Tafeln Angaben über die Zahl der hier abgegebenen Verbesserungsvorschläge, um den Wettbewerb unter den Arbeitern bzw. Arbeitsgruppen zu fördern."[432]

Ein weiterer wichtiger Aspekt des *KVP* ist die Tatsache, daß jeder eingereichte und realisierte Verbesserungsvorschlag einen neuen Standard zur Folge hat; auch hier spielt der Motivationsaspekt eine wichtige Rolle:

Wenn der Mitarbeiter den neuen Standard auf freiwilliger Basis setzt, wird er auf diesen stolz und auch motiviert sein, ihn zu befolgen.[433] „... Dies mag nicht immer der Fall sein, wenn der neue Standard vom Management gesetzt wird."[434]

2.2.3.1.3 Hilfsmittel und Ablauf eines KVP

Die Durchführung eines *KVP* kann mit den beiden Zyklen *„PDCA"* (Plan, Do, Check, Action) und *„SDCA"* (Standardize, Do, Check, Action) dargestellt werden (vgl. Abb. 41 u. 42).[435]

Der *PDCA-Zyklus* ist eine Abfolge von Aktiviäten, mit der Zielsetzung, vorgegebene Standards zu verbessern; er ist also der eigentliche Verbesserungsprozeß. Aus diesem Grunde ist es unerläßlich, vor Anwendung des *PDCA-Kreises*

430) Vgl. Imai, M. [1992], S. 37.
431) Vgl. Imai, M. [1992], S. 37.
432) Imai, M. [1992], S. 27.
433) Vgl. Imai, M. [1992], S. 38.
434) Imai, M. [1992], S. 38.
435) Vgl. Imai, M. [1992], S. 86 ff.; Simon, A. [1996], S. 24. Die beiden Zyklen (PDCA, SDCA) gehen auf die Autoren Deming und Juran (USA) bzw. auf die Ursprünge des modernen Qualitätsmanagements in den 40er und 50er Jahren zurück; vgl. hierzu ausführlich: Haug, N./Martens, B./Pudeg, R. [1993], S. 148 ff.

Standards festzusetzen. Dies ist die Zielsetzung des *SDCA-Zyklus*, mit Hilfe dessen Verbesserungen stabilisiert und neue Standards festgesetzt werden.[436]

> *SDCA-Zyklen* dienen der *Stabilisierung* bzw. der *Erhaltung* und *Standardisierung* von Zuständen, während *PDCA-Zyklen* zur *Verbesserung* gegebener Standards beitragen.

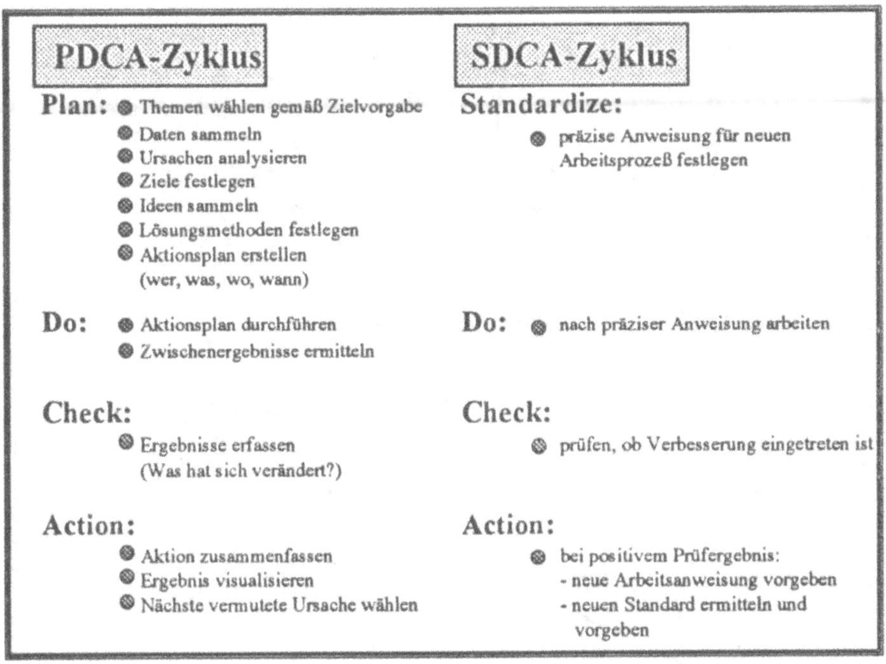

Abb. 41: Teilschritte im Rahmen des PDCA- und SDCA-Zyklus

436) Vgl. Haug, N./Martens, B./Pudeg, R. [1993], S. 149; Imai, M. [1992], S. 89 - 90; Simon, A. [1996], S. 24.

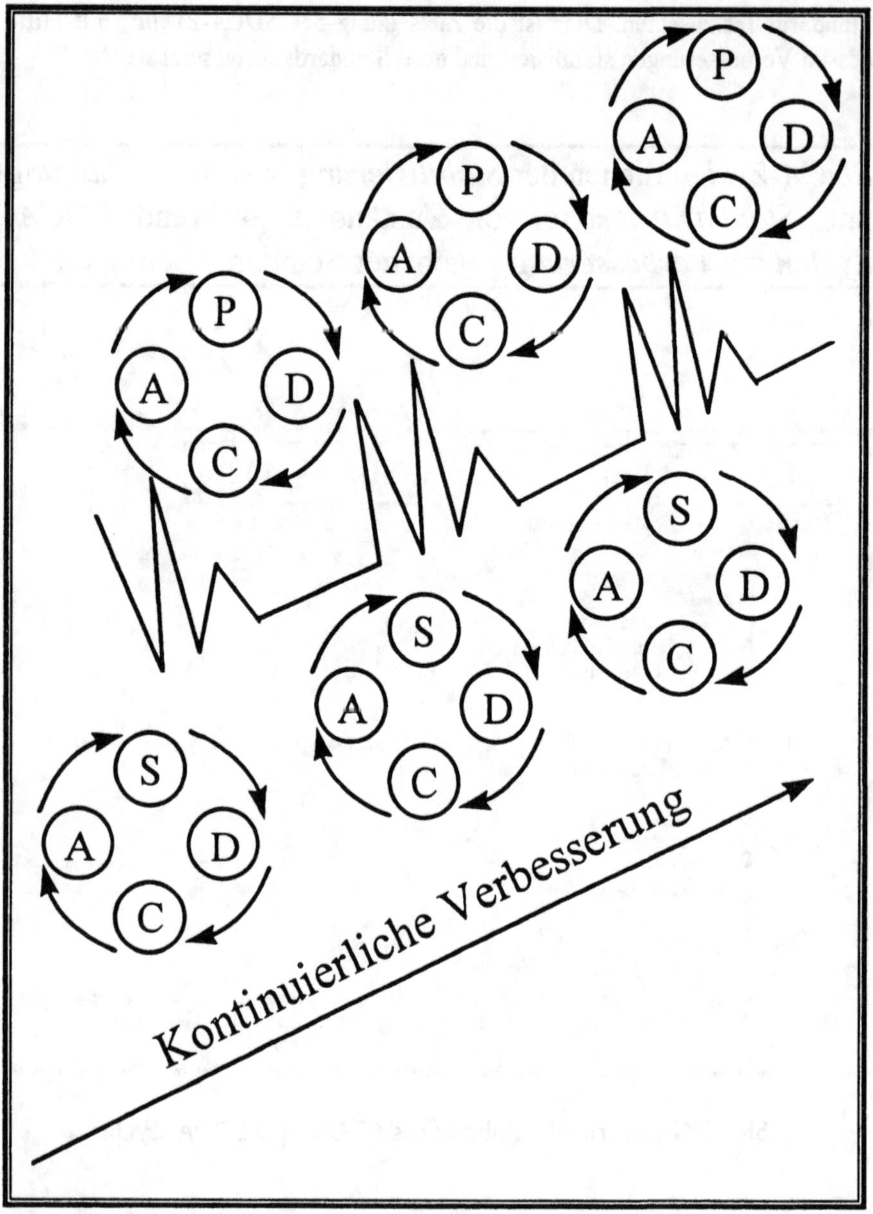

Abb. 42:
Interaktion von PDCA- und SDCA-Zyklen
(in Anlehnung an: Haug, N./Martens, B./Pudeg, R. [1993], S.149.)

Für die vier Schritte des Planens (Plan), des Tuns (Do), der Erfassung der Ergebnisse (Check) und der Zusammenfassung der Aktion (Action) stehen verschiedene *Hilfsmittel* zur Verfügung:[437]

Muda	Muri	Mura
1. Mitarbeiter	1. Mitarbeiter	1. Mitarbeiter
2. Technik	2. Technik	2. Technik
3. Methode	3. Methode	3. Methode
4. Zeit	4. Zeit	4. Zeit
5. Möglichkeit	5. Möglichkeit	5. Möglichkeit
6. Vorrichtungen und Werkzeuge	6. Vorrichtungen und Werkzeuge	6. Vorrichtungen und Werkzeuge
7. Material	7. Material	7. Material
8. Produktions-volumen	8. Produktions-volumen	8. Produktions-volumen
9. Umlauf	9. Umlauf	9. Umlauf
10. Platz	10. Platz	10. Platz
11. Art zu Denken	11. Art zu Denken	11. Art zu Denken

Abb. 43: Checkliste zur Ausschaltung von Verschwendung
(in Anlehnung an Imai, M. [1992], S. 273.)

Das erste Hilfsmittel ist die *„3-Mu-Checkliste"* (vgl. Abbildung 43) die eingesetzt wird, um Verschwendungen und somit Verbesserungsmöglichkeiten im Unternehmen aufzudecken.[438] In Anlehnung an Ohno werden dabei drei *Erscheinungsformen der Verschwendung* unterschieden: *Muda* (= direkte Verschwendung), *Muri* (= Überlastung) und *Mura* (= Abweichung, Unausgewogenheit).[439] Unter *Muda* versteht man sämtliche Formen der Verschwendung, die durch Überproduktion in der Vorkombination, Wartezeit, überflüssigem Transport, ungünstigem Produktionsprozeß, überhöhter Lagerhaltung, unnötigen Bewegungen und Erstellung fehlerhafter Teilleistungen resultieren. *Muri* bedeutet Überlastung, bedingt duch Überbeanspruchung von Menschen bei der

437) Vgl. Simon, A. [1992], S. 173; Simon, A. [1996], S. 24; Imai, M. [1992], S. 273 ff.
438) Vgl. Simon, A. [1996], S. 24.
439) Vgl. Ohno, T. [1988], S. 41 ff.

Handhabung (z. B. körperliche und geistige Überforderung, Übermüdung, Streßerscheinungen, erhöhte Fehlerhäufigkeit, Arbeitsunzufriedenheit) oder maschinellen Anlagen (fehlerhafte Vorgabezeiten für Arbeitstakt und Arbeitsmittelwechsel oder mangelnde Harmonisierung im Produktionsfluß). *Mura* betrifft Unausgeglichenheit mit Verlusten aus nicht vollständiger Harmonisierung der Kapzaitäten, bedingt durch Warteschlangenbildung vor Arbeitsstationen und Bildung von Zwischenlagern sowie nicht optimal ausgelasteter Kapazitäten (Leerkosten).[440]

Mit Hilfe der sog. „*5-S-Bewegung*" (*S*eiri, *S*eiton, *S*eiso, *S*eiketsu, *S*hitsuko) sollen Ordnung, Sauberkeit und Sicherheit bei der Arbeitsausführung sichergestellt werden (vgl. Abbbildung 44).[441]

Schritt 1: ***"Seiri"***
(Ordnung schaffen)
"... Trenne Notwendiges von nicht Notwendigem und entferne alles nicht Notwendige."

Schritt 2: ***"Seiton"***
(jeden Gegenstand am richtigen Platz aufbewahren)
"... Gegenstände müssen so aufbewahrt werden, daß sie bei Bedarf griffbereit sind."

Schritt 3: ***"Seiso"***
(Sauberkeit)
"... Halte den Arbeitsplatz sauber."

Schritt 4: ***"Seiketsu"***
(persönlicher Ordnungssinn)
"... Mach dir Sauberkeit und Adrettheit zur Gewohnheit, indem du damit bei dir selbst beginnst."

Schritt 5: ***"Shitsuke"***
(Disziplin)
"... Halte an deinem Arbeitsplatz die Vorschriften ein."

Abb. 44: 5-S-Bewegung
(in Anlehnung an: Imai, M. [1992], S. 277 - 276.)

440) Vgl. Pepels, W. [1996], S. 90.
441) Vgl. Simon, A. [1992], S. 173.

Als weitere wichtige Werkzeuge zur Aufdeckung von Schwachpunkten sind *„Die sechs W"* und die *„4-M-Checkliste"* (4-M: *M*ensch, *M*aschine, *M*aterial, *M*ethode) (vgl. Abb. 45 u. 46) zu nennen. Gelegentlich wird die *„4-M-Checkliste"* um den Faktor „*M*essung" zu einer *„5-M-Checkliste"* ergänzt.[442]

Wer	Was	Wo
1. Wer macht es ?	1. Was ist zu tun ?	1. Wo soll es getan werden?
2. Wer macht es gerade ?	2. Was wird gerade getan ?	2. Wo wird es getan ?
3. Wer sollte es machen ?	3. Was sollte getan werden ?	3. Wo sollte es getan werden ?
4. Wer kann es noch machen ?	4. Was kann noch gemacht werden ?	4. Wo kann es gemacht werden ?
5. Wer soll es machen ?	5. Was soll noch gemacht werden ?	5. Wo soll es noch gemacht werden ?
6. Wer macht die 3 MU ?	6. Welche 3 MU werden gemacht ?	6. Wo werden 3 MU gemacht ?

Wann	Warum	Wie
1. Wann wird es gemacht ?	1. Warum macht er es ?	1. Wie wird es gemacht ?
2. Wann wird es wirklich gemacht ?	2. Warum soll es gemacht werden ?	2. Wie wird es wirklich gemacht ?
3. Wann soll es gemacht werden ?	3. Warum soll es hier gemacht werden ?	3. Wie soll es gemacht werden?
4. Wann kann es sonst gemacht werden ?	4. Warum wird es dann gemacht?	4. Kann diese Methode auch in anderen Bereichen angewendet werden ?
5. Wann soll es noch gemacht werden ?	5. Warum wird es so gemacht ?	5. Wie kann es noch gemacht werden ?
6. Gibt es die 3 MU ?	6. Gibt es 3 MU in der Art zu denken ?	6. Gibt es 3 MU in der Methode ?

Abb. 45: Die sechs W
(in Anlehnung an: Imai, M. [1992], S. 277 - 278.)

442) Vgl. Imai, M. [1992], S. 279.

A. *M*ensch (Maschinenarbeiter)	**B. *M*aschinen (Anlagen)**
1. Befolgt er die Standards ? 2. Ist seine Arbeitseffizienz akzeptabel ? 3. Denkt er problembewußt ? 4. Hat er Verantwortungsbewußtsein (ist er verläßlich) ? 5. Ist er ausreichend qualifiziert ? 6. Hat er genügend Erfahrung ? 7. Ist der Arbeitsplatz für ihn geeignet ? 8. Ist er verbesserungswillig ? 9. Bemüht er sich um gute zwischenmenschliche Beziehungen ? 10. Ist er gesund ?	1. Erfüllt sie die Anforderungen der Produktion ? 2. Erfüllt sie die Anforderungen des Prozesses ? 3. Ist sie richtig geölt (geschmiert) ? 4. Reicht die Inspektion aus ? 5. Führen mechanische Probleme häufig zum Maschinenstillstand ? 6. Arbeitet sie ausreichend genau ? 7. Verursacht sie irgendwelche ungewöhnliche Geräusche ? 8. Ist das Maschinenlayout richtig ? 9. Reicht die Zahl der Maschinen aus ? 10. Ist alles in der richtigen Ordnung ?
C. *M*aterial	**D. (Arbeits-)*M*ethode**
1. Gibt es irgendwelche Abweichungen im Volumen ? 2. Gibt es irgendwelche Abweichungen in der Qualität ? 3. Ist es die richtige Marke ? 4. Weist es Verunreinigungen auf ? 5. Ist die Höhe des Umlaufs richtig ? 6. Wird Material in irgendeiner Form verschwendet ? 7. Ist der Materialtransport der richtige ? 8. Wird ausreichend auf den Umlauf geachtet ? 9. Ist das Materiallayout geeignet ? 10. Ist der Qualitätsstandard ausreichend ?	1. Gibt es geeignete Arbeitsstandards ? 2. Wurde der Arbeitsstandard angehoben ? 3. Ist die Methode sicher ? 4. Gewährleistet die Methode ein gutes Produkt ? 5. Ist die Methode effizient ? 6. Ist die Abfolge der einzelnen Arbeitsschritte sinnvoll ? 7. Ist die Aufstellung richtig ? 8. Passen Temperatur und Feuchtigkeit ? 9. Sind Beleuchtung und Ventilation ausreichend ? 10. Gibt es genügend Kontakte zum vor- und nachgelagerten Prozeß ?

Abb. 46: 4-M-Checkliste
(in Anlehnung an: Imai, M. [1992], S. 279 - 280.)

Für analytische Problemlösungen kommen im Rahmen von *Kaizen* bzw. *KVP* beispielsweise die sog. *„Sieben statistischen Werkzeuge"* (Pareto-Diagramm, Ursache-Wirkungs-Diagramm, Histogramm, Kontrollkarten, Streuungsdiagramm, Kurven, Prüfformulare) und *„Die Neuen Sieben"* (Beziehungsdiagramm, Affinitätsdiagramm, Baumdiagramm, Matrixdiagramm zur Datenanalyse, Diagramm zur Entscheidungsfindung, Pfeildiagramm) zur Anwendung. Mit Hilfe dieser Werkzeuge sollen die analytischen und diagnostischen Fähigkeiten der Manager und Mitarbeiter verbessert werden.[443]

2.2.3.1.4 Voraussetzungen für einen KVP

Kaizen ist das wichtigste japanische Managementkonzept und wird u. a. als der Schlüssel zum Erfolg der Japaner im Wettbewerb gesehen.[444]

Die *Kaizen-Philosophie* ist seit Generationen im Gedankengut der Japaner verankert; bei der Einführung von *Kaizen* bzw. *KVP* in einen anderen Kulturkreis bzw. in Deutschland ist zu beachten, daß die Umsetzung unter anderen Randbedingungen erfolgt.[445]

Eine wesentliche Voraussetzung für einen erfolgreichen *KVP* ist, daß sich das gesamte Management zum *KVP als Unternehmensstrategie* bekennt und diese Arbeit uneingeschränkt unterstützt.[446] Der *KVP-Prozeß* sollte von „oben nach unten" (top down) eingeführt werden, die Verbesserungsvorschläge sollten jedoch von „unten nach oben" (bottom up) gehen, da die besten Problemlösungen von denjenigen kommen, die dem Problem am nächsten stehen.

Im Mittelpunkt des *KVP* stehen die Mitarbeiter; der Erfolg ist daran gebunden, daß sich die Mitarbeiter des Unternehmens mit *der Kaizen-Philosophie* identifizieren.

Voraussetzung für die Identifikation der Mitarbeiter mit *Kaizen* bzw. *KVP* ist die Schaffung eines kreativitätsfördernden Umfeldes sowie der Aufbau eines Zielsystems, welches - ausgehend von den globalen Unternehmenszielen - auf

443) Zu den Werkzeugen vgl. ausführlich Imai, M. [1992], S. 281 ff.
444) Vgl. Imai, M. [1992], S. 15.
445) Vgl. Hofmann, A./Nolden, H.-G. [1994], S. 168; Jehle, E./Willeke, M. [1996], S. 258; Simon, A. [1992], S. 185.
446) Vgl. Haug, N./Martens, B./Pudeg, R. [1993], S. 150; Simon, A. [1994], S. 60.

jeder Aggregationsebene verständlich formuliert sein muß.[447] Die systematische Erarbeitung der Unternehmensziele bzw. die Transformation des Generalzieles (z. B. Sicherung des langfristigen Unternehmenserfolges) in strategische, taktische und operative Sub- bzw. Unterziele erfolgt im Rahmen der Zielplanung. Die Unternehmensleitung stellt für das Unternehmen strategische Ziele auf, die sich insbesondere auf Produkte und Märkte beziehen. Diese Ziele werden durch die Hierarchieebenen „nach unten" weitergeleitet, wobei auf jeder Ebene eine zunehmende Konkretisierung der Ziele erfolgt.[448] Mit der Vorgabe verständlicher qualitativer und quantitativer Ziele auf der operativen Ebene (z. B. Reduktion von Rüstzeiten, Maschinenstillstandszeiten oder Fehlerraten sowie die Verbesserung der Arbeitssicherheit und/oder der Qualität der Erzeugnisse) wird ein Anreiz für eine kontinuierliche Rationalisierung entlang der Wertschöpfungskette geschaffen. Die Leistungsdaten sollten realtime in den betroffenen Arbeitsbereichen ermittelt und mit Hilfe geeigneter Kennzahlen visualisiert werden.[449] „... Mit Hilfe dieser so gewonnenen Transparenz werden Probleme bzw. Schwachstellen im Sinne eines Selbstcontrolling schnell lokalisiert und eigenverantwortliche Verbesserungsmaßnahmen initiiert."[450]

Ausgangspunkt einer jeden Verbesserung ist das Erkennen und das Analysieren von Problemen:

„... Probleme zu ignorieren oder zu verheimlichen, verhindert den Fortschritt."[451]

Aus diesem Grunde sollte die Unternehmensleitung das Problembewußtsein schärfen und unterstützen. Wichtig in diesem Zusammenhang ist die Schaffung einer offenen, bereichsübergreifenden Kommunikation, die es erlaubt, Probleme anzusprechen und die Ideen anderer zu akzeptieren:

447) Vgl. Jehle, E./Willeke, M. [1996], S. 258.
448) Vgl. Simon, A. [1992], S. 184.
449) Vgl. Jehle, E./Willeke, M. [1996], S. 258.
450) Jehle, E./Willeke, M. [1996], S. 258.
451) Simon, A. [1992], S. 184.

„... Probleme sind dabei nicht als Schwächen oder als Mißstände zu bezeichnen, sondern als Potentiale für zukünftige Verbesserungen („Probleme sind Schätze“).“[452]

Eine erfolgversprechende *KVP-Arbeit* ist daran geknüpft, daß die organisatorischen Voraussetzungen geschaffen werden, wie z. B. die Festlegung eines Zeitbudgets innerhalb oder außerhalb der betrieblichen Arbeitszeit, innerhalb dessen die Mitarbeiter Verbesserungsvorschläge erarbeiten können sowie die Festlegung oder Wahl eines Gruppenmitgliedes, das Verbesserungsvorschläge gegenüber Vorgesetzten vertritt.[453]

Darüber hinaus müssen Räumlichkeiten für Gruppenaktivitäten und Hilfsmittel (z. B. Tageslichtprojektoren, Stellwände, Wandtafeln, Charts, Moderatorenkoffer) sowie Mittel für Qualifizierungsmaßnahmen zur Erlangung von Methoden- und Sozialkompetenz zur Verfügung gestellt werden.[454]

Der Erfolg des *KVP* liegt in der Motivation aller Führungskräfte und insbesondere der Mitarbeiter und in ihrer Sicherheit, mit kontinuierlichen Verbesserungsmaßnahmen nicht ihren Arbeitsplatz zu gefährden. Solche Ängste würden den *KVP-Prozeß* blockieren. Aus diesem Grunde ist mit einer aktiven Mitarbeit der gesamten Belegschaft im *KVP* nur dann zu rechnen, wenn die Unternehmensleitung sicherstellt, daß sich die im Zusammenhang mit dem *KVP* stehenden Rationalisierungsmaßnahmen nicht negativ auf die Sicherheit der Arbeitsplätze - zumindest auf die der Stammbelegschaft - auswirken.[455]

Die Einführung des *KVP* ist üblicherweise mit einer Anpassung des Entlohnungssystems verbunden. Grundsätzlich gilt, daß die Teilnahme am *KVP* eine Anforderung der Arbeitsaufgabe ist, die mit dem tariflichen Grundentgelt vergütet wird.[456] Darüber hinaus können die Mitarbeiter zur aktiven Beteiligung am *KVP-Prozeß* motiviert werden, indem *KVP-Erfolge* zusätzlich zum Grundentgelt immateriell oder materiell vergütet werden. Hier sei an die Belobigung durch Vorgesetzte und/oder die Geschäftsleitung gedacht. Derartige immateriellen Belobigungen schließen nicht aus, daß größere *KVP-Erfolge* auch materiell vergütet werden können (z. B. Erfolgsbeteiligungen, Prämien).

452) Haug, N./Martens, B./Pudeg, R. [1993], S. 150.
453) Vgl. Simon, A. [1994], S. 60.
454) Vgl. Hofmann, A./Nolden, H.-G. [1994], S. 168; Simon, A. [1996], S. 26 - 27.
455) Vgl. Simon, A. [1992], S. 171 u. 185.
456) Vgl. Simon, A. [1994], S. 62 u. 64.

Daneben können durch den Vorgesetzten „Punkte“ vergeben werden, die von den Mitarbeitern gesammelt werden. Bei einer bestimmten Punktsumme erhalten die Mitarbeiter nach Wahl entweder Sachpreise (z. B. Firmenprodukte oder Taschenrechner), ein Abendessen oder Eintrittskarten für kulturelle oder sportliche Veranstaltungen.[457] Wichtig im Rahmen des prozeßorientierten *KVP* ist, daß nicht nur Ergebnisverbesserungen, sondern insbesondere auch Prozeßverbesserungen als *KVP-Erfolge* ausgewiesen und belohnt werden.

Es liegt in der Natur des *KVP-Konzeptes*, daß es eher programmatischen als Projektcharakter besitzt; lediglich in der Einführungsphase sollte der *KVP-Prozeß* wie ein Projekt begleitet werden. Hierbei ist jedoch zu beachten, daß *KVP* im Sinne von *Kaizen* nicht wie ein konventionelles Projekt eingeführt werden kann:[458]

„... KVP zu etablieren bedeutet, in die Köpfe der Mitarbeiter einzudringen und eine Veränderung der Denk- und Handlungsweisen auszulösen. Dies ist ein Prozeß, der sich über mehrere Jahre erstreckt.“[459]

Aus diesem Grunde sollte *KVP* durch eine konsequente Projektorganisation eingeleitet und im Laufe der Zeit schrittweise zurückgenommen werden, bis der *KVP-Prozeß* die gewünschte Eigendynamik erreicht hat.[460]

2.2.3.1.5 Beurteilung des KVP

KVP kann ein wirkungsvolles Instrument des Kostenmanagements sein. Erfahrungen bei der Umsetzung von *KVP*, z. B. bei Bosch, Ford, IBM, Opel, VW und Mercedes-Benz zeigen vielversprechende Erfolge,[461] die insbesondere aus der optimalen Kombination von Innovation (Politik der großen Schritte) und KVP (Politik der kleinen Schritte) resultieren.

457) Vgl. Simon, A. [1994], S. 64.
458) Vgl. Haug, N./Martens, B./Pudeg, R. [1993], S. 150 u. 152.
459) Haug, N./Martens, B./Pudeg, R. [1993], S. 152.
460) Vgl. Haug, N./Martens, B./Pudeg, R. [1993], S. 152.
461) Vgl. Jehle, E./Willeke, M. [1996], S. 259.

Gemeinkostenwertanalyse, Zero-Base-Budgeting, Target Costing und Wertanalyse sind primär strategisch orientierte Methoden des Kostenmanagements, die auf eine Veränderung in großen Schritten in Form innovativer Prozesse abzielen. Mit Ausnahme der Wertanalyse handelt es sich bei diesen Methoden um sog. Einmalprojekte, die punktuell zu zwar deutlich meßbaren, jedoch in der Regel nicht sehr nachhaltigen Erfolgen führen. Erst durch den *KVP* wird über Verbesserungsaktiviäten in kleinen und kleinsten Schritten die Möglichkeit eröffnet, die in Einmalaktionen erzielten Erfolge zu erhalten und schließlich zu verbessern.

Zusammenfassend kann festgehalten werden, daß *KVP* eine primär operative Methode des Kostenmanagements ist, die der kontinuierlichen Mitwirkung aller Mitarbeiter, insbesondere aber die der operativen Ebene, bedarf.[462] *KVP* trägt über die Erschließung des Verbesserungspotentials der Mitarbeiter wesentlich zu einer zielorientierten Beeinflussung des Kostenniveaus, des Kostenverhaltens und der Kostenstrukturen bei. Doch erst die Kombination des *KVP* mit den übrigen Methoden des Kostenmanagements bzw. die Kombination von *KVP* und *Innovation* führt zu einer Optimierung der Nutzen-Kostenverhältnisse im Unternehmen.

Im Rahmen eines integrierten Ideenmanagement steht die Zielsetzung im Vordergrund, über die Ausschöpfung des Verbesserungspotentials aller Mitarbeiter die Nutzen-Kosten-Verhältnisse im Unternehmen zu optimieren. *KVP* stellt dabei eine wichtige Komponente dar, indem kleine und kleinste Verbesserungen innerhalb des *eigenen Arbeitsbereiches* in *kleinen Schritten* zu einem besseren Unternehmenserfolg beitragen.

Wie aber können die Ideen bzw. die Verbesserungsvorschläge genutzt werden, die über den *eigenen Arbeitsbereich* der Mitarbeiter *hinausgehen* und *nicht Teil der Arbeitsaufgabe* sind?

Derartige Verbesserungsvorschläge werden über das ***Betriebliche Vorschlagswesen (BVW)*** abgegolten, das im Mittelpunkt der nachstehenden Ausführungen steht.

462) Vgl. Rehm, S. [1994], S. 191.

2.2.3.2 Betriebliches Vorschlagswesen (BVW)

Das *BVW* hat in Deutschland eine lange Tradition, die sich bis in die 80er Jahre des vorigen Jahrhunderts zurückverfolgen läßt.

Viele Jahre standen eindeutig Wirtschaftlichkeitsziele im Vordergrund des *BVW*:

Das *BVW* wurde in seiner traditionellen Form lediglich als reines Rationalisierungsinstrument verstanden.[463]

Heute wird das *BVW* als Instrument zur Steigerung der Innovationsfähigkeit des Unternehmens und als Instrument der Mitarbeiterführung und Mitarbeitermotivation charakterisiert.[464]
Als solches ist es aber r e f o r m b e d ü r f t i g !

2.2.3.2.1 Abgrenzung und charakteristische Merkmale des BVW

Allgemein werden mit dem Begriff *Betriebliches Vorschlagswesen (BVW)* die in einem Unternehmen zumeist institutionalisiert angelegten Systeme und Verfahren verstanden, die für den Fall Prämien in Aussicht stellen, daß Arbeitnehmer über ihre Dienstpflichten oder ihren konkreten Aufgabenbereich hinaus freiwillig einen Beitrag zur Verbesserung der betrieblichen Arbeit leisten.[465]

„... Der Arbeitgeber, der einen Verbesserungsvorschlag seines Arbeitnehmers verwertet und daraus einen Vorteil zieht, ist nach gegebener Rechtsprechung und herrschender Lehre zur Zahlung einer Vergütung verpflichtet (BAG E 17, 151 = AP Nr. 1 zu § 20 ArbN ErfG = DB 1965, S. 671). An diesem Rechtszustand ändert sich nichts dadurch, daß der Arbeitgeber sich entschließt, ein betriebliches Vorschlagswesen einzuführen oder nicht."[466]

463) Vgl. Gutbrod-Speidel, A. [1993], S. 304; Thom, N. [1993], S. 280.
464) Vgl. Ausschuß Betriebliche Personalpolitik [1994], S. 1; Gutbrod-Speidel, A. [1993], S. 304.
465) Vgl. Schwab, B. [1991], S. 62.
466) Auszug aus der Urteilsbegründung zum Urteil des BAG vom 28.04.1981 - 1 ABR 53/79; zitiert bei: Brinkmann, E. P./Simon, A. [1994], S. 47.

Sowohl der *KVP* als auch das *BVW* leben von den *Verbesserungsvorschlägen* der Mitarbeiter.

Verbesserungsvorschläge im Rahmen des *KVP* sind Bestandteil der Arbeitsaufgabe des Mitarbeiters oder (in der Regel) der Gruppe, d. h. den Arbeitnehmern wird bezahlte Arbeitszeit zur Verfügung gestellt, um an speziell eingerichteten *KVP-Zirkeln* teilzunehmen und so Verbesserungen zu erarbeiten bzw. umzusetzen. Die *KVP-Verbesserungsaktivitäten* werden innerhalb des Entlohnungssystems abgegolten. Daneben werden *KVP-Erfolge* im Regelfall zusätzlich materiell und/oder immateriell belohnt.[467]

„... Entscheidende Voraussetzung für die Abgeltung von Verbesserungsaktivitäten über das Entlohnungssystem ist, daß diese als Bestandteil der vom Arbeitnehmer geschuldeten Arbeitsaufgabe zu qualifizieren sind. Was Inhalt der Arbeitsaufgabe ist, richtet sich nach allgemeinen arbeitsrechtlichen Grundsätzen."[468]

Verbesserungsvorschläge, die über das *BVW* abgewickelt werden, zählen - im Gegensatz zu den Verbesserungsvorschlägen des *KVP* - nicht zur Arbeitsaufgabe bzw. nicht zum Pflichtenkreis des Einreichers; sie stellen freiwillig erbrachte Zusatzleistungen dar, die nach den Vorschriften der Betriebsvereinbarung *bewertet* und *prämiert* werden.[469]

Eine Gegenüberstellung der wesentlichen Unterschiede von *KVP* und *BVW* sind in Abbildung 47 zusammengefaßt.

Ein *Verbesserungsvorschlag* im Sinne des *BVW* ist

- eine freiwillig erbrachte Leistung eines weiblichen oder männlichen Mitarbeiters, die über seine arbeitsvertraglich umschriebene oder übliche Arbeitsleistung bzw. über den Pflichtenkreis des Einreichers hinausgeht,

- eine eigenständige „Idee" zu einem selbst erkannten Problem mit den dazugehörigen Lösungswegen (eine Kritik an bestehenden Umständen reicht nicht aus),

467) Vgl. Simon, A. [1996], S. 23; Reichel, F.-G./Cmiel, H.-G. [1994], S. 27- 28.
468) Reichel, F.-G./Cmiel, H.-G. [1994], S. 27.
469) Vgl. Ausschuß Betriebliche Personalpolitik [1994], S. 1; Brinkmann, E. P./Simon, A. [1994], S. 37; Simon, A. [1996], S. 22.

- eine zeitgerechte Änderung oder Neuerung von einem Gegenstand (z. B. Produkt, Fertigungsanlage) oder einem organisatorischen Ablauf.[470]

Ferner muß es sich um einen unter den gegebenen betrieblichen Umständen in rentabler Weise verwertbaren und damit durchzuführenden Vorschlag handeln. Die im Verbesserungsvorschlag enthaltene Maßnahme kann im Unternehmen anderweitig bekannt sein oder bereits an anderer Stelle angewendet werden; sie muß aber für den vorgesehenen Anwendungszweck oder Einsatzort neu sein. Wie bereits erwähnt, muß die im Verbesserungsvorschlag enthaltene Maßnahme außerhalb der eigenen Arbeitsaufgabe bzw. des eigenen Arbeitsbereiches liegen. Eine Abgrenzung des Pflichtenkreises, die häufig schwierig ist, läßt sich z. B. anhand der jeweiligen Stellenbeschreibungen, des Anstellungsvertrages oder aus Tarifgruppendefinitionen vornehmen. In der Praxis kommt es oftmals zu Überlappungen zwischen der Arbeitsaufgabe und einem Verbesserungsvorschlag (vgl. Abbildung 48). In derartigen Fällen hat sich eine abgestufte Pflichtenkreisregelung, die nicht zu hart abgegrenzt ist, als motivierend bewährt.[471]

Verbesserungen im Rahmen des *BVW* können sich auf alle betrieblichen Bereiche beziehen. *Zielaspekte* sind sämtliche konstruktiven Anregungen in Verbindung mit den oben erwähnten Merkmalen, die den Geschäftsprozeß positiv beeinflussen, wie z. B. die Qualität der Produkte und Dienstleistungen, die Arbeitsmethoden und Arbeitsverfahren, die Kostenstrukturen, die Arbeitssicherheit, die menschliche Zusammenarbeit und das Betriebsklima.[472]

2.2.3.2.2 Organisatorischer Ablauf eines BVW-Verbesserungsvorschlages

Gesetzliche Vorgaben zur konkreten Ausgestaltung von Verfahren des *BVW* existieren nicht; gesetzliche und tarifliche Vorschriften beziehen sich zumeist auf die Festlegung von Mitbestimmungs- und sonstigen Beteiligungsrechten des Betriebsrats (vgl. § 87 Absatz 1 Ziffer 12 Betriebsverfassungsgesetz). Aus diesem Grunde sind die Systeme und Verfahren in der Praxis unterschiedlich

470) Vgl. Ausschuß Betriebliche Personalpolitik [1994], S. 2; Brinkmann, E. P./Simon, A. [1994], S. 38; Reichel, F.-G./Cmiel, H.-G. [1994], S. 26.
471) Vgl. Ausschuß Betriebliche Personalpolitik [1994], S. 2; Brinkmann, E. P./Simon, A. [1994], S. 39.
472) Vgl. Ausschuß Betriebliche Personalpolitik [1994], S. 2; Brinkmann, E. P./Simon, A. [1994], S. 38.

gestaltet und individuell auf die jeweiligen betrieblichen Erfordernisse und Gegebenheiten zugeschnitten.[473]

Expertenteams	Traditionelles BVW	KVP
• Gruppenvorschlag	• (i.d.R.) Einzelvorschlag	• (i.d.R.) Gruppenvorschlag
• Vorschlag im Rahmen einer konkreten Aufgabenstellung	• Vorschlag außerhalb des eigenen Arbeitsbereiches	• Vorschlag innerhalb des eigenen Arbeitsbereiches
• Bezahlte Arbeitszeit (Gehälter, Löhne)	• Freiwillig erbrachte Zusatzleistung (Prämie)	• Bezahlte Arbeitszeit (Gehälter, Löhne); KVP-Erfolge können darüber hinaus materiell und immateriell belohnt werden
• Ergebnisorientiert	• Ergebnisorientiert	• Prozeßorientiert
• Innovation (Politik der großen Schritte)	• Innovation (Politik der großen Schritte)	• Kontinuierliche Verbesserung (Politik der kleinen Schritte)

Abb. 47: Gegenüberstellung von Expertenteams, *KVP* und *BVW*

473) Vgl. Reichel, F.-G./Cmiel, H.-G. [1994], S. 24 - 25.

Abb. 48: Abgrenzung zwischen Verbesserungsvorschlag und Arbeitsaufgaben (in Anlehnung an: Brinkmann, E. P./Simon, A. [1994], S. 39.)

Im Rahmen des traditionellen *BVW* ist der *Instanzenweg* eines *BVW-Verbesserungsvorschlages* - im Vergleich zu den *KVP-Verbesserungsvorschlägen* - mit langen Durchlaufzeiten und hohen Bearbeitungskosten verbunden (vgl. Abbildung 49). Zunächst muß der *Verbesserungsvorschlag* des Einreichers schriftlich festgehalten werden. Anschließend überprüft der sog. Ideen-Beauftragte, ob die an einen *BVW-Verbesserungsvorschlag* gestellten Voraussetzungen erfüllt sind. Der Eingang ist offiziell zu bestätigen. In Abhängigkeit von den Vorschlagsinhalten werden Experten um eine gutachterliche Stellungnahme mit Terminvorgabe gebeten. Begutachtete *Verbesserungsvorschläge* werden an die Bewertungskommission weitergeleitet. Bei Annahme des *Verbesserungsvorschlages* wird die Realisierung veranlaßt. Nach der Realisierung des *Verbesserungsvorschlages* wird die Prämie mit dem Gehalt überwiesen oder persönlich überreicht. Bei Ablehnung wird ein Gespräch mit dem Einreicher geführt, der in berechtigten Fällen gegen die negative Entscheidung der Bewertungskommission Einspruch erheben kann.[474]

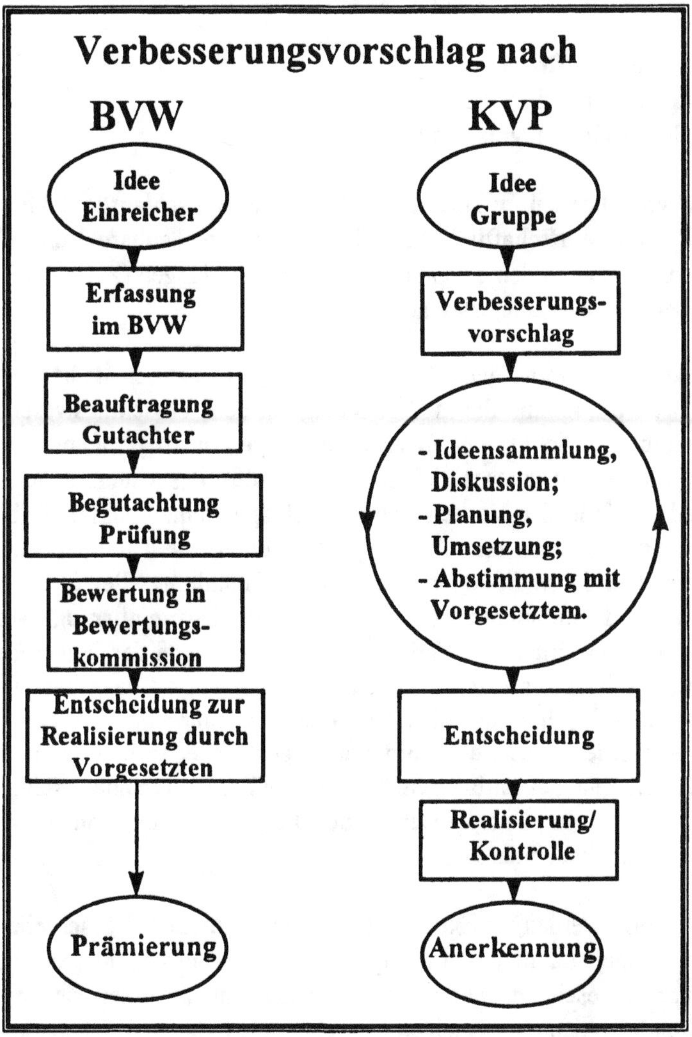

Abb. 49: Organisatorischer Ablauf von BVW-/KVP-Verbesserungsvorschlägen (in Anlehnung an: Simon, A. [1994], S. 73.)

474) Vgl. Brinkmann, E. P./Simon, A. [1994], S. 53; Simon, A. [1994], S. 72; Simon, A. [1996], S. 23.

2.2.3.2.3 Typische Organe des BVW

Typische *Organe des BVW* sind:

- der Ideen-Beauftragte,
- die Gutachter und
- die Bewertungskommission.[475]

Diese Organe können im Bedarfsfall durch sog. Vorschlagskontaktleute unterstützt werden. Wirtschaftlichkeitsrechnungen für rechenbare Vorschläge werden in der Regel von den entsprechenden Fachabteilungen (z. B. Rechnungswesen, Arbeitsvorbereitung) durchgeführt.[476]

Der *Ideen-Beauftragte* (auch: Ideen-Koordinator), der auch als Motor des *BVW* bezeichnet wird, nimmt alle in Verbindung mit dem Vorschlagswesen anfallenden Aufgaben wahr. Ob der *Ideen-Beauftragte* das *BVW* haupt- oder nebenamtlich wahrnimmt, richtet sich nach der Größe des Unternehmens und der Anzahl der anfallenden Verbesserungsvorschläge. Seine Funktion selbst ist eine typische Stabsfunktion mit überwiegend motivierendem und überwachendem Charakter. Der *Ideen-Beauftragte* ist für die Einhaltung aller gesetzlichen und vertraglichen Bestimmungen (z. B. BVW-Betriebsvereinbarung) verantwortlich. Ihm obliegt ferner die Werbung für das *BVW*; von der Person des *Ideen-Beauftragten* hängt es in entscheidendem Maße ab, ob das Vorschlagswesen dauerhaften Erfolg hat oder über kurz oder lang einschläft. An den Ideen-Beauftragten werden spezielle Anforderungen gestellt; er sollte u. a. menschliches Einfühlungsvermögen mitbringen, kontaktfreudig, überzeugungsfähig und moderationsfähig sein. Entsprechende Schulungen werden von verschiedenen Instituten und Akademien angeboten.[477]

Die *Gutachter* werden als Experten für ein Spezialgebiet angesprochen, d. h. es können, je nach Inhalt des jeweiligen Verbesserungsvorschlages, wechselnde *Gutachter* eingeschaltet werden. In ihren Gutachten müssen sie objektiv und fachlich präzise den eingereichten Vorschlag bezüglich der kreativen Problemlösung sowie der damit verbundenen potentiellen Vor- und Nachteile beurteilen. Die Beurteilung soll kurzfristig durchgeführt werden; ein Zeitabstand von mehreren Wochen oder gar Monaten zwischen Einreichung und Bewertung einer

---

475) Vgl. Brinkmann, E. P./Simon, A. [1994], S. 38; Reichel, F.-G./Cmiel, H.-G. [1994], S. 25; Simon, A. [1994], S. 72 - 74.

476) Vgl. Brinkmann, E. P./Simon, A. [1994], S. 53 - 54.

477) Vgl. Ausschuß Betriebliche Personalpolitik [1994], S. 3; Brinkmann, E. P./Simon, A. [1994], S. 55.

Idee läßt das Interesse der Mitarbeiter schnell erlahmen. Ablehnungen müssen durch die *Gutachter* stichhaltig begründet werden. Bei empfohlender Realisierung werden von den *Gutachtern* Aussagen hinsichtlich des Umsetzungszeitpunktes sowie einer Berechnung der Einsparungen an Lohn-, Material-, Energie- und ähnlichen Kosten erwartet. Viele Verbesserungsvorschläge bringen dem Unternehmen Vorteile, die nicht berechenbar sind, in diesen Fällen sind die möglichen Vor- und Nachteile darzulegen, die mit der Realisierung des Verbesserungsvorschlages zu erwarten sind.[478]

Die ***Bewertungskommission*** entscheidet über die Prämienberechtigung des Einreichers sowie über Art und Höhe der Prämie. Die Zusammensetzung der Mitglieder der *Bewertungskommission* ist in der Regel in der BVW-Betriebsvereinbarung verankert. Das Gremium setzt sich in jedem Fall aus dem Vorsitzenden, der mit dem Ideen-Beauftragten personengleich sein kann, einigen weiteren ständigen Mitgliedern aus den für die Beurteilung der Vorschläge relevanten Sachbereichen sowie aus Vertretern der Mitarbeiter, die vom Betriebsrat benannt werden, zusammen. Bei Anerkennung eines Verbesserungsvorschlages ist dieser im Regelfall zu realisieren und - basierend auf der errechneten Jahreseinsparung oder des qualitativen Verbesserungseffektes - zu prämieren. Daneben besteht die Möglichkeit, daß für richtig durchdachte, aber aus der aktuellen Situation des Unternehmens nicht realisierbare Vorschläge mit sog. Mindestprämien oder Anerkennungsprämien belohnt werden.[479] „... Damit soll einerseits die Motivation an der aktiven Mitwirkung im Betrieblichen Vorschlagswesen erhalten bleiben, andererseits aber einer Konsequenz entgegengewirkt werden, jeden eingereichten, sinnvollen Vorschlag auch realisieren zu müssen."[480] Ablehnungen müssen glaubwürdig begründet sein, über Einsprüche und Beschwerden ist ein Beschluß zu fassen. Die Ergebnisse der Sitzungen sind protokollarisch festzuhalten und von allen Kommissionsmitgliedern gegenzuzeichnen. Sofern keine Vertraulichkeit gewahrt werden muß, ist die Belegschaft in geeigneter Weise über die Ergebnisse zu informieren.[481]

---

478) Vgl. Ausschuß Betriebliche Personalpolitik [1994], S. 3- 4; Brinkmann, E. P./Simon, A. [1994], S. 55 - 56.

479) Vgl. Brinkmann, E. P./Simon, A. [1994], S. 57.

480) Brinkmann, E. P./Simon, A. [1994], S. 57.

481) Vgl. Ausschuß Betriebliche Personalpolitik [1994], S. 4; Brinkmann, E. P./Simon, A. [1994], S. 56 - 57.

2.2.3.2.4 Realisierung, Bewertung und Prämierung von BVW-Verbesserungsaktivitäten

Verantwortlich für die *Realisierung* der Verbesserungsvorschläge sind die Gutachter, die zusammen mit dem jeweiligen Vorgesetzten über die Verwirklichung entscheiden. Die Einführung wird durch den Ideen-Beauftragten überwacht.[482]

Der Erfolg eines *BVW* hängt wesentlich davon ab, ob und in welchem Maße es gelingt, das Vertrauen der Mitarbeiter in eine gerechte Bewertung und Prämierung der Verbesserungsvorschläge zu gewinnen. Aus diesem Grunde ist es wichtig, daß klar formulierte, eindeutig festgelegte und für die Mitarbeiter leicht nachvollziehbare *Bewertungsmaßstäbe* festgelegt werden.[483] Zu jedem *BVW* gehört aus diesem Grunde ein *Bewertungssystem*, das sich in die Bereiche „Vorschläge mit berechenbarer Jahresersparnis" und „Vorschläge mit qualitativem Nutzen" gliedern läßt.

Vorschläge mit berechenbarer Jahresersparnis:
Für die *Bewertung* und *Prämierung* der rechenbaren Ersparnisvorschläge ist zunächst die mit einem Verbesserungsvorschlag verbundene Brutto- und Nettoersparnis zu ermitteln. Die Bruttoersparnis ergibt sich aus der Kostendifferenz zwischen dem alten und dem durch den Verbesserungsvorschlag realisierten neuen Istzustand. Liegen für den neuen Istzustand noch keine (Schätz-)Kosten vor, so wird eine Nachrechnung (z. B. 12 Monate nach Realisierung) erforderlich. Von der Bruttoersparnis ist der Realisierungsaufwand zu subtrahieren, um die Nettoersparnis zu erhalten (vgl. Abbildung 50). In der Regel wird der Prämienberechnung die für das erste Anwendungsjahr errechnete Nettoersparnis zugrunde gelegt. Sind die Realisierungskosten nicht ermittelbar, wird ein Pauschalbetrag (z. B. 10 bis 20 % von der Bruttoersparnis) abgezogen. Zur Ermittlung des Prämienbetrages wird die Nettoersparnis mit dem vereinbarten Prämiensatz (z. B. 30 %) multipliziert. Gelegentlich wird der Prämienbetrag mit personen- oder sachbezogenen Korrekturfaktoren nach oben oder unten verändert.[484]

Um den Eindruck einer „Trinkgeldzahlung" zu vermeiden, werden häufig Mindestprämien festgelegt. Diese sollten nicht zu niedrig angesetzt werden, da sie

482) Vgl. Brinkmann, E. P./Simon, A. [1994], S. 57.
483) Vgl. Ausschuß Betriebliche Personalpolitik [1994], S. 4; Quarch, U. [1993], S. 301; Thom, N. [1993], S. 286.
484) Vgl. Ausschuß Betriebliche Personalpolitik [1994], S. 4; Brinkmann, E. P./Simon, A. [1994], S. 57 - 58.

ansonsten ihren Anreizcharakter verlieren.[485] Verschiedentlich wird der Prämienbetrag auch durch Höchstprämien begrenzt. Zur Wahrung des finanziellen Anreizes wird bei Einführung von Prämienhöchstgrenzen empfohlen, daß diese nicht zu niedrig angesetzt werden.[486]

Kosten vor Realisierung des Verbesserungsvorschlages

\- Kosten nach Realisierung des Verbesserungsvorschlages

= **Bruttoersparnis**

\- Realisierungsaufwand

= **Nettoersparnis**

Nettoersparnis * Prämiensatz = Prämie

Abb. 50: Ermittlung der Prämie innerhalb des BVW

Vorschläge mit qualitativem Nutzen:

Die Mehrzahl der eingereichten Verbesserungsvorschläge fällt in die Kategorie mit qualitativem Nutzen. Damit die Entscheidungen aus der Perspektive der Einreicher nicht als willkürlich empfunden werden, ist es ratsam, Bewertungsfaktoren festzulegen. Hierfür kommt z. B. in Betracht: Güte und Qualität des Vorschlages (z. B. Originalität, Neuigkeitsgehalt, Genialität, Brauchbarkeit), Anwendungsmöglichkeit und -häufigkeit (z. B. Zahl der betroffenen Mitarbeiter, Anwendungsmöglichkeit in anderen Werken, Häufigkeit der Anwendung).[487]

485) Vgl. Thom, N. [1993], S. 286.
486) Vgl. Ausschuß Betriebliche Personalpolitik [1994], S. 4.
487) Vgl. Brinkmann, E. P./Simon, A. [1994], S. 59; Thom, N. [1993], S. 286; vgl. auch: Gasior, W. [1993], S. 291 - 292.

Für Verbesserungsvorschläge mit qualitativem Nutzen wird oft die sog. Punktbewertung angewendet. Bei dieser Methode werden i. d. R. vier Nutzenklassen (geringer, mittlerer, hoher, sehr hoher Nutzen) geprüft und der für das Unternehmen anfallende Nutzen ermittelt (vgl. Abbildung 51). Zur Ermittlung der Prämie wird nach der abgeschlossenen Bewertung die Summe der Bewertungspunkte mit einem DM-Betrag je Punktwert (z. B. 4,--DM) multipliziert. Für Verbesserungsvorschläge mit geringem Nutzen oder für solche, die aus betrieblichen Gründen nicht umgesetzt werden, wird die Auszahlung einer Mindestprämie empfohlen.[488]

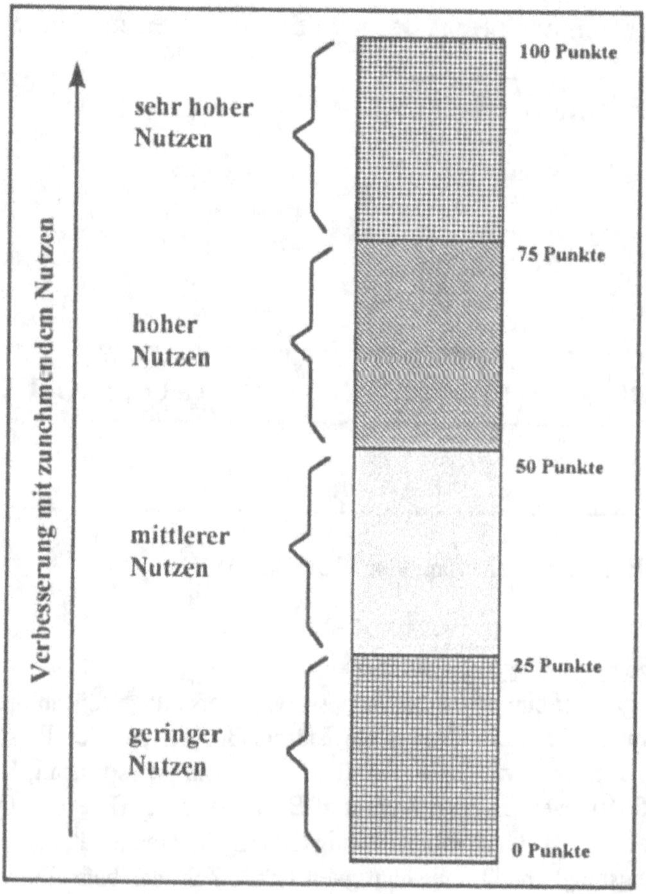

Abb. 51:
Punktwertverfahren für Verbesserungsvorschläge mit qualitativem Nutzen (in Anlehnung an: Brinkmann, E. P./Simon, A. [1994], S. 60 - 61.)

488) Vgl. Brinkmann, E. P./Simon, A. [1994], S. 60 - 61.

2.2.3.2.5 Reformierungsansätze für ein effizientes BVW

Das *BVW* wurde vorstehend im traditionellen Sinne dargestellt. Die Motivation der Mitarbeiter, ihr Ideenpotential zu aktivieren und schließlich Verbesserungsvorschläge einzureichen, liegt beim traditionellen *BVW* im finanziellen Anreiz der Prämie, die sich aus dem (quantitativen oder qualitativen) Nutzen des Verbesserungsvorschlages ergibt. Im Gegensatz zum *KVP* steht beim traditionellen *BVW* die Ergebnisverbesserung (hohe Einsparungseffekte, hoher Nutzen) im Vordergrund. Vorschläge, die sich auf kleine und kleinste Prozeßverbesserungen mit kaum meßbaren Erfolgen beziehen, werden im Rahmen des traditionellen *BVW* prämienmäßig nicht berücksichtigt und immaterielle Belohnungen sieht das traditionelle *BVW* - im Gegensatz zum *KVP* - nicht vor:

Das traditionelle *BVW* fördert *innovative Verbesserungen*, die in *großen Schritten* zum Erfolg führen. Es bietet für die Mitbeiter jedoch keinen Anreiz, *außerhalb* ihres *eigenen Pflichtenkreises* kleine und kleinste Verbesserungen anzuregen, die, wie in den Ausführungen zum *KVP* dargelegt, letztlich zur Erhaltung und Verbesserung einmal erzielter Standards maßgeblich beitragen.

Der sich verschärfende Wettbewerb und die durch *KVP* bereits weltweit erzielten Erfolge haben in vielen Unternehmen zu einem Umdenkungsprozeß geführt. In den meisten Unternehmen gewinnt die Politik der kleinen Schritte zunehmend an Bedeutung. Dieser Prozeß hat zu einer Reformierung des traditionellen *BVW* geführt (vgl. Abbildung 52):

Viele Unternehmen haben erkannt, daß sich das *BVW* auch zur permanenten Verbesserung in kleinen Schritten eignet.[489]

„... Und entgegen einer immer noch weit verbreiteten Meinung ist dadurch nicht nur die Zahl der jährlich eingereichten Verbesserungsvorschläge hochgeschnellt, sondern ebenso der damit erzielte wirtschaftliche Nutzen und natürlich auch die Prämiensumme, die an die Mitarbeiter ausgezahlt werden konnte ... „Masse bringt hier, wie man sieht, auch „Klasse“ ... .“[490]

489) Vgl. Thom, N. [1993], S. 280.
490) Gasior, W. [1993], S. 288.

BVW	
Charakteristische Merkmale	**Reformierungsansätze**
Politik der großen Schritte	Politik der kleinen Schritte
Ergebnisorientierung	Prozeßorientierung
Vorschläge, die außerhalb des eigenen Arbeitsbereiches liegen	Öffnung des BVW für Vorschläge, die aus dem eigenen Arbeitsbereich kommen
Starrer Instanzenweg mit langen Durchlaufzeiten	Schnelle und unbürokratische Ablauforganisation
Primär Einzelvorschläge	Förderung von Gruppenvorschlägen
Prämie	Immaterielle Belohnungen

Abb. 52: Reformierungsansätze des traditionellen BVW

- Die *Volumensteigerung* bzw. die damit verbundene *große Anzahl* kleiner und kleinster *Verbesserungsvorschläge überlasten* allerdings das durch einen starren Instanzenweg und langen Durchlaufzeiten charakterisierte traditionelle *BVW* mit der Folge, daß gerade kleine Verbesserungsaktivitäten vernachlässigt und nicht oder nur mit einer erheblichen Zeitverzögerung umgesetzt werden können. Damit ist die Gefahr verbunden, daß die Mitarbeiter über kurz oder lang resignieren.[491] Die Firma Siemens hat dieses Problem gelöst, indem sie eine „kleine VV-Kommission" (VV = Verbesse-

491) Vgl. Simon, A. [1996], S. 23.

rungsvorschlag) ins Leben gerufen hat, die den traditionellen Instanzenweg des *BVW* entlastet:

„... Zur Vereinfachung und Beschleunigung der Abwicklung sowie zur Entlastung der VV-Kommission und zum Teil auch der Gutachter können VV, deren Prämien eine bestimmte, mit der VV-Kommission vereinbarte Höhe nicht überschreiten oder die abgelehnt werden müssen, nach der neuen VV-Richtlinie vom VV-Referenten und einem Betriebsratsmitglied aus der VV-Kommission abschließend behandelt werden."[492]

- Ein weiterer Nachteil des traditionellen *BVW* ist darin zu sehen, daß der *Verbesserungsvorschlag als „freiwillig erbrachte Leistung* und eigenständige Idee *eines* weiblichen oder männlichen *Mitarbeiters*" in seiner engen Auslegung *Gruppenvorschläge*, die außerhalb und innerhalb des eigenen Pflichtenkreises der Gruppe liegen, *nicht berücksichtigt.* In den vergangenen Jahren ist allerdings in Abweichung vom traditionellen BVW eine Öffnung des *BVW* für Gruppenvorschläge zu beobachten. In einigen Unternehmen werden sogar Gruppenvorschläge aus dem eigenen Arbeitsbereich im Rahmen des BVW anerkannt;[493] hierzu zählen u. a. auch KVP-Verbesserungsvorschläge, die aufgrund hoher Einsparungspotentiale zusätzlich zum Grundgehalt im Rahmen des *BVW* abgegolten werden können. Derartige Vorschläge können z. B. mit einer *Teilprämie* honoriert werden.

- Des weiteren *schließt* das traditionelle *BVW* von vornherein *Führungskräfte* mit der Begründung *aus*, daß *Verbesserungsvorschläge zum ständigen Aufgabenbereich* dieses Personenkreises *gehören.* Mit einer derartigen Regelung wird auf das Ideengut einer besonders qualifizierten Mitarbeitergruppe verzichtet, die sich auch Gedanken über Verbesserungen außerhalb ihres unmittelbaren Wirkungskreises macht.

Qualität und Nutzen von Verbesserungsvorschlägen sind erfahrungsgemäß besonders hoch, wenn sie auf dem beruflichen Wissen und den Erfahrungen der Gruppe oder des Einreichers aufbauen.

Eine differenzierte Abstufung der Prämie zur Teilprämie und insbesondere immaterielle Anerkennungen bei Verbesserungsvorschlägen, die in den Aufgabenbereich des Einreichers fallen, können dazu beitragen, insbesondere Fach- und Führungskräfte in allen Unternehmensbereichen anzuregen, auch

492) Gasior, W. [1993], S. 295.
493) Vgl. Ausschuß Betriebliche Personalpolitik [1994], S. 3; Gasior, W. [1993], S. 294; Simon, A. [1994], S. 74.

im Grenzbereich der eigenen Aufgaben über Verbesserungen nachzudenken und BVW-Vorschläge einzureichen.[494]

- Aufgrund des geringen finanziellen Anreizes sind Mindest- und Anerkennungsprämien wenig geeignet, die Mitarbeiter zu Verbesserungsvorschlägen zu motivieren, deren Nutzen im Sinne einer Politik der kleinen Schritte kaum meßbar sind. In derartigen Fällen kann durch immaterielle Belohnungen (Belobigung durch den Vorgesetzten, Vergabe von Punkten, für die ab einer bestimmten Punktsumme Sachpreise vergeben werden usw.) ein zusätzlicher Anreiz für Verbesserungsaktivitäten geschaffen werden.

2.2.3.2.6 Voraussetzungen für das Gelingen eines BVW

Ein erfolgreiches *BVW* ist - ebenso wie der *KVP* - daran gebunden, daß sich die Unternehmensführung mit dem *BVW* identifiziert, und daß das *BVW* in die Unternehmensstrategien und -ziele eingebunden wird. In den Ausführungen zu den Reformierungsansätzen des *BVW* ist bereits auf die Notwendigkeit einer einfachen und rationellen *BVW*-Organisation sowie auf ein für die Mitarbeiter durchschaubares und gerechtes Bewertungs- und Prämiensystem, das neben Ergebnisverbesserungen auch Prozeßverbesserungen materiell und ggfs. immateriell honoriert, hingewiesen worden. Sowohl beim *KVP* als auch beim *BVW* steht der Mensch bzw. das Ideenpotential der Mitarbeiter im Vordergrund. Während *KVP*-Aktivitäten zum Aufgabenbereich der Mitarbeiter zählen, handelt es sich bei *BVW*-Aktivitäten um freiwillige Zusatzleistungen, die ohne Motivation der Mitarbeiter nicht ohne weiteres erbracht werden. Um das Kreativitätspotential der Mitarbeiter freisetzen zu können, sind häufig Barrieren (Fähigkeits-, Willens- und Risikobarrieren) durch die *BVW*-Verantwortlichen zu überwinden.[495] Derartige Blockaden können durch die Schaffung eines guten Innovationsklimas und gezielten *BVW*-Werbemaßnahmen abgebaut werden.[496]

494) Vgl. Ausschuß Betriebliche Personalpolitik [1994], S. 2; Gasior, W. [1993], S. 294.
495) Vgl. Thom, N. [1993], S. 284.
496) Vgl. hierzu ausführlich: Ausschuß Betriebliche Personalpolitik [1994], S. 4 ff.; Thom, N. [1993], S. 282 ff.

2.2.3.2.7 Beurteilung des BVW

Das traditionelle *BVW* kann als ein Instrument des Kostenmanagements charakterisiert werden, das innovative Verbesserungen in großen Schritten fördert. Über den Weg einer Reformierung des *BVW* ist dieses Instrument daneben auch für eine Politik der kleinen Schritte geeignet, so daß das BVW durch die synergetische Kombination von Innovation und kontinuierlicher Verbesserung zu einer Optimierung der Kosten-/Nutzen-Verhältnisse im Unternehmen beitragen kann. Über den kombinierten Einsatz eines (reformierten) *BVW* und eines *KVP* ist es möglich, das Verbesserungspotential sämtlicher Unternehmensmitglieder auszuschöpfen. Im Gegensatz zu den meisten Instrumenten und Verfahren des Kostenmanagements ist der erfolgreiche Einsatz von *BVW* und *KVP* daran gebunden, daß diese Instrumente dauerhaft im Unternehmen eingesetzt werden. Beide Instrumente sind dazu geeignet, die mit Hilfe von Experten-/Projektteams eingesetzten einmaligen Methoden und Instrumente des Kostenmanagements dahingehend zu unterstützen, daß innovative Ergebnis- und Prozeßverbesserungen - im Sinne eines integrierten Ideenmanagement - erhalten und verbessert werden.

2.2.3.3 Lehrfragen und Übungen

1. Bei der Diskussion um geeignete Methoden des Kostenmanagements werden zwei konstrastierende Stoßrichtungen (Politik der großen Schritte, Politik der kleinen Schritte) unterschieden. Arbeiten Sie die wesentlichen Unterschiede dieser beiden Stoßrichtungen heraus und erläutern Sie, ob und ggfs. welche Stoßrichtung aus der Sicht des Kostenmanagements die jeweils richtige ist.

2. Erläutern Sie die nachstehende Aussage: „Eine der wichtigsten Aufgaben im Rahmen des KVP ist die Untersuchung der Arbeitsabläufe, weil zunächst die Prozesse verbessert werden müssen, ehe verbesserte Ergebnisse erwartet werden können. Damit ist häufig ein Umdenken von der Ergebnisorientierung zur Prozeßorientierung notwendig."

3. Beschreiben Sie mit Hilfe der PDCA- und SDCA-Zyklen den KVP-Prozeß.

4. Vor der Einführung von KVP in einen anderen als den japanischen Kulturkreis müssen häufig erst die notwendigen Voraussetzungen geschaffen wer-

den. Erläutern Sie am Beispiel des Standortes Deutschland, an welche Voraussetzungen die erfolgreiche Einführung eines KVP geknüpft ist.

5. Charakterisieren Sie das traditionelle Betriebliche Vorschlagswesen (BVW).

6. Sowohl KVP als auch BVW leben von Verbesserungsvorschlägen der Mitarbeiter. Grenzen Sie KVP und das traditionelle BVW ab, indem Sie die wesentlichen Unterschiede herausarbeiten.

2.2.4 Outsourcing

Die Notwendigkeit, starre Kostenstrukturen langfristig flexibler zu gestalten, führt in vielen Unternehmen dazu, in zunehmendem Maße über *Make-or-Buy-Alternativen* nachzudenken. Im Rahmen von Fremdbezugsentscheidungen wird in der Literatur und in der Praxis häufig auch von *Outsourcing* gesprochen. Der Begriff *Outsourcing* setzt sich aus den Begriffen „Outside Resource Using" zusammen und bedeutet im allgemeinen die Durchführung bestimmter Teilleistungen oder Funktionen durch externe Marktteilnehmer.[497] Prinzipiell kann sich der *Outsourcing-Begriff* somit auf alle denkbaren Sach- oder Dienstleistungen beziehen.[498] Damit tritt das Problem der Abgrenzung zum *Make-or-Buy-Begriff* auf:

In einer *begrifflichen Abgrenzung* geht Bliesener davon aus, daß

- der *Make-or-Buy-Begriff* als übergeordneter Begriff aufzufassen ist, der den gesamten potentiellen und vorhandenen Leistungsumfang (Sachgüter und Dienstleistungen) umfaßt,
- der *Outsourcing-Begriff* üblicherweise nicht auf Produkte, sondern auf Dienstleistungen bezogen wird (vgl. Abbildung 53),
- sich *Outsourcing-Überlegungen* immer auf im eigenen Unternehmen bereits durchgeführte Leistungen beziehen, während *Make-or-Buy-Entscheidungsprozesse* im Gegensatz dazu häufig schon vor der Entwicklung eines Produktes durchgeführt werden.[499]

497) Vgl. Bliesener, M. M. [1994], S. 278; Bühner, R./Tuschke, A. [1997], S. 21; Knüppel, L./Heuer, F. [1994], S. 333; Picot, A./Maier, M. [1992], S. 15.
498) Vgl. Bliesener, M. M. [1994], S. 278; Picot, A./Maier, M. [1992], S. 16.
499) Vgl. Bliesener, M. M. [1994], S. 278.

Im Idealfall werden die im Rahmen von *Outsourcing* ausgelagerten Dienstleistungsfunktionen bei Bedarf von externen Dritten als „Just-in-time-Dienstleistungen" abgerufen und erbracht. Auf diese Weise vermeidet das Unternehmen das Vorhalten von mindergenutzten Kapazitäten und sieht sich bei auftretenden Beschäftigungsschwankungen nicht den Folgen von (Fix-) Kostenremanenzen ausgesetzt.[500]

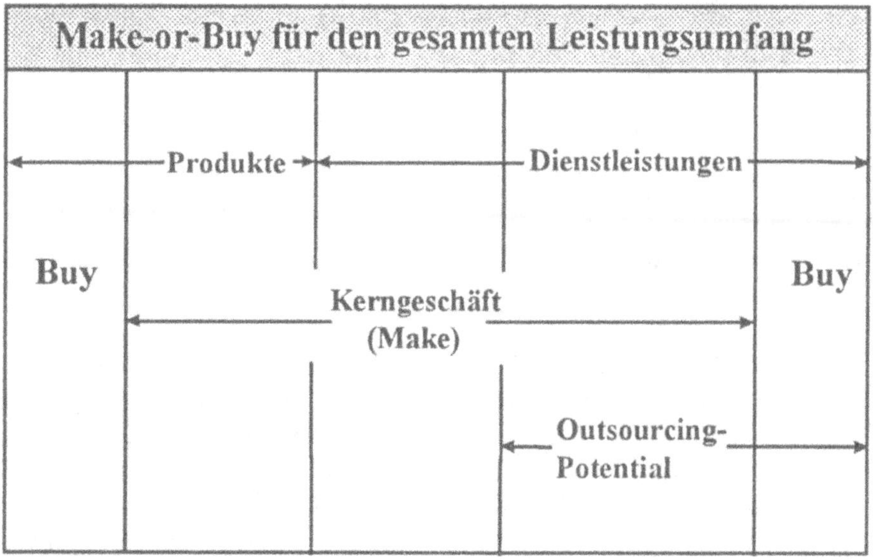

Abb. 53: Make-or-Buy und Outsourcing
(in Anlehnung an: Bliesener, M. M. [1994], S. 281.)

Durch *Outsourcing* wird es möglich,

- die Komplexität der Leistungserstellung zu reduzieren,
- die Fixkosten - zumindest teilweise - zu variabilisieren und somit
- die Transparenz und Beeinflußbarkeit der Kostenstruktur eines Unternehmens zu erhöhen.[501]

500) Vgl. o. V. [1994], S. 358; vgl. auch: Reichmann, Th./Palloks, M. [1995], S. 5.
501) Vgl. z. B. Kummer, S. [1993], S. 29; Wingefeld, V. [1994], S. 363.

Außerdem bleibt das Unternehmen von Anpassungs- und Umstellungsarbeiten in Sekundärfunktionen verschont: ein Technologie-Wandel - etwa im EDV-Bereich - muß vom externen Dienstleister bewältigt werden.[502]

Unter Berücksichtigung der vorgenannten Ausführungen kann der *Outsourcing-Begriff* wie folgt abgegrenzt werden:

„... Unter Outsourcing können alle Entscheidungsprozesse verstanden werden, die darauf abzielen, durch Verlagerung von Dienstleistungen Kostenvorteile oder langfristige Wettbewerbsvorteile zu erzielen.“[503]

2.2.4.1 Formen des Outsourcing

Grundsätzlich kann zwischen *internem* und *externem Outsourcing* unterschieden werden:

Internes Outsourcing (auch: *Inhouse-Outsourcing*) umfaßt die Verlagerung von Dienstleistungsaktivitäten von einem Bereich auf einen anderen Bereich des Unternehmens. Der die Dienstleistungen übernehmende Bereich kann im Unternehmen integriert sein;[504] er kann aber auch in unterschiedlichem Ausmaß selbständig sein (z. B. eine Tochter- oder Beteiligungsgesellschaft). Werden Dienstleistungsfunktionen an ein rechtlich und kapitalmäßig unabhängiges Unternehmen abgegeben und bei Bedarf in Anspruch genommen, so spricht man von *externem Outsourcing.*[505]

Nach dem Umfang und der Dauer der Auslagerung werden drei weitere *Formen* des *Outsourcing* unterschieden:

Übergangs-Outsourcing (auch: *temporäres Outsourcing*) bezeichnet die zeitlich begrenzte Vergabe von Dienstleistungen an einen externen Anbieter. Die Zeitdauer der Auslagerung wird i. d. R. vertraglich festgelegt. *Temporäres* bzw. *Übergangs-Outsourcing* wird von Unternehmen beispielsweise für den Zeitraum der Umstellung der unternehmensinternen EDV auf neue Systeme

502) Vgl. o. V. [1994], S. 358.
503) Bliesener, M. M. [1994], S. 282.
504) Zur Abgrenzungsproblematik vgl. Bliesener, M. M. [1994], S. 288.
505) Vgl. Bliesener, M. M. [1994], S. 279; Picot, A./Maier, M. [1992], S. 17.

(Technologiewechsel) oder bei einem Ausfall der internen Informationsverarbeitung in Anspruch genommen.[506]

Komplett-Outsourcing (auch: *totales Outsourcing*) charakterisiert die Auslagerung eines gesamten Aufgabenbereiches. Sämtliche Aufgaben, die ein indirekt wertschöpfender Bereich bisher im Unternehmen erbracht hat, werden ausgelagert bzw. über den Markt bezogen. Die ausgelagerte Funktion wird im Unternehmen stillgelegt. Die Schließung und Auslagerung einer Steuerabteilung an einen externen Steuerberater oder die vollständige Auflösung und Auslagerung der Informationsverarbeitungs-Abteilung an einen externen Dienstleister sind typische Beispiele für ein *Komplett-Outsourcing.*[507]

Wird lediglich ein Teil eines Aufgabenbereiches ausgelagert, so spricht man von *Modul-Outsourcing* (auch: *partielles Outsourcing*). In dieser Form des *Outsourcing* werden vornehmlich kostenintensive Routinearbeiten an einen externen Anbieter vergeben; für das Unternehmen bedeutsame Teile des betreffenden Aufgabenbereiches werden weiterhin im Unternehmen selbst abgewickelt. Viele mittelständische Unternehmen lagern zum Beispiel ihre Lohn- und Gehaltsbuchhaltung aus ihrer Personalverwaltung aus; die übrigen Tätigkeiten des Personalbereiches verbleiben dagegen häufig im Unternehmen.[508]

3.2.5.2 Ablauf des Outsourcing-Prozesses

Zu Beginn des *Outsourcing-Prozesses* sind geeignete *Unternehmensbereiche festzulegen* sowie die *potentiell auszulagernden Bereiche zu bestimmen*. Im Anschluß daran sind geeignete Dienstleister auszuwählen; bei der *Lieferantenwahl* sind nicht nur potentielle *Kostenvorteile*, sondern auch andere (strategische) *Wettbewerbsvorteile* (z. B. Entwicklungs-Know-how, Marktanteile, Servicegesichtspunkte) zu berücksichtigen. Sämtliche bereichsspezifischen Aktivitäten sind von einem *Projektteam* durchzuführen und von der Unternehmensleitung zu überprüfen und zu genehmigen.[509]

---

506) Vgl. Bühner, R./Tuschke, A. [1997], S. 21 - 22; Knüppel, L./Heuer, F. [1994], S. 337. Zur Abgrenzungsproblematik vgl. Bliesener, M. M. [1994], S. 288.
507) Vgl. Bühner, R./Tuschke, A. [1997], S. 21; Knüppel, L./Heuer, F. [1994], S. 337.
508) Vgl. Bühner, R./Tuschke, A. [1997], S. 21; Knüppel, L./Heuer, F. [1994], S. 337.
509) Vgl. Bliesener, M. M. [1994], S. 282.

2.2.4.2.1 Festlegung möglicher Outsourcing-Bereiche

Im Hinblick auf die üblicherweise vorgenommene Einengung des Begriffes *Outsourcing* auf Dienstleistungen können theoretisch alle Dienstleistungsbereiche im Unternehmen *Outsourcing-Überlegungen* unterzogen werden.[510]

Im Rahmen der *Outsourcing-Überlegungen* sind zunächst die nicht-auslagerungsfähigen von den auslagerungsfähigen Dienstleistungen abzugrenzen:

Grundsätzlich nicht-auslagerungsfähig sind sogenannte Kernleistungen, die aufgrund ihrer strategischen Bedeutung „... zwingend intern erbracht werden ...“[511] sollten.

Kernleistungen sind „... solche Leistungen, bei denen die eigene Unternehmung besonders leistungsfähig ist und deren Bedeutung als Differenzierungsmerkmal in den Augen der Abnehmer sehr hoch ist.“[512]

Beispielsweise lagern *Nike* und *Adidas* Aufgabenbereiche aus, die nicht zu ihren Kernfähigkeiten bzw. -kompetenzen zählen:

Bei *Nike* werden lediglich noch Forschungs- und Entwicklungs- sowie Marketing- und Vertriebsaufgaben unternehmensintern wahrgenommen. *Adidas* betreibt *Outsourcing* in der Weise, daß der Kern des Unternehmens nur noch aus der Marke besteht, d. h. sämtliche unter dem Namen *Adidas* vermarkteten Produkte werden von externen Anbietern zugekauft.[513]

510) Vgl. Bliesener, M. M. [1994], S. 283.
511) Hahn, D./Hungenberg, H. [1995], S. 50; vgl. z. B. auch Bäumer, Chr. [1994], S. 363; Bühner, R./Tuschke, A. [1997], S. 23 ff.; Hammer, E. [1994], S. 364.
512) Hahn, D./Hungenberg, H. [1995], S. 50. Der Begriff „Kernkompetenz“ wird ausführlich erläutert in: Steinle, C./Bruch, H./Nasner, N. [1997], S. 1 - 23.
513) Vgl. Bühner, R./Tuschke, A. [1997], S. 23.

Diejenigen Bereiche, in denen das Unternehmen über keine Kernfähigkeiten bzw. -kompetenzen verfügt, können als auslagerungsfähige Aufgabenbereiche partiell oder total an externe Dienstleistungsanbieter ausgelagert werden.[514]

Seit vielen Jahren üblich ist das *Outsourcing* bei einfachen Dienstleistungsfunktionen wie Kantine, Gebäudereinigung, Wachdienst und Transport. Zu den Vorreitern der *Outsourcing-Aktivitäten* zählt jedoch die Informationsverarbeitung, mit deren Fremdvergabe erstmals Querschnittsfunktionen ausgelagert wurden. Nach dem Vorbild der Informationsverarbeitung werden heute zunehmend weitere Querschnittsfunktionen aus den Bereichen Logistik, Personal-, Finanz- und Rechnungswesen fremdvergeben.[515] Mit dieser Entwicklung stehen die betreffenden Unternehmen vor einer zusätzlichen Problemstellung:

> Die Fremdvergabe von Querschnittsfunktionen führt dazu, daß *Outsourcing-Überlegungen* häufig auch Teil- oder Randbereiche des als Kerngeschäft definierten Feldes (z. B. Datenverarbeitung, Logistik) berühren.

2.2.4.2.2 Bestimmung der auszulagernden (Aufgaben-) Bereiche

Nachdem die auslagerungsfähigen (Aufgaben-)Bereiche ausgewählt worden sind, ist in einem weiteren Schritt zu bestimmen, welcher Teil unternehmensintern zu erstellen ist bzw. welcher Teil aus dem Unternehmen partiell oder total auszulagern ist. *Outsourcing-Entscheidungen* sollten grundsätzlich von (Experten-)Teams getroffen werden. Je wichtiger der „outzusourcende" Bereich, desto qualifizierter sollte das Team sein: „... im Extremfall kann sich das Team aus den Mitgliedern der Unternehmensleitung zusammensetzen."[516] Im Team sollten die Bereiche Beschaffung und Rechnungswesen stets vertreten sein, damit höchstmögliche Gewähr für eine optimale Lieferantenauswahl unter Kostengesichtspunkten erreicht werden kann; dies gilt auch bei *Outsourcing-Überlegungen* von strategisch wichtigen

514) Vgl. Bühner, R./Tuschke, A. [1997], S. 23.
515) Vgl. Bühner, R./Tuschke, A. [1997], S. 21; Kummer, S. [1993], S. 29.
516) Bliesener, M. M. [1994], S. 284.

Bereichen, da neben den primär angestrebten Wettbewerbsvorteilen auch Wirtschaftlichkeitsaspekte sowie die spätere Abwicklung eine Rolle spielen.[517]

Bei strategisch unbedeutenden (Aufgaben-)Bereichen wird die Auslagerungsentscheidung traditionell nach kostenorientierten Kriterien vorgenommen. Für eine Analyse des möglichen Kostenvorteils von *Outsourcing* müssen die potentiell zu beziehenden Leistungen ausreichend spezifiziert werden, d. h. es muß im einzelnen klar sein, welche Leistungen in welcher Menge und Qualität zu welchen Kosten zukünftig von außen bezogen werden sollen; eine Grundvoraussetzung für *Outsourcing* ist daher die Kenntnis des (möglichst weltweiten) Dienstleistungsmarktes.[518] Eine weitere Voraussetzung ist die Kenntnis der eigenen Kosten für die interne Bereitstellung dieser Leistungen.[519] Nach traditioneller Sichtweise sind Dienstleistungen auszulagern, wenn die Kosten des Zukaufs zuzüglich Stillegungskosten im Unternehmen geringer ausfallen als die Kosten der Eigenerstellung:[520]

Kosten des Zukaufs + Stillegungskosten	$<$	**Kosten der Eigenerstellung**	⟶	**Fremdbezug**

Die Bestimmung der Kosten der Stillegung sowie der tatsächlichen Eigenerstellungskosten erweist sich insofern als problematisch, daß die traditionellen Systeme der Kosten- und Leistungsrechnung für den Ausweis von Dienstleistungs- und Funktionskosten nicht geeignet sind. Die für *Outsourcing-Entscheidungen* erforderliche Differenzierung der Gemeinkosten hinsichtlich ihrer Beeinflußbarkeit bei Fremdbezug kann die traditionelle Plankostenrechnung nur durch indirekte Bezugsgrößen leisten. Die Ergänzung der stufenweisen Fixkostendeckungsrechnung um eine Prozeßkostenrechnung bietet jedoch gute Ansätze zur Verbesserung einer kostenorientierten Auslagerungsentscheidung.[521]

517) Vgl. Bliesener, M. M. [1994], S. 284.
518) Vgl. Dobschütz, v., L./Prautsch, W. [1993], S. 101.
519) Vgl. Dobschütz, v., L./Prautsch, W. [1993], S. 103.
520) Vgl. Reichmann, Th./Palloks, M. [1995], S. 5.
521) Vgl. Bühner, R./Tuschke, A. [1997], S. 25; Hardt, R. [1996], S. 308; Picot, A./Maier, M. [1992], S. 20; Reichmann, Th./Palloks, M. [1995], S. 10.

Wenn Dienstleistungen „outgesourced" werden sollen, die direkte Verbindungen zu strategisch wichtigen Feldern im Unternehmen haben, ist die Wahl eines möglichen Dienstleisters mit besonderer Sorgfalt vorzunehmen.[522] Neben den klassischen Kriterien der Lieferantenauswahl (z. B. Lieferzuverlässigkeit, Standort, Qualität, Menge) sind eine Vielzahl strategisch relevanter Punkte zu beachten. In diesem Zusammenhang stellt Ellram das in Abbildung 54 dargestellte Portfolio mit Erläuterungen vor:

- Typ 1: Basis-Allianz - nur die notwendigsten Informationen werden zwischen dem Käufer und dem Zulieferer ausgetauscht, um Transaktionen zu erleichtern.

- Typ 2: Operative Allianz - Respekt und gegenseitiges, geschäftsbezogenes Vertrauen charakterisieren diese Allianz.

- Typ 3: Geschäfts-Allianz - wie Typ 2, jedoch mit dem Bewußtsein der gegenseitigen Abhängigkeit.

- Typ 4: Strategische Allianz - wie Typ 3 mit Verfolgung gemeinsamer langfristiger Strategien.[523]

Abb. 54: Beziehung zwischen Art der Allianz und der Bedeutung des Einkaufs (in Anlehnung an: Ellram, L. [1993])

522) Vgl. Bliesener, M. M. [1994], S. 280; Kummer, S. [1993], S. 31.
523) Vgl. Ellram, L. [1993], S. 1 - 2.

Werden Dienstleistungen verlagert, die eine direkte Verbindung zum Kerngeschäft aufweisen, so wird eine *strategische Lieferantenpartnerschaft* empfohlen, die durch eine kooperative Art der Zusammenarbeit gekennzeichnet ist:

> Das ***Ziel*** der *strategischen Lieferantenpartnerschaften* besteht darin, gegenseitig langfristige Wettbewerbsvorteile zu erreichen; sie sind gekennzeichnet durch langfristige Vereinbarungen, Austausch vertraulicher Informationen, gemeinsame kontinuierliche Verbesserungsbemühungen und gemeinsame Übernahme von Chancen und Risiken.[524]

2.2.4.3 Beurteilung des Outsourcing

Im Rahmen des *Outsourcing-Prozesses* werden die Unternehmensmitglieder dazu angeregt, sich verstärkt auf die unternehmenseigenen Kernkompetenzen zu konzentrieren und die (verbliebenen) Ressourcen in diesen Bereichen zu bündeln. Neben- oder Randleistungen werden gezielt kostenoptimal eingekauft, um von den günstigeren Kostenstrukturen der Zulieferer zu profitieren und nachhaltige Kostenvorteile zu erzielen. Das *Outsourcing* von Querschnittsfunktionen bzw. von Dienstleistungen, die Verbindungen zu den Kernleistungen aufweisen bedingt immer eine strategische Lieferantenpartnerschaft, die neben möglichen Kosteneinsparungen insbesondere Wettbewerbsvorteile der beteiligten Vertragspartner gewährleistet. Den *Vorteilen des Outsourcing* stehen aber auch häufig erst langfristig wirksam werdende *Nachteile* (z. B. ein Know-how-Verlust, die Minderung der Planungs- und Steuerungshoheit, das Bekanntwerden von Betriebsgeheimnissen und Abhängigkeiten zu den Zulieferern) gegenüber, die im Rahmen der *Outsourcing-Überlegungen* entsprechend berücksichtigt werden müssen.

Zusammenfassend kann festgehalten werden, daß *Outsourcing* eine primär strategische Methode des Kostenmanagements ist, die über den Weg der Reduzierung der Komplexitätskosten zu einer Variabilisierung der fixen Kosten, einem Abbau der Gesamtkosten, einer besseren Kostentransparenz sowie zu einer Erhöhung der Beeinflußbarkeit der Kostenstruktur und ggfs. zu einer Verbesserung der Wettbewerbssituation beitragen kann.

524) Vgl. Ellram, L. [1993], S. 1.

2.2.4.4 Lehrfragen und Übungen

1. Grenzen Sie die Begriffe „Make-or-Buy“ und „Outsourcing“ ab.

2. Nennen und erläutern Sie die verschiedenen Formen des Outsourcing.

3. Nehmen Sie zu der nachstehenden Aussage Stellung: „Grundsätzlich nicht-auslagerungsfähig sind sogenannte Kernleistungen, die aufgrund ihrer strategischen Bedeutung zwingend intern erbracht werden sollten.“ Grenzen Sie im Rahmen Ihrer Ausführungen den Begriff „Kernleistungen“ ab und beschreiben Sie die Probleme, die sich bei der Fremdvergabe von Querschnittsfunktionen ergeben.

4. Beurteilen Sie Outsourcing aus der Sicht des Kostenmanagements, indem Sie die Vor- und Nachteile von Outsourcing-Entscheidungen gegenüberstellen.

2.2.5 Product Life Cycle Management

Sowohl bei Konsum- als auch bei Investitionsgütern ist festzustellen, daß die Marktphasen dieser Güter immer kürzer werden,[525] d. h. die Produkte werden immer schneller von ihren Nachfolgegenerationen abgelöst. Wird der Marktzyklus eines Erzeugnisses um den Entstehungs- und Nachsorgezyklus ergänzt,[526] so ist festzustellen, daß die Entstehungszyklus- bzw. Vorlaufkosten sowie die Nachsorgezyklus- bzw. Nachlaufkosten einen wachsenden Anteil an den Gesamtzykluskosten einnehmen. Zu den Vorlaufkosten zählen insbesondere die Kosten der Innovation, Entwicklung, Konstruktion und Produktionsvorbereitung, die Kosten für das Bereitstellen spezieller Technologien, Kosten der Lieferantensuche sowie Kosten der Erschließung von Absatzmärkten.

Zur Sicherung von Wettbewerbsvorteilen nehmen Unternehmen für diese Vorlaufaktivitäten immer mehr Zeit, Personal-, Kapitaleinsatz und somit Kosten in Kauf.

525) Empirische Zahlenbeispiele sind aufgeführt in z. B.: Siegwart, H./Raas, F. [1991], S. 83 ff.

526) Vgl. hierzu Back-Hock, A. [1992], S. 703 ff.; Pfeiffer, W./Dörrie, U./Gerharz, A./Goetze von, S. [1992], S. 867 ff.; Siegwart, H./Senti, R. [1995], S. 3 ff.

Zur Sicherung von Wettbewerbsvorteilen nehmen Unternehmen für diese Vorlaufaktivitäten immer mehr Zeit, Personal-, Kapitaleinsatz und somit Kosten in Kauf.

Das gleiche gilt für den ebenso kostenintensiven Nachsorgezyklus:

Der Kostenanteil für Nachlaufkosten wird zunehmend bedeutender, da für immer mehr (kurzlebige) Produkte Kosten für z. B. Demontage, Ersatzteilhaltung, das Bereithalten von Know-how, Reparatur und Garantie, Rücknahmeverpflichtungen usw. anfallen.[527]

Aus den genannten Gründen dürfen sich Unternehmen nicht nur für die Entwicklung von Kosten, Erlösen und Erfolgen innerhalb der Marktphase eines Erzeugnisses interessieren. Zu den Herstellungs- und Vertriebskosten, die innerhalb dieser Phase anfallen, kommen Vorlauf- und Nachlaufkosten, die in ihrer Höhe nicht unterschätzt werden dürfen.[528]

Das ***Ziel*** des Kostenmanagements ist es, *die lebensspezifischen Kosten* der Erzeugnisse unter Einbeziehung der Vorlauf- und Nachlaufkosten *aktiv zu gestalten.*

Die Planung, Steuerung und Kontrolle der Kosten, Erlöse und Erfolge über den gesamten Produktlebenszyklus eines Erzeugnisses wird in der Literatur als *Product Life Cycle Management* bezeichnet.[529]

2.2.5.1 Modell des klassischen Produktlebenszyklus

Der *klassische Produktlebenszyklus* ist durch eine Abfolge von fünf Phasen (Einführung, Wachstum, Reife, Sättigung, Degeneration) charakterisiert (vgl. Abbildung 55); während die Reihenfolge der Zyklen unabänderlich festliegt, kann die Länge der Phasen je nach Produkt variieren:[530]

527) Vgl. Back-Hock, A. [1992], S. 703; Pfeiffer, W./Dörrie, U./Gerharz, A./Goetze von, S. [1992], S. 868; Streitferdt, L. [1994], S. 481 - 482.

528) Vgl. Männel, W. [1993], S. 74.

529) Vgl. Siegwart, H./Senti, R. [1995].

530) Vgl. z. B. Coenenberg, A. G./Baum, H.-G. [1992], S. 55 ff.; Huch, B./ Behme,W./Ohlendorf, Th. [1995], S. 382 ff.; Küpper, H.-U. [1995], S. 83; Ossadnik,

- In der *Einführungsphase* geht es darum, für das neue Produkt durch einen optimalen Werbemitteleinsatz und durch andere absatzpolitische Bemühungen einen Markt zu gewinnen. Diese Phase des Produktlebenszyklus ist durch geringe Umsätze, hohe Aufwendungen und geringen oder sogar negativen Deckungsbeiträgen charakterisiert.

- In der *Wachstumsphase* nehmen die Umsätze infolge stark steigender Nachfrage überproportional zu. Die Deckungsbeiträge werden größer, dies „... löst bei den Konkurrenten Alarm aus, sie versuchen ebenfalls ein ähnliches Produkt auf den Markt zu bringen.“[531] Es gilt schnell zu wachsen, um Marktanteile zu gewinnen und durch das Mengenwachstum die Stückkosten zu senken, also Erfahrungskurveneffekte zu nutzen. Die zu diesem Zweck notwendigen Erweiterungsinvestitionen führen zu einem steigenden Kapitalbedarf.

- In der *Reifephase* hat sich das Produkt auf dem Markt etabliert. Aufgrund der zunehmenden Sättigung des Erstbedarfs und das Aufkommen von alternativen Problemlösungen als Ergebnis des technischen Fortschritts verlangsamt sich die Zunahme des Absatzvolumens mit der Folge eines abnehmenden Umsatzzuwachses.

- Bei nachlassender Nachfrage tritt das Produkt aufgrund einer Markterschöpfung in die *Sättigungsphase* ein. In der Regel kommt es zur *Degenerationsphase*.

- In der *Degenerationsphase* sind der Umsatz und der Gewinn rückläufig. Starke Konkurrenz, neue Produkte, veränderte Verbrauchergewohnheiten, zusätzliche Kosten, die durch Qualitätsansprüche der Nachfrager und Gewährleistungen bedingt sind, belasten die Ertragssituation. Das Produkt wird aus dem Markt gedrängt und muß schließlich aufgegeben werden.

In der Literatur wird insbesondere das im Rahmen des *klassischen Produktlebenszyklus* unterstellte idealtypische Phasenablaufmuster, die ungenaue Abgrenzung des Produktbegriffs, die Phasenabgrenzung sowie das phasenspezifische Normverhalten der Marktteilnehmer kritisiert:

W. [1996], S. 263 ff.; Reichmann, Th. [1995], S. 470 - 471; Siegwart, H./Senti, R. [1995], S. 4 ff.

531) Huch, B./Behme,W./Ohlendorf, Th. [1995], S. 383.

Empirische Untersuchungen belegen, daß der *klassische Produktlebenszyklus-Verlauf* nur als ein möglicher Umsatzverlauf unter einer Vielzahl in der Realität existierender Verläufe angesehen werden kann.[532] Der idealtypische Phasenverlauf konnte dabei bisher nur bei wenigen Produkten nachgewiesen werden.[533]

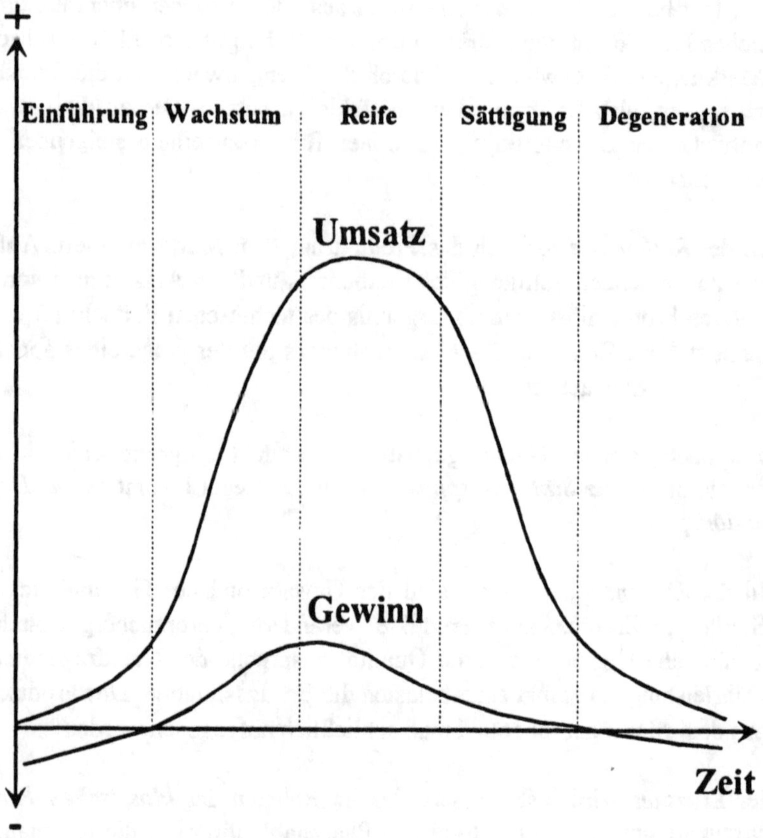

Abb. 55: Klassischer Produktlebenszyklus

532) Vgl. Siegwart, H./Senti, R. [1995], S. 7.
533) Vgl. Coenenberg, A. G./Baum, H.-G. [1992], S. 56.

Das Problem, *Produktlebenszyklen* nachzuweisen, wird dadurch erschwert, daß es an einer exakten Abgrenzung des Produktbegriffes mangelt. So wird zum Beispiel nicht deutlich, ob der Kurvenverlauf sich auf Produktklassen (z. B. Bier, Bohrmaschinen), auf Produktgruppen (z. B. Light Bier, Schlagbohrmaschinen) oder Marken/Varianten (z. B. Feldschlößchen light, Hilti TE 10) bezieht. Empirische Untersuchungen haben in diesem Zusammenhang u. a. gezeigt, daß die Umsatzentwicklung von Produktgruppen dem idealtypischen S-förmigen Verlauf am nächsten kommen; bei Produktklassen konnte dagegen aufgrund des langen Verbleibens am Markt kein klares Entwicklungsmuster nachgewiesen werden. Das *klassische Produktlebenszyklusmodell* beantwortet auch nicht die Frage, ob es sich um einteilige oder mehrteilige Erzeugnisse handelt. Das Besondere bei mehrteiligen Erzeugnissen ist, daß i. d. R. Komponenten eines Erzeugnisses (z. B. Motor eines Autos) andere Lebenszyklen als das Gesamterzeugnis (z. B. Auto) aufweisen. Da nicht genau bestimmt werden kann, was eine Produktvariation und was ein „neues" Produkt ist, ist die Frage schwierig, ob ein neuer Produktlebenszyklus entsteht, ob lediglich eine Phase des bestehenden Lebenszyklus verlängert wird oder ob der Trend der Umsatzentwicklung sich in einer bestimmten Richtung verändert (vgl. Abbildung 56).[534] Daneben werden im Rahmen des *klassischen Produktlebenszyklus-Konzeptes* Marktregenerationen aufgrund wiederkehrender Modetrends ausgeschlossen. Produktlebenszyklusverlängerungen und Marktregenerationen können letztlich dazu führen, daß ein Abgleiten eines Produktes in die Degenerationsphase temporal oder dauerhaft vermieden wird.[535] Neben dem beschriebenen Problem der Produktabgrenzung wird der Nachweis von Produktlebenszyklen dadurch erschwert, daß keine eindeutigen Kriterien zur Phasenabgrenzung existieren.[536]

Das idealtypische Phasenablaufmuster macht letztlich nur einen Sinn, wenn man normierte Verhaltensweisen der Marktteilnehmer unterstellt.

Die Realität zeigt aber, daß sowohl das Herstellerverhalten als auch das Abnehmerverhalten sehr vielfältig sein können.[537] Bei angenommenem Normverhalten eines Produktes in einer bestimmten Phase des Lebenszyklusses wird

534) Vgl. Coenenberg, A. G./Baum, H.-G. [1992], S. 57; Huch, B./Behme,W./Ohlendorf, Th. [1995], S. 383; Reichmann, Th. [1995], S. 471; Siegwart, H./Senti, R. [1995], S. 8 - 10; Ziegenbein, K. [1995], S. 117 - 118.

535) Vgl. Reichmann, Th. [1995], S. 473.

536) Vgl. Coenenberg, A. G./Baum, H.-G. [1992], S. 57; Huch, B./Behme,W./Ohlendorf, Th. [1995], S. 383.

537) Vgl. hierzu ausführlich: Siegwart, H./Senti, R. [1995], S. 10 - 12.

zudem eine einheitliche Entwicklung der Marktstruktur unterstellt, d. h. die Wirkung konjunktureller und struktureller Einbrüche wird vernachlässigt.[538]

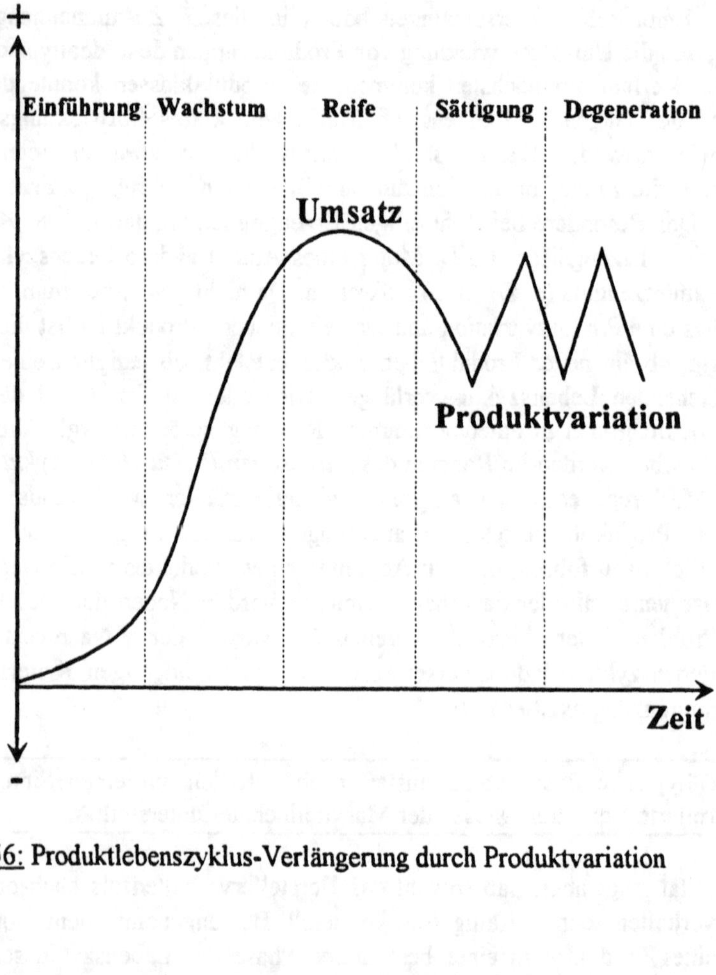

Abb. 56: Produktlebenszyklus-Verlängerung durch Produktvariation

Trotz der beschriebenen Kritikpunkte kann das *klassische Produktlebenszyklus-Konzept* als ein allgemeines Beschreibungsmodell charakterisiert werden.

538) Vgl. Huch, B./Behme,W./Ohlendorf, Th. [1995], S. 383.

Der Nutzen dieses Beschreibungsmodells ist primär in der Bewußtseinsbildung zu sehen, daß

- alle Produkte nur eine begrenzte Lebensdauer besitzen,
- sich die Absatz- und Marktbedingungen im Zeitablauf ändern,
- die Produkt-/Markt-Kombinationen dynamisch neu gestaltet werden müssen,
- die von einem Unternehmen angebotenen Produkte aus unterschiedlichen Produktlebenszyklusphasen stammen sollten."[539]

2.2.5.2 Modell des integrierten Produktlebenszyklus

Das Kostenmanagement hat die Zielsetzung, die *lebensspezifischen Kosten* der Erzeugnisse ***aktiv*** zu gestalten. Die *Produktlebenszyklus-Kurve* stellt den Umsatz- und/oder Gewinnverlauf eines Produktes dar. Im Rahmen des Kostenmanagements ist insbesondere der Gewinnverlauf als Resultante des mengenabhängigen Kosten- und Erlösverlaufes von Interesse. Für eine ***aktive*** Gestaltung der Kosten- bzw. Gewinnverläufe muß allerdings die beschränkte Sichtweise des *Produktlebenszyklus-Konzeptes* aufgegeben werden.

2.2.5.2.1 Ansätze zur Weiterentwicklung des klassischen Produktlebenszyklus

Ebenso wie das Hersteller- und das Abnehmerverhalten sehr vielfältig sein können, folgt auch der Umsatz- bzw. Gewinnverlauf eines Produktes nicht zwingendermaßen einem vorgegebenen Entwicklungsmuster:

„... Durch Antizipation zukünftiger Entwicklungen und durch Identifizierung von Marktwiderständen ist es möglich, mittels des strategischen und operativen Marketing- und Entwicklungspotentials auf den Produktlebenszyklus sowie z. T. auf den Markt gestaltend einzuwirken."[540]

539) Vgl. Coenenberg, A. G./Baum, H.-G. [1992], S. 57; Huch, B./Behme,W./Ohlendorf, Th. [1995], S. 3832 - 383; Ossadnik, W. [1996], S. 265.

540) Siegwart, H./Senti, R. [1995], S. 11.

„... Der Lebenszyklus ist also als aktiv zu gestaltender Prozeß zu verstehen und nicht als vorgegebenes Muster, an dem sich die Entscheidungen der Unternehmung normativ ausrichten sollen, wie dies aufgrund des klassischen Modells empfohlen wird.“[541]

Da beträchtliche Kosten und Erlöse sowohl vor der Markteinführung wie auch nach dem letzten verkauften Produkt anfallen, ist der Marktzyklus um den Entwicklungs- und Nachsorgezyklus für ein Produkt zu ergänzen (vgl. Abbildung 57).[542] Pfeiffer und Bischof haben für diese ganzheitliche Betrachtung den Begriff des *integrierten Produktlebenszyklus* geschaffen.[543]

2.2.5.2.2 Phasen des integrierten Produklebenszyklus

Das *integrierte Produktlebenszyklus-Modell* besagt, daß die *Phase der Produktentstehung*, die *Phase des Angebots am Markt* und *Verpflichtungen als Folge des Angebots am Markt* für ein Produkt gesamtheitlich zu sehen sind. In diesem Zusammenhang werden drei Teilzyklen: der *Entwicklungszyklus*, der *Marktzyklus* und der *Nachsorgezyklus* unterschieden. Entsprechend diesen Teilzyklen ist es möglich, zwischen Vorlaufkosten und Vorlauferlösen, begleitenden Kosten und Erlösen sowie Nachsorgekosten und -erlösen zu differenzieren (vgl. Abbildung 58).[544]

Bei der Betrachtung des integrierten Produktlebenszyklus-Modells ist zu beachten, daß sich die drei Teilzyklen zeitlich überschneiden. So beginnen die Nachsorgeverpflichtungen (z. B. Garantie-, Reparatur- und Serviceleistungen sowie evtl. Entsorgungspflichten) von dem Zeitpunkt an, an dem das erste Produkt beim Kunden in Betrieb genommen wird. In den meisten Fällen sind die Entwicklungsarbeiten bei Markteinführung nicht abgeschlossen, da im Laufe des Marktzyklus i. d. R. kontinuierlich Maßnahmen zur Produktvariation getroffen werden.[545]

---

541) Siegwart, H./Senti, R. [1995], S. 11.
542) Vgl. Back-Hock, A. [1992], S. 707.
543) Vgl. Pfeiffer, W./Bischof, P. [1981], S. 135.
544) Vgl. Back-Hock, A. [1992], S. 707; Siegwart, H./Senti, R. [1995], S. 19 - 20.
545) Vgl. Siegwart, H./Senti, R. [1995], S. 20.

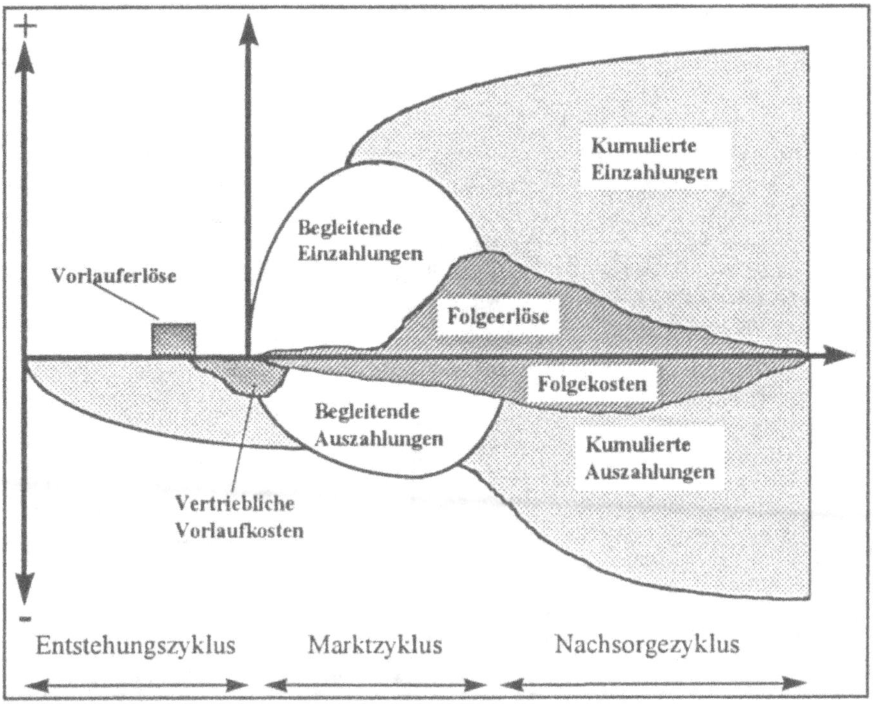

Abb. 57: Integrierter Produktlebenszyklus
(in Anlehnung an: Back-Hock, A. [1992], S. 706.)

Die maßgeblichen Einflußgrößen der Kosten- und Erlösverläufe sind der Zustand des Produktes, der Unternehmung, der Umwelt und der Kunden sowie die Produktbewertung aus Abnehmersicht und die Entscheidungsprozesse des Unternehmens. Entscheidungen sollen die Produktgestaltung und die Kosten- und Erlösverläufe steuern. Entscheidungsträger sind die Führungskräfte.[546] Die lenkende Beeinflussung der Kostenverläufe fällt in den Aufgabenbereich des Kostenmanagements.

546) Vgl. Siegwart, H./Senti, R. [1995], S. 20.

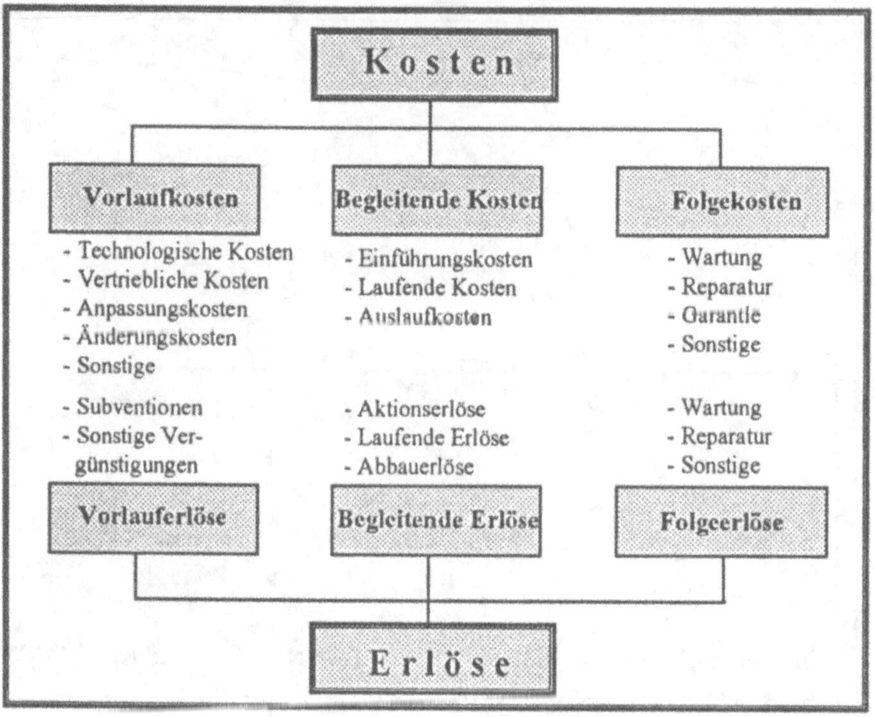

Abb. 58: Lebenszyklusbezogene Kosten- und Erlöskategorien
(in Anlehnung an: Back-Hock, A. [1992], S. 707.)

2.2.5.2.3 Bedeutung des Kostenmanagements im Rahmen des integrierten Produktlebenszyklus-Modells

Eine *marktgerechte* und *wirtschaftliche Produktgestaltung* in der Anfangs- bzw. Entwicklungsphase eines Produktes gestaltet sich häufig als schwierig. Mit dem Fortschritt der Produktentwicklung wird die Ermittlung der erforderlichen Informationen zunehmend einfacher.[547]

Die *marktgerechte Gestaltung eines Produktes* wird im Rahmen der Produktpolitik sichergestellt, welche als „Herzstück des Marketings" bezeichnet wird:

547) Vgl. Siegwart, H./Senti, R. [1995], S. 21.

„... Die marktgerechte Produktgestaltung zielt auf zufriedene Kunden ab, was bedeutet, daß dem richtigen Kunden ein Produkt in der richtigen Qualität zur richtigen Zeit geliefert wird.“[548]

Neben der *marktgerechten Gestaltung* steht gleichrangig die Forderung der *wirtschaftlichen Produktgestaltung* bzw. der *Produkterfolg*. Die direkten erfolgsbestimmenden Größen sind die Kosten der Leistungserstellung und die Erlöse der Leistungsverwertung:

Das Kosten- und Erlösziel und damit das Erfolgsziel eines Produktes ist vor der Markteinführung eines Erzeugnisses in Zusammenarbeit mit dem Kostenmanagement festzulegen.[549]

Das Kostenmanagement hat in der Vorlaufphase des Produktlebenszyklusses die Aufgabe, die Vorlaufkosten und Vorlauferlöse in der Weise zu beeinflussen, daß über Wirtschaftlichkeits- und Kostenanalysen die günstigste Kostensituation realisiert und Vorlauferlöse (z. B. Subventionen des Staates) ausgeschöpft werden. Des weiteren hat das Kostenmanagement bei der markt- und kundenorientierten Zielkostenfindung für das jeweilige Produkt mitzuwirken. Neben den Produktkosten stehen in zunehmendem Maße die mit dem Erzeugnis verbundenen Funktions- und Prozeßkosten im Vordergrund der Analysen, die mit Hilfe eines *Target Costing* und/oder dem Einsatz einer *Wertanalyse* (Value Engineering) geplant und im weiteren Verlauf des Produktlebenszyklusses schließlich durch entsprechende Maßnahmen und Entscheide realisiert bzw. zielorientiert beeinflußt werden. Damit die richtigen Entscheide und Maßnahmen gefällt und getroffen werden, müssen die aktuellen Kosten und Erlöse fortlaufend mit den Zielen verglichen werden. Zur zielorientierten Gestaltung der Kosten und Leistungen im Rahmen des Markt- und Nachsorgezyklusses stehen dem Kostenmanagement neben der *Wertanalyse* und dem *Target-Costing* verschiedene Instrumente und Methoden wie z. B. *Kontinuierlicher Verbesserungsprozeß* (KVP), (reformiertes) *Betriebliches Vorschlagswesen*, *Benchmarking*, *Gemeinkostenwertanalyse* (GWA), *Zero-Base-Budgeting* (ZBB), *Outsourcing* und schließlich die im nächsten Gliederungspunkt im Mittelpunkt stehende *Prozeßkostenrechnung* zur Verfügung.

Im Rahmen des Kostenmanagements ist zu berücksichtigen, daß mit dem Eintritt in den Marktzyklus bereits die Nachsorgeverpflichtungen für ein Erzeugnis beginnen. Nachsorgeverpflichtungen - wie z. B. Garantie-, Reparatur- und Serviceleistungen sowie evtl. Entsorgungspflichten - verursachen Kosten, die

548) Siegwart, H./Senti, R. [1995], S. 31.
549) Vgl. Siegwart, H./Senti, R. [1995], S. 43.

unmittelbar auf Absatzleistungen im Markt bezogen sind. Je komplexer ein Produkt ist, desto größer sind im allgemeinen die Nachsorgekosten. Umgekehrt besteht die Möglichkeit, Servicekosten dem Kunden zu belasten, d. h. im Nachsorgezyklus sind auch Erlöse und Deckungsbeiträge erzielbar, die bei der Erfolgsanalyse mit berücksichtigt werden müssen.[550]

Ein erfolgreiches Kostenmanagement muß bei der Beeinflussung der Kosten- und Erlösstrukturen von zwei Sichtweisen ausgehen, d. h. es muß

⇨ die Produktlebenszykluskosten aus Kundensicht und

⇨ die Produktlebenszykluskosten und -erlöse aus Herstellersicht

in die Analysen und Maßnahmen mit einbeziehen.[551]

Produktlebenszykluskosten aus Kundensicht:
Für den Kunden sind im Rahmen des Kaufentscheidungsprozesses die Anschaffungskosten sowie die Kosten für Unterhalt, Betrieb sowie Entsorgung und schließlich die Dauer des Lebenszyklusses relevant (vgl. Abbildung 59).[552]

Zur Sicherung des Produkterfolges sind somit bei der Entwicklung und Konstruktion des Erzeugnisses nicht nur die Kosten des anbietenden Unternehmens und der Preis des Erzeugnisses, sondern auch die aus der Sicht des Kunden mit dem Erwerb eines Produktes über die Nutzungsdauer entstehenden Nutzungs- und Folgekosten zu berücksichtigen:[553]

„... Der Kunde strebt nicht nach minimalen Anschaffungkosten, sondern nach minimalen Gesamtkosten (inkl. Betrieb, Unterhaltung, Entsorgung).“[554]

550) Vgl. Siegwart, H./Senti, R. [1995], S. 59.
551) Vgl. Coenenberg, A. G./Fischer, Th./Schmitz, J. [1994], S. 29; Siegwart, H./Senti, R. [1995], S. 79.
552) Vgl. Coenenberg, A. G./Fischer, Th./Schmitz, J. [1994], S. 30; Siegwart, H./Senti, R. [1995], S. 80.
553) Vgl. Coenenberg, A. G./Fischer, Th./Schmitz, J. [1994], S. 30.
554) Siegwart, H./Senti, R. [1995], S. 81.

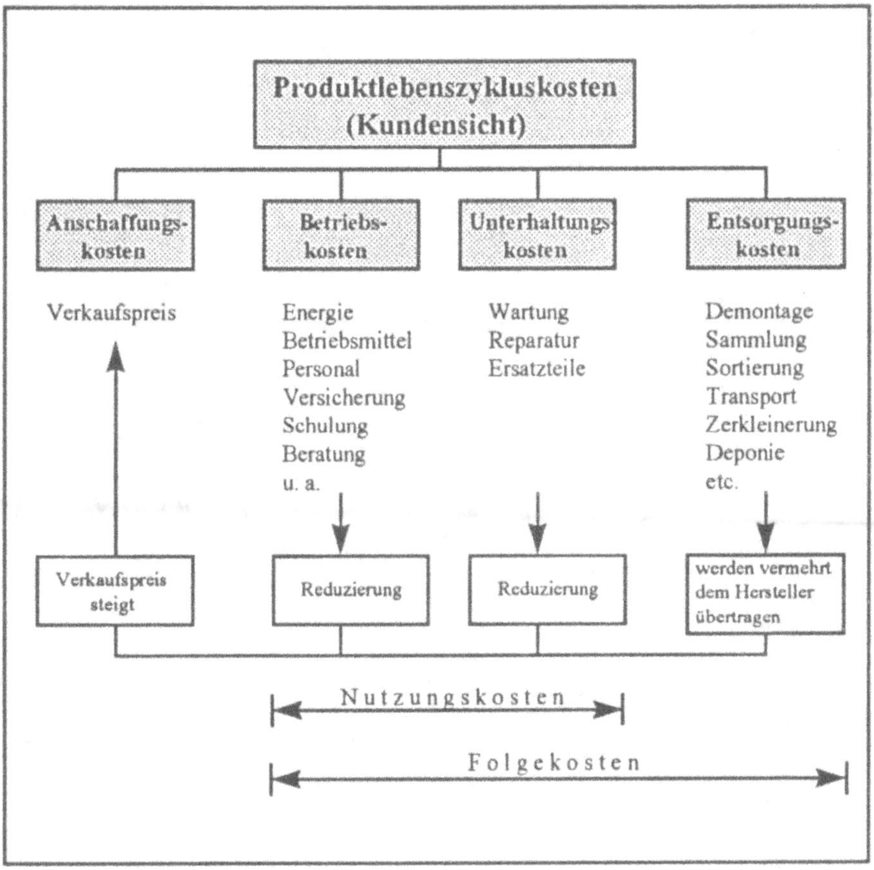

Abb. 59: Lebenszykluskostenstruktur aus Kundensicht
(in Anlehnung an: Siegwart, H./Senti, R. [1995], S. 80.)

Produktlebenszykluskosten und -erlöse aus Herstellersicht:
Bei der Planung und Gestaltung der Lebenszykluskosten aus Herstellersicht sind neben den Kosten der Herstellung und des Vertriebes sowie den Entwicklungskosten insbesondere auch die nach dem Verkauf beim Kunden anfallenden Kosten (Betrieb und Unterhalt) zu berücksichtigen, um das Produkt entsprechend gestalten zu können und um zusätzliche Vertriebsargumente zu erhalten (vgl. Abbildung 60).[555]

555) Vgl. Siegwart, H./Senti, R. [1995], S. 81.

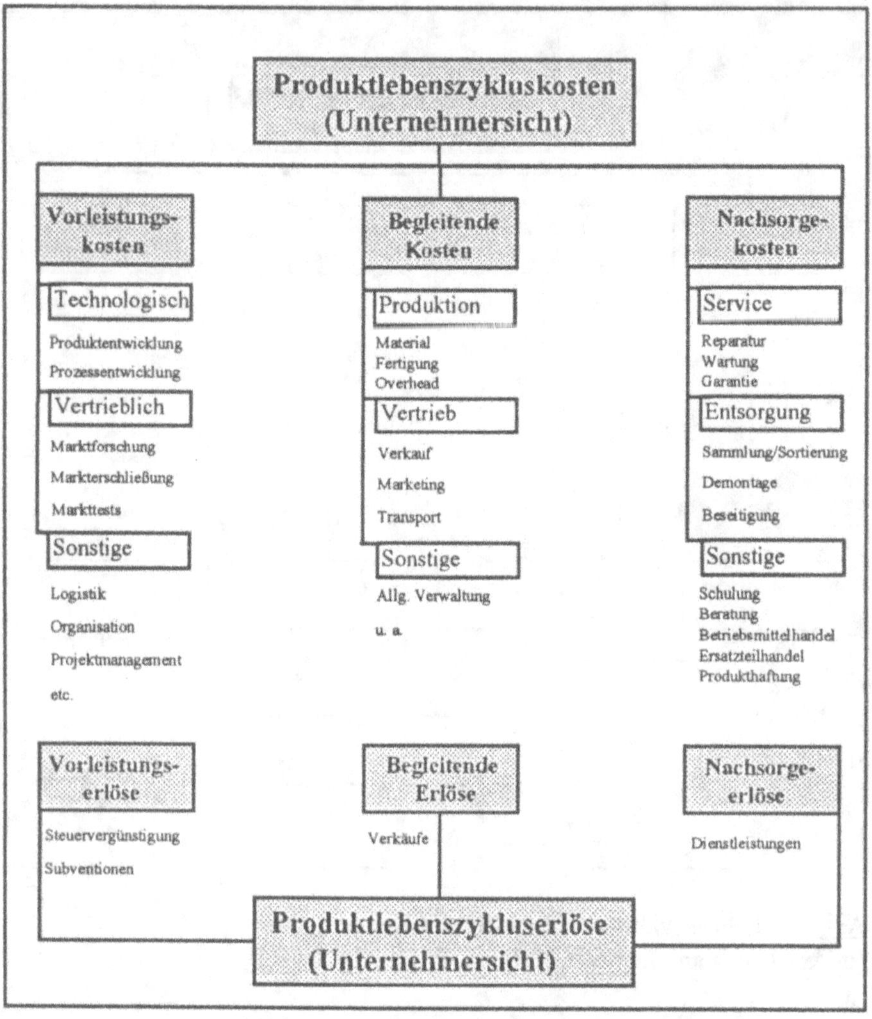

Abb. 60: Lebenszykluskosten- und -erlösstruktur aus Herstellersicht (in Anlehnung an: Siegwart, H./Senti, R. [1995], S. 83.)

Die Erträge eines Erzeugnisses (Verkaufspreis, Reparatur- und Wartungserlös) müssen nicht nur die Kosten der Produktion und des Vertriebes decken, sondern ebenfalls die Entwicklungskosten sowie Garantie-, Service-, Entsorgungs- und Rücknahmekosten. In diesem Zusammenhang ist es sinnvoll, den Produkterfolg nach den Komponenten Vorleistungserfolg (Projekterfolg), begleitendem Erfolg (Markterfolg) und Folgeerfolg (Nachsorgeerfolg) zu strukturieren (vgl. Abbildung 61). Der Vorleistungserfolg ist i. d. R. negativ, da außer einer eventuellen staatlichen Unterstützung keine Erlöse zu erwarten sind. Der eigentliche Produkterfolg wird zum größten Teil im Marktzyklus durch den Verkauf des formalen Produktes erzielt. Vorleistungs- und Nachsorgeerfolg sind in den Produkterfolg zu integrieren. Der Produkterfolg ergibt sich grundsätzlich aus der Differenz von Kosten und Erlös; dies sollte nicht zu dem Fehlschluß verleiten, daß der Produkterfolg nur durch diese beiden Faktoren bestimmt wird, auch wenn es der erwartete oder realisierte finanzwirtschaftliche Erfolg ist, der Aufschluß gibt, ob das Produkt ein Erfolg oder ein Mißerfolg ist. Neben dem finanzwirtschaftlichen Erfolg sind Qualität und Zeit unentbehrliche Erfolgsfaktoren.[556]

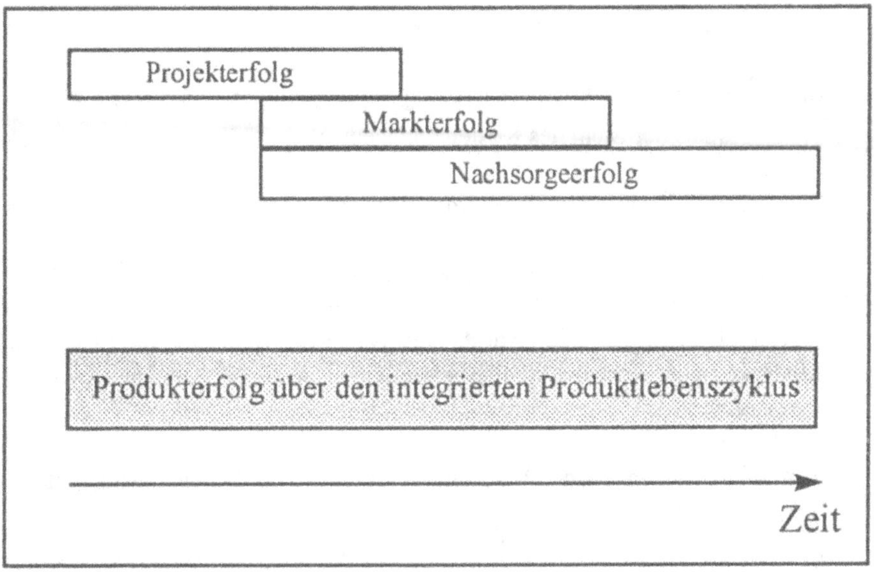

Abb. 61: Erfolgsstrukturierung
(in Anlehnung an: Siegwart, H./Senti, R. [1995], S. 84.)

2.2.5.3 Beurteilung des integrierten Produktlebenszyklus-Modells

Das integrierte Produktlebenszyklus-Konzept dient insbesondere der erfolgswirksamen Unterstützung der operativen und strategischen Instrumente und Methoden des Kostenmanagements. Mit Hilfe des integrierten Produktlebens-

556) Vgl. Siegwart, H./Senti, R. [1995], S. 82 - 84.

zyklus-Konzeptes wird sichergestellt, daß Kostenanalysen und Kostenbeeinflussungsmaßnahmen nicht nur auf den Marktzyklus bezogen werden, sondern daß bereits in der Entwicklungsphase eines Produktes die Folgekosten aus Kunden- und Herstellersicht mit Blick auf den Produkterfolg zielorientiert beeinflußt werden. Nur über die integrierte Sichtweise des Produktlebenszyklusses kann letztlich sichergestellt werden, daß die mit einem Erzeugnis verbundenen Kosten über die Produktlebenszykluserlöse gedeckt und der Produkterfolg maximiert wird.

2.2.5.4 Lehrfragen und Übungen

1. Beschreiben Sie das klassische Produktlebenszyklus-Modell und beurteilen Sie dieses aus der Sicht des Kostenmanagements.

2. Beschreiben Sie das integrierte Produktlebenszyklus-Modell.

3. Im Rahmen des integrierten Produktlebenszyklus-Modells werden verschiedene Erlös- und Kostenkategorien unterschieden. Nennen und erläutern Sie diese und begründen Sie, warum das Kostenmanagement die Erlös- und Kostenkomponenten sowohl aus Hersteller- als auch aus Kundensicht analysieren muß.

4. Beurteilen Sie das Modell des integrierten Produktlebenszyklus aus der Sicht des Kostenmanagements.

2.2.6 Prozeßorientierte Kosten- und Leistungsrechnung (KLR)

Die im Vordergrund des *Kostenmanagements* stehende Beeinflussung der Kosten erfolgt im Bestreben, die Kosten in die jeweils gewünschte Richtung zu beeinflussen:[557]

557) Vgl. Männel, W. [1995], S. 44.

Die zu beeinflussenden Kosten müssen jedoch im ersten Schritt ermittelt werden, um die Notwendigkeit einer Einflußnahme auf die Kosten zu erkennen.[558]

Die Erfassung, Gegenüberstellung und Bereitstellung zielrelevanter Kosten- und Leistungsinformationen fällt in das Aufgabengebiet der *Kosten- und Leistungsrechnung*, die als *Servicefunktion* den Mitgliedern des Unternehmens und hier insbesondere den Verantwortlichen des Kostenmanagements die zur Funktionserfüllung notwendigen Informationen vorzuhalten hat.[559] Das Kostenmanagement setzt also die rechnerische Erfassung und Abbildung der Kosten voraus:

„... Wohl ist eine Kostenrechnung ohne ihre Nutzung durch ein Kostenmanagement denkbar, nicht aber ein Kostenmanagement ohne die Unterstützung durch eine entsprechende Kostenrechnung."[560]

Die zielorientierte Beeinflussung der Kosten durch das Kostenmanagement in Richtung sinkender Stückkosten im Rahmen eines *Chancen- und Risikomanagements* ist z. B. daran gebunden, daß Informationen über *Stückkostendegressionen*, *Stückkostenprogressionen* und *Komplexitätskosten je Stück* zur Verfügung stehen.[561] Des weiteren setzt der wirkungsvolle Einsatz der Methoden und Instrumente des Kostenmanagements (z. B. Wertanalyse, Zero-Base-Budgeting, Target Costing und Benchmarking) voraus, daß die *Funktions-* und *Prozeßkosten* transparent ausgewiesen werden.

Ein effektives Kostenmanagement ist nur dann realisierbar, wenn die Kosten- und Leistungsrechnung den zur gewünschten Kostenbeeinflussung notwendigen Informationsbedarf auch decken kann:

558) Vgl. Franz, K.-P. [1992], S. 127.

559) Vgl. Hardt, R. [1996], S. 307. Zur Abgrenzung der Begriffe Kostenrechnung und Kostenmanagement vgl. die Ausführungen zu Gliederungspunkt 1.1., S. 7 und 8.

560) Franz, K.-P. [1992], S. 127.

561) Vgl. hierzu die Ausführungen zu Gliederungspunkt 1.1.3, S. 13 ff. und Gliederungspunkt 2.2.1.3, S. 27 ff.

„... Unter Beachtung der bedeutsamen Führungsaufgaben und Rechnungszwecke muß ein **geschlossenes kostenrechnerisches Gesamtkonzept** für die Unternehmensführung etabliert werden, welches **auch auf die speziellen Bedürfnisse des Kostenmanagements auszurichten ist.**“[562]

Die traditionellen Methoden der Plankostenrechnung „... sind gemeinsam mit den häufig im Kontext des Kostenmanagements genannten Ansätzen, wie z. B. die Prozeßkostenrechnung, zu nutzen und so aufeinander abzustimmen, daß sie sich auch für eine über die reine Kostenbeeinflussung hinausgehende Erfolgsbeeinflussung eignen.“[563]

2.2.6.1 Flexible Plankostenrechnung als (traditionelles) Basissystem der KLR

Den entscheidenden Impuls zur *Entwicklung der flexiblen Plankostenrechnung* löste die Erkenntnis aus, daß ohne eine permanente *Überwachung der Kostenwirtschaftlichkeit* eine rationelle Betriebsführung nicht möglich ist.[564] Die für eine Kostenstellenkontrolle erforderliche Ermittlung der Sollkosten je Kostenart und Kostenstelle wird im *System der flexiblen Plankostenrechnung* gewährleistet, indem im Rahmen der Kostenplanung sämtliche Kosten in ihre fixen und variablen Bestandteile aufgelöst werden.[565] Wesentlich ist, daß die Plankosten in der *flexiblen Plankostenrechnung* für verschiedene Beschäftigungsgrade (z. B. für eine Kapazitätsauslastung von 100%, 90%, 80 %, 70%) ermittelt werden:[566]

Statt fester Beträge werden den Kostenstellen *Kostenfunktionen vorgegeben*, die angeben, wie sich die Kosten einer Kostenstelle in Abhängigkeit von der Beschäftigung verhalten *sollen*. Die durch diese Funktionen angegebenen Kosten werden als *Sollkosten* bezeichnet.[567]

562) Männel, W. [1995], S. 44.
563) Männel, W. [1995], S. 44.
564) Vgl. Kilger, W. [1993], S. 44.
565) Vgl. Hardt, R. [1996], S. 309.
566) Vgl. Hummel, S./Männel, W. [12993], S. 137.
567) Vgl. Kilger, W. [1993], S. 39.

Heute werden *zwei Ausgestaltungsformen der flexiblen Plankostenrechnung* unterschieden, und zwar die auf *Vollkosten basierende flexible Plankostenrechnung* und die auf *Teilkosten basierende flexible Plankostenrechnung*, für letztere haben sich die Begriffe *Grenzplankostenrechnung* und *Deckungsbeitragsrechnung* durchgesetzt.[568]

2.2.6.1.1 Flexible Plankostenrechnung auf Vollkostenbasis

Das *charakteristische Merkmal* einer *flexiblen Plankostenrechnung auf Vollkostenbasis* besteht darin, daß die Aufsplittung der Kosten in fixe und variable Komponenten ausschließlich für die *Zwecke der Kostenkontrolle* erfolgt (vgl. Abbildung 62). Für die Verrechnungssatzbildung im Rahmen der innerbetrieblichen Leistungsverrechnung und die Bildung der Kalkulationssätze für die Hauptkostenstellen werden dagegen Vollkosten herangezogen (vgl. Abbildung 64).[569]

Bei diesem Rechnungssystem werden die Kosten je Kostenart und Kostenstelle in ihrer funktionalen Abhängigkeit von der Beschäftigung (B) in der Weise geplant, daß die für eine bestimmte Planbeschäftigung (x_p) ermittelten Plankosten (K_p) monatlich an die Istbeschäftigung (x_i) angepaßt werden können. Durch Umrechnung der Plankosten auf die unterschiedlichen Beschäftigungsgrade wird der *Sollkostenverlauf* bestimmt, d. h. es werden jene Kosten ermittelt, die unter der Voraussetzung wirtschaftlichen Verhaltens eingehalten werden sollen, wenn die Beschäftigung nicht ihren Planwert (x_p), sondern einen beliebigen Istwert (x_i) annimmt. Weichen die Istkosten (K_i) von den Sollkosten (K_s) oder den verrechneten Plankosten (K_{verr}) ab, können mit Hilfe der flexiblen Plankostenrechnung auf Vollkostenbasis *Verbrauchs-* (Δ V) und *Beschäftigungsabweichungen* (Δ B) festgestellt werden (vgl. Abbildung 62). Voraussetzung für die Ermittlung eines *Sollkostenverlaufs* ist, daß die Plankosten (K_p) im Rahmen der Kostenplanung in fixe und variable Plankosten unterteilt werden.[570]

568) Vgl. Kilger, W. [1993], S. 40, 58.
569) Vgl. Hardt, R. [1996], S. 309.
570) Vgl. Kilger, W. [1993], S. 39 ff.

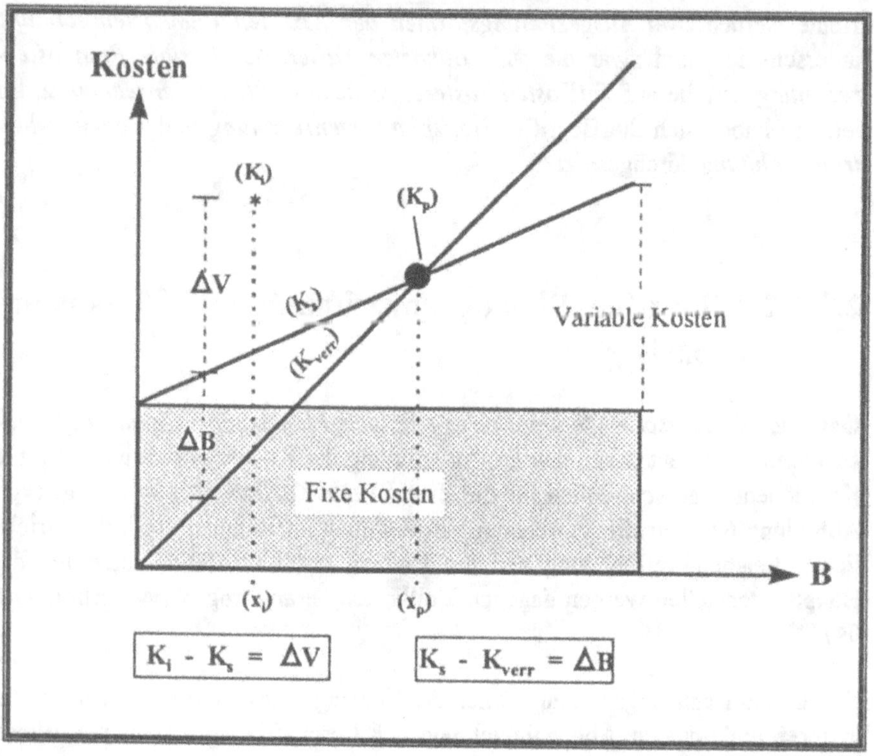

Abb. 62:
Kostenkontrolle im System der flexiblen Plankostenrechnung auf Vollkostenbasis

Bei der beschriebenen Kostenauflösung werden diejenigen Plankosten den fixen Kosten zugeordnet, die auch dann noch anfallen, wenn die Beschäftigung bei unveränderter Betriebsbereitschaft auf Null sinkt. Für die Aufteilung in fixe und variable Kostenbestandteile muß ein bestimmter Fristigkeitsgrad zugrunde gelegt werden, der üblicherweise einer einjährigen Planungsperiode entspricht. Aus diesem Grunde spricht man auch von einem *periodischen Rechnungssystem,* mit Hilfe dessen die *Kosten der Ressourcenbereitstellung* ausgewiesen werden:[571]

571) Vgl. Cooper, R./Kaplan, R. S. [1993], S. 7 ff.

Die *fixen Kosten* werden in der Literatur auch als *Kosten der Ressourcenbereitstellung* charakterisiert, da sie unabhängig von der tatsächlichen Nutzung der Kapazitäten anfallen.[572]

2.2.6.1.1.1 Verrechnung der Kosten im System der flexiblen Plankostenrechnung auf Vollkostenbasis

Eine grundlegende Voraussetzung für die Verrechnung der Kosten auf die Kostenstellen und Kostenträger bildet die *Bezugsgrößenwahl*. Mit der Wahl der Bezugsgröße - als Maßstab für die Kostenverursachung einer Kostenstelle - wird die entscheidende Festlegung für die in der *flexiblen Plankostenrechnung auf Vollkostenbasis* verankerten *Sollkostenfunktion* getroffen.[573]

Grundsätzlich können Bezugsgrößen mit doppelter Funktion, Bezugsgrößen mit einfacher Funktion sowie direkte und indirekte Bezugsgrößen unterschieden werden. Bezugsgrößen mit doppelter Funktion sind dadurch charakterisiert, daß sie erstens als verursachungsgerechter Maßstab für die Kostenstellenkosten verwandt werden (Kostenkontrollfunktion) und zweitens in einer möglichst direkten Beziehung zu den Kostenträgern stehen, auf die die Kostenstellenkosten verrechnet werden (Kalkulationsfunktion). Bezugsgrößen mit einfacher Funktion zeichnen sich dadurch aus, daß sie entweder eine Kontroll- oder eine Kalkulationsfunktion wahrnehmen.[574]

Kilger bezeichnet sämtliche quantitativen Maßgrößen der Kostenverursachung einer Kostenstelle (z. B. Stückzahlen, Fertigungszeiten, Gewichtseinheiten) als direkte Bezugsgrößen. Ist eine unmittelbare, quantitative Messung nicht (oder nur mit wirtschaftlich nicht vertretbarem Aufwand) möglich, müssen für die jeweiligen Kostenstellen indirekte Bezugsgrößen (auch: Hilfs- oder Verrechnungsbezugsgrößen) gebildet werden, die aus den Bezugsgrößen anderer Kostenstellen, aus Kostenartenbeträgen (z. B. Material- oder Lohnkosten) oder den Herstellkosten der abgesetzten Erzeugnisse abgeleitet werden können.[575]

---

572) Vgl. Cooper, R./Kaplan, R. S. [1993], S. 7 ff.
573) Vgl. Kilger, W. [1993], S. 312.
574) Vgl. Haberstock, L. [1986], S. 56 - 57 und 78 - 79; Müller, A. [1992], S. 12 ff.
575) Vgl. Kilger, W. [1993], S. 315 ff.

Für die Kostenstellen des direkten Fertigungsbereiches lassen sich die Produktionsbeiträge in nahezu allen Fällen mit Hilfe direkter Bezugsgrößen erfassen.[576] Für die indirekten Kostenstellen des Gemeinkostenbereiches können grundsätzlich ebenso direkte Bezugsgrößen ermittelt werden, soweit die Leistungen der Kostenstellen quantifizierbar sind (vgl. Abbildung 63). Im Rahmen der *flexiblen Plankostenrechnung* wird in der Praxis jedoch i. d. R. auf eine Verwendung direkter Bezugsgrößen in den Gemeinkostenstellen verzichtet.[577] Gegen die Verwendung direkter Bezugsgrößen in den indirekten Leistungsbereichen werden in der Literatur vor allem nachstehende Gründe angeführt:

- ⇨ Falls es gelingt, Leistungeinheiten für bestimmte Verwaltungstätigkeiten zu ermitteln, dürfte es problematisch sein, die entsprechenden Sollkosten (Vorgabewerte) pro Leistungseinheit festzulegen.

- ⇨ Zwar sind diese Bezugsgrößen durchaus zur Leistungsmessung und Durchführung des Soll-/Ist-Vergleichs geeignet, dagegen fehlt jedoch die unmittelbare kalkulatorische Weiterverrechnung auf die betrieblichen Erzeugnisse.

- ⇨ In der Praxis der Plankostenrechnung werden direkte Bezugsgrößen für die indirekten Leistungsbereiche nur selten eingeführt, da der Planungs- und Erfassungsaufwand solcher Bezugsgrößen relativ hoch ist.[578]

Für den Fall, daß für die *Zwecke der Kostenkontrolle* für indirekte Leistungsbereiche direkte Bezugsgrößen herangezogen werden, ist im Konzept der *flexiblen Plankostenrechnung* zur kalkulatorischen Weiterverrechnung der Kosten indirekter Leistungsbereiche auf die Produkte nur die Verwendung indirekter Bezugsgrößen erlaubt. So lassen sich z. B. in den Kostenstellen des Materialbereiches für die Kostenkontrolle direkte Bezugsgrößen finden (z. B. Anzahl der Frachtbriefe, Anzahl der Ladungsträger). Zur kalkulatorischen Weiterverrechnung dient aber die indirekte Bezugsgröße „DM-Materialkosten".[579] Zum Beispiel werden die Materialgemeinkosten-Zuschlagsprozentsätze ermittelt, indem die Materialgemeinkosten durch die Materialeinzelkosten dividiert werden. Für die Verrechnung der Fertigungsgemeinkosten auf die Produkte werden als Bezugsgrößen z. B. die Fertigungseinzelkosten (Fertigungslöhne) oder Maschinenstunden herangezogen. Für die Zuschlagsprozentsatzbildung des Ver-

576) Vgl. Kilger, W. [1993], S. 316.
577) Vgl. Müller, A. [1992], S. 14 - 16.
578) Vgl. Müller, A. [1992], S. 14 - 15.
579) Vgl. Kilger, W. [1993], S. 329.

triebs sowie des Verwaltungsbereichs werden i. d. R. die Herstellkosten der Erzeugnisse als Bezugsbasis gewählt (vgl. Abb. 64 und 65).[580]

Art der Kostenstelle	Art der Bezugsgröße
Laboratorien	Anzahl der Proben Anzahl der Analysen
Einkauf	Anzahl bearbeitete Angebote Anzahl Bestellungen Anzahl geprüfte Rechnungen
Materiallager/ Fertigwarenlager	Anzahl Zugänge Anzahl Abgänge
Finanzbuchhaltung	Anzahl der Buchungen
Kalkulation	Anzahl Vorkalkulationen Anzahl Nachkalkulationen
Lohnabrechnung	Anzahl Bruttolohnab- rechnungen
Fakturierung	Anzahl Rechnungen Anzahl Rechnungspositionen
Versand	Anzahl Versandaufträge

Abb. 63: Direkte Bezugsgrößen für Gemeinkostenstellen
(Quelle: Kilger, W. [1993], S. 327.)

580) Vgl. Hardt, R. [1996], S. 310.

Materialgemeinkosten-Zuschlagsprozentsatz (MGK-ZS):

$$\text{MGK-ZS} = \frac{\sum \text{Materialgemeinkosten}}{\sum \text{Materialeinzelkosten}} * 100 = [\%]$$

Zum Beispiel:

MGK-Block:	
Fixe Kosten:	6.000.000,- DM
Variable Kosten:	2.000.000,- DM
Gesamtkosten:	8.000.000,- DM

$$\text{MGK-ZS} = \frac{8.000.000,\text{- DM}}{32.000.000,\text{- DM}} * 100 = 25\ \%$$

Fertigungsgemeinkosten-Zuschlagsprozentsatz (FGK-ZS):

$$\text{FGK-ZS} = \frac{\sum \text{Fertigungsgemeinkosten}}{\sum \text{Fertigungseinzelkosten}} * 100 = [\%]$$

Zum Beispiel:

FGK-Block:	
Fixe Kosten:	33.000.000,- DM
Variable Kosten:	3.000.000,- DM
Gesamtkosten:	36.000.000,- DM

$$\text{FGK-ZS} = \frac{36.000.000,\text{- DM}}{6.000.000,\text{- DM}} * 100 = 600\ \%$$

Verwaltungsgemeinkosten-Zuschlagsprozentsatz (VwGK-ZS):

$$\text{VwGK-ZS} = \frac{\sum \text{Verwaltungsgemeinkosten}}{\sum \text{Herstellkosten}} * 100 = [\%]$$

Zum Beispiel:

VwGK-Block:	
Fixe Kosten:	3.885.000,- DM
Variable Kosten:	215.000,- DM
Gesamtkosten:	4.100.000,- DM

$$\text{VwGK-ZS} = \frac{4.100.000,\text{- DM}}{82.000.000,\text{- DM}} * 100 = 5\ \%$$

Vertriebsgemeinkosten-Zuschlagsprozentsatz (VtrGK-ZS):

$$\text{VtrGK-ZS} = \frac{\sum \text{Vertriebsgemeinkosten}}{\sum \text{Herstellkosten}} * 100 = [\%]$$

Zum Beispiel:

VtrGK-Block:	
Fixe Kosten:	1.025.000,- DM
Variable Kosten:	1.025.000,- DM
Gesamtkosten:	2.050.000,- DM

$$\text{VtrGK-ZS} = \frac{2.050.000,\text{- DM}}{82.000.000,\text{-- DM}} * 100 = 2{,}5\ \%$$

Abb. 64:
Zuschlagsprozentsatzbildung auf Vollkostenbasis am Beispiel der Lohnzuschlagskalkulation

MGK-ZS = 25 %

FGK-ZS = 600 %

VwGK-ZS = 5 %

VtrGK-ZS = 2,5 %

	Erzeugnis A		Erzeugnis B	
Materialeinzelkosten	20,-	DM	200,-	DM
Materialgemeinkosten	5,-	DM	50,-	DM
Fertigungseinzelkosten	2,-	DM	5,-	DM
Fertigungsgemeinkosten	12,-	DM	30,-	DM
Herstellkosten	39,-	DM	285,-	DM
Verwaltungsgemeinkosten	1,95	DM	14,25	DM
Vertriebsgemeinkosten	0,9750	DM	7,1250	DM
Selbstkosten	41,9250	DM	306,3750	DM

Frage:
Hat das Erzeugnis B wirklich mehr Ressourcen in den Gemeinkostenbereichen "verzehrt" ?

Abb. 65:
Stückkalkulation auf Vollkostenbasis am Beispiel der Lohnzuschlagskalkulation

2.2.6.1.1.2 Beurteilung der flexiblen Plankostenrechnung auf Vollkostenbasis

Die im *System der flexiblen Plankostenrechnung* übliche Verrechnung der indirekten Kosten mit Hilfe pauschaler Zuschlagsprozentsätze auf die Erzeugnisse ist mit der Gefahr verbunden, daß Gemeinkosten in hohem Maße ungenau kalkuliert werden:

Zurechnungsfehler durch Materialgemeinkostenzuschläge:
In den Materialgemeinkosten sind die Kosten des Einkaufs, des Wareneingangslagers, der Materialdisposition usw. zusammengefaßt. Bis auf wenige Ausnahmen (z. B. Kosten für Transportversicherungen) ist aber kaum ein Kostenbetrag tatsächlich von der indirekten Bezugsgröße des Materialeinsatzwertes abhängig.[581] Die Verrechnung der Materialgemeinkosten auf der Basis pauschaler Zuschlagsprozentsätze bringt es mit sich, daß ein Produkt mit hohem Materialeinsatzwert hohe Materialgemeinkosten zugerechnet bekommt und umgekehrt. Der Materialeinsatzwert verursacht jedoch überhaupt nicht die meisten Materialgemeinkosten:[582]

> Ob ein Zukaufteil für 20,--DM, 200,-- DM oder 2000,--DM eingekauft wird ... die Ressourcenbeanspruchung und der Werteverzehr sind niemals vom Materialeinsatzwert eines zu produzierenden Erzeugnisses abhängig (vgl. Abb. 64 und 65).[583]

Zurechnungsfehler durch Fertigungsgemeinkostenzuschläge:
In die Fertigungsgemeinkosten fließen neben den Gemeinkosten der direkten Fertigungskostenstellen auch die Gemeinkosten der Fertigungs-Hilfskostenstellen (z. B. Innerbetrieblicher Transport, Produktionsplanung und -steuerung) ein. Für die Verrechnung von Fertigungsgemeinkosten werden häufig noch die Fertigungslohneinzelkosten als Zuschlagsbasis verwendet (vgl. Abb. 64 u. 65). Automatisierung und Mechanisierung innerhalb des Fertigungsbereiches haben zu einer Kostenstrukturverschiebung in Richtung steigender Fix- bzw. Ge-

581) Vgl. Müller, A. [1992], S. 23 ff.
582) Vgl. Weber, J. [1992], S. 30.
583) Vgl. Müller, A. [1992], S. 23.

meinkosten und sinkener Lohneinzelkosten geführt. Unter dem Gesichtspunkt des Kostenverursachungsprinzips sind die Fertigungslohneinzelkosten als Zuschlagsbasis und damit Bezugsgröße für die Fertigungsgemeinkosten denkbar ungeeignet. Außerdem ist es nur in Ausnahmefällen denkbar, daß ein Produkt mit hohen Fertigungslohnkosten in gleichem Maße auch höhere Kosten in den Fertigungs-Hilfskostenstellen nach sich zieht.[584]

Zurechnungsfehler durch Verwaltungs- und Vertriebsgemeinkostenzuschläge:
In den Verwaltungsgemeinkosten werden u. a. die Kosten der Unternehmensleitung, des Rechnungswesens, des Controllings, der Personal- und EDV-Abteilung zusammengefaßt. Die Vertriebsgemeinkosten setzen sich z. B. aus den Kosten des Endproduktelagers und des Versandes zusammen. Für die Zuschlagssatzbildung dieser beiden Gemeinkostenbereiche werden i. d. R. die Herstellkosten des Umsatzes als Bezugsbasis herangezogen. Auch hier gilt - analog zu den obigen Ausführungen -, daß angesichts der vielen verschiedenen Verwaltungs- und Vertriebsleistungen eine verursachungsgerechte Kalkulation dieser Kosten auf die Erzeugnisse nicht möglich ist, da die Ressourcenbeanspruchung dieser Gemeinkostenstellen durch die Erzeugnisse von den Herstellkosten weitgehend unabhängig ist.[585]

Ein weiterer Schwachpunkt ergibt sich aus der Tatsache, daß in der flexiblen Plankostenrechnung auf Vollkostenbasis sowohl die variablen als auch die fixen Kosten über jeweils gleiche Bezugsgrößen auf die Erzeugnisse weiterverrechnet werden (= Fixkostenproportionalisierung). Dieser Umstand ist mit gravierenden Fehlentscheidungen im Rahmen der Verkaufssteuerung und der Lösung von Verfahrenswahlproblemen verbunden. Hier sei beispielhaft auf die Eliminierung von (angeblichen Verlustartikeln) verwiesen. Oft werden Erzeugnisse aus dem Produktionsprogramm herausgenommen, weil die ermittelten Vollkosten über den Marktpreis nicht gedeckt sind. Bei derartigen Entscheidungen wird häufig nicht bedacht, daß mit der Eliminierung dieses Produktes zwar die variablen Kosten abgebaut werden, die bisher verrechneten Fixkosten aber bei Konstanz der Kapazitäten bestehen bleiben bzw. von den übrigen Produkten mit der Wirkung getragen werden müssen, daß sich entweder die Vollkostensätze erhöhen oder der Gewinn mindert. Ähnliche Probleme ergeben sich auch bei der Wahl zwischen Eigenfertigung und Fremdbezug, wenn Vollkosten als Entscheidungsbasis für Make-or-Buy-Entscheidungen herangezogen werden. Da die flexible Plankostenrechnung die Kalkulation bzw. kostenmäßige Abbildung von Dienstleistungsaktivitäten nicht vorsieht, ist es mit diesem Rech-

584) Vgl. Müller, A. [1992], S. 23 - 24; Weber, J. [1992], S. 30. Vgl. hierzu auch die Ausführungen zu Gliederungspunkt 1.1 „Kostenstrukturverschiebungen und Kostenmanagement", S. 5 ff.

585) Vgl. Müller, A. [1992], S. 25 ff.

nungssystem auch nicht möglich, dem Kostenmanagement geeignete Informationen für Outsourcing-Entscheidungen bereitzustellen.[586] Ein weiteres Problem ergibt sich daraus, daß bei der Durchführung einer Vollkostenrechnung die Preisuntergrenzen der betrieblichen Erzeugnisse nicht bekannt sind; damit besteht die Gefahr, daß in einer angespannten Wirtschaftslage Verkaufspreise angesetzt werden, die erheblich unter der Preisuntergrenze liegen.[587]

Es besteht Einigkeit darüber, daß im Rahmen kurzfristiger Entscheidungen Vollkosteninformationen zu Fehlentscheidungen führen. Bei Entscheidungen von längerfristiger Wirkung sind allerdings Vollkosteninformationen notwendig.[588]

So ist es für ein Unternehmen beispielsweise - mit Blick auf die langfristige Existenzsicherung - von großer Bedeutung, daß mittel- bis langfristig die Gesamterlöse die Gesamtkosten mindestens decken. Das bedeutet, daß in der Kostenrechnung die Selbstkosten auf Vollkostenbasis für den einzelnen Kostenträger ermittelt werden müssen. Die vollen Selbstkosten stellen für die Preisbeurteilung bzw. im Rahmen von Preisauskommensrechnungen die *langfristige Preisuntergrenze* dar.[589]

Wegen der längerfristigen Wirkungen von Entscheidungen im Rahmen des strategischen Kostenmanagements bauen die zur Kostenbeeinflussung eingesetzten Instrumente und Methoden stets auf Vollkosteninformationen auf (z. B. Erfahrungskurven-Konzept, Wertanalyse, Gemeinkostenwertanalyse, Target Costing, Benchmarking und Produktlebenszyklusrechnungen). Allerdings ist der erfolgreiche Einsatz dieser Instrumente und Methoden daran gebunden, daß die verwendeten Stückkosteninformationen die Realität bzw. den durch die Erzeugnisse beanspruchten Ressourcenverzehr abbilden:

---

586) Vgl. hierzu die Ausführungen zu Gliederungspunkt 2.2.4 „Outsourcing", S. 164 ff.
587) Vgl. Hardt, R. [1996], S. 310 - 311.
588) Vgl. Küpper, H.-U. [1991], S. 55.
589) Vgl. Däumler, K.-D. [1993], S. 353; Kosiol, E. [1979], S. 85, Plaut, G. [1992], S. 214.

Die durch ein Erzeugnis beanspruchte *Ressourcennutzung* kann mit Hilfe der flexiblen Plankostenrechnung auf Vollkostenbasis über die herkömmliche Stückkalkulation jedoch nicht abgebildet werden.[590]

Zusammenfassend kann festgehalten werden, daß der für den Einsatz der Methoden und Instrumente des Kostenmanagements notwendige Ausweis von *Stückkostenprogressionen*, *Stückkostendegressionen*, *Komplexitätskosten je Stück*, *Funktions-* und *Prozeßkosten je Aktivität* über den Einsatz einer flexiblen Plankostenrechnung auf Vollkostenbasis nicht realisiert werden kann.

Die Aufgabe der Kosten- bzw. Wirtschaftlichkeitskontrolle kann die flexible Plankostenrechnung auf Vollkostenbasis jedoch „... mit Hilfe der flexiblen Vorgabe von Sollkosten in hervorragender Weise erfüllen ...“.[591]

Aus der Sicht des Kostenmanagements erweist es sich jedoch als problematisch, daß die Kostenstellenleiter lediglich die aus ihren Entscheidungen innerhalb der jeweils eigenen Kostenstelle resultierenden Folgewirkungen zu vertreten haben. Eventuelle bereichsübergreifende negative Auswirkungen auf andere Kostenstellen sind somit nicht durch den Entscheidungsträger, sondern durch andere Kostenstellenleiter zu verantworten.

2.2.6.1.2 Flexible Plankostenrechnung auf Teilkostenbasis (Grenzplankostenrechnung)

Die *flexible Plankostenrechnung auf Teilkostenbasis*, für die sich die Begriffe *Grenzplankostenrechnung* und (insbesondere in der Praxis) *Deckungsbeitragsrechnung* durchgesetzt haben,[592] stellt eine Weiterentwicklung der *flexi-*

590) Vgl. Cooper, R./Kaplan, R. S. [1993], S. 7 ff.
591) Kilger, W. [1993], S. 46.
592) Für das System der flexiblen Plankostenrechnung auf Teilkostenbasis werden in der Literatur auch andere synonyme Bezeichnungen verwendet, wie z. B.

blen Plankostenrechnung auf Vollkostenbasis dar. Der wesentliche Unterschied zur Vollkostenrechnung besteht darin, „... daß sowohl bei der Bildung von Verrechnungssätzen für innerbetriebliche Leistungen als auch bei der Ermittlung von Kalkulationssätzen ...“[593] nur die variablen Kosten herangezogen werden. Auf diese Weise sollen die mit einem Vollkostenrechnungssystem verbundenen Mängel der Fixkostenproportionalisierung eliminiert werden:

Die ***Hauptziele*** der Grenzplankostenrechnung liegen in der Ableitung von *Entscheidungsinformationen* auf der Basis gegebener Kapazitäten und in der kurzfristigen *Planung und Kontrolle des Periodenerfolges* mit Hilfe von *Deckungsbeiträgen.*[594]

Die verrechneten Plankosten stimmen in der *Grenzplankostenrechnung* stets mit den proportionalen Sollkosten überein, so daß der für die Vollkostenrechnung typische Ausweis von Beschäftigungsabweichungen entfällt. Der Soll-/Ist-Kostenvergleich wird in der *Grenzplankostenrechnung* in gleicher Weise durchgeführt wie in der auf Vollkosten basierenden flexiblen Plankostenrechnung.[595]

2.2.6.1.2.1 Verrechnung der Kosten im System der flexiblen Plankostenrechnung auf Teilkostenbasis

Hinsichtlich des Aufbaus der *Grenzplankostenrechnung* sowie der Bestimmung und Bedeutung der Bezugsgrößenwahl ergeben sich im System der *Grenzplankostenrechnung* und der flexiblen Plankostenrechnung auf Vollkostenbasis keine Unterschiede. Ein wesentlicher Vorteil der *Grenzplankostenrechnung* besteht darin, daß für die Zuschlagsprozentsatzbildung bzw. im Rahmen der Kostenträgerstückrechnung lediglich die erzeugnisabhängigen variablen Kosten verrechnet werden (vgl. Abb. 66 und 67). Auf diese Weise wird die in Vollkostenrechnungssystemen übliche Proportionalisierung der fixen Kostenbestandteile mit der Wirkung vermieden, daß die über die *Grenzplan-*

Blockkostenrechnung, Proportionalkostenrechnung, Differenzkostenrechnung; diese Bezeichnungen haben sich jedoch in der Praxis nicht durchgesetzt. Vgl. hierzu ausführlich Kilger, W. [1993], S. 58.

593) Kilger, W. [1993], S. 59.

594) Vgl. Kilger, W. [1993], S. 61.

595) Vgl. Kilger, W. [1993], S. 59 - 61.

Materialgemeinkosten-Zuschlagsprozentsatz (MGK-ZS):

Zum Beispiel:

MGK-Block:	
Fixe Kosten:	6.000.000,- DM
Variable Kosten:	2.000.000,- DM
Gesamtkosten:	8.000.000,- DM

$$\text{MGK-ZS} = \frac{\sum \text{Variable Material-GK}}{\sum \text{Materialeinzelkosten}} * 100 = [\%]$$

$$\text{MGK-ZS} = \frac{2.000.000,\text{- DM}}{32.000.000,\text{- DM}} * 100 = 6{,}25\ \%$$

Fertigungsgemeinkosten-Zuschlagsprozentsatz (FGK-ZS):

Zum Beispiel:

FGK-Block:	
Fixe Kosten:	33.000.000,- DM
Variable Kosten:	3.000.000,- DM
Gesamtkosten:	36.000.000,- DM

$$\text{FGK-ZS} = \frac{\sum \text{Variable Fertigungs-GK}}{\sum \text{Fertigungseinzelkosten}} * 100 = [\%]$$

$$\text{FGK-ZS} = \frac{3.000.000,\text{- DM}}{6.000.000,\text{- DM}} * 100 = 50\ \%$$

Verwaltungsgemeinkosten-Zuschlagsprozentsatz (VwGK-ZS):

Zum Beispiel:

VwGK-Block:	
Fixe Kosten:	3.885.000,- DM
Variable Kosten:	215.000,- DM
Gesamtkosten:	4.100.000,- DM

$$\text{VwGK-ZS} = \frac{\sum \text{Variable Verwaltungs-GK}}{\sum \text{Variable Herstellkosten}} * 100 = [\%]$$

$$\text{VwGK-ZS} = \frac{215.000,\text{- DM}}{43.000.000,\text{- DM}} * 100 = 0{,}5\ \%$$

Vertriebsgemeinkosten-Zuschlagsprozentsatz (VtrGK-ZS):

Zum Beispiel:

VtrGK-Block:	
Fixe Kosten:	1.025.000,- DM
Variable Kosten:	1.025.000,- DM
Gesamtkosten:	2.050.000,- DM

$$\text{VtrGK-ZS} = \frac{\sum \text{Variable Vertriebs-GK}}{\sum \text{Variable Herstellkosten}} * 100 = [\%]$$

$$\text{VtrGK-ZS} = \frac{1.025.000,\text{- DM}}{43.000.000,\text{-- DM}} * 100 = 2{,}3837\ \%$$

Abb. 66:
Zuschlagsprozentsatzbildung auf Teilkostenbasis am Beispiel der Lohnzuschlagskalkulation

MGK-ZS = 6,25 %

FGK-ZS = 50 %

VwGK-ZS = 0,5 %

VtrGK-ZS = 2,3837 %

	Erzeugnis A	Erzeugnis B
Materialeinzelkosten	20,- DM	200,- DM
Materialgemeinkosten	1,25 DM	12,25 DM
Fertigungseinzelkosten	2,- DM	5,- DM
Fertigungsgemeinkosten	1,- DM	2,50 DM
Herstellkosten	24,25 DM	219,75 DM
Verwaltungsgemeinkosten	0,1213 DM	1,0988 DM
Vertriebsgemeinkosten	0,5780 DM	5,2382 DM
Selbstkosten	24,9493 DM	226,0870 DM

Kurzfristige Preisuntergrenzen

Abb. 67:
Stückkalkulation auf Teilkostenbasis am Beispiel der Lohnzuschlagskalkulation

kostenrechnung ermittelten Erzeugnisstückkosten als Entscheidungsinformationen für kurzfristige dispositive Planungsentscheidungen herangezogen werden können. Hier sei insbesondere auf die mögliche Ermittlung von *Preisuntergrenzen* sowie auf dispositive Problemstellungen innerhalb der Verkaufssteuerung und kurzfristige Verfahrenswahlprobleme hingewiesen, für die die flexible Plankostenrechnung auf Vollkostenbasis i. d. R. keine Hilfestellung anbieten kann und häufig zu Fehlentscheidungen verleitet.[596]

In der ursprünglichen Form der *Grenzplankostenrechnung* werden die fixen Kosten als undifferenziertes Ganzes (Fixkostenblock) in die Periodenerfolgsrechnung übernommen und im Rahmen der Erfolgsermittlung dem Gesamtdeckungsbeitrag der Periode nach folgender Grundformel gegenübergestellt:[597]

$$G = \sum_{j=1}^{n} (p_j - k_{pj}) * x_j - \sum_{i=1}^{m} K_{F_i}$$

Die Indizes j = 1, ..., n kennzeichnen die Anzahl der Produkte. Die Verkaufspreise bzw. Erlöse je Produktart werden mit p_j und die proportionalen Selbstkosten pro Einheit als k_{pj} bezeichnet. Die Differenzen $p_j - k_{pj}$ geben die Stückdeckungsbeiträge der betrieblichen Erzeugnisse an. Multipliziert man die Stückdeckungsbeiträge mit den jeweils abgesetzten Mengen x_j, so erhält man die Erzeugnisdeckungsbeiträge der betrachteten Periode. Werden diese über alle Produktarten summiert, so erhält man den Gesamtdeckungsbeitrag. Der Gewinn der Periode wird ermittelt, indem der Gesamtdeckungsbeitrag um die Fixkosten sämtlicher Kostenstellen gemindert wird. In der obigen Gleichung kennzeichnet der Index i die Kostenstellennummern, m gibt die Anzahl der Kostenstellen an:

596) Vgl. Kilger, W. [1993], S. 61.
597) Vgl. Kilger, W. [1976], S. 17.

„... Ein positiver Gesamterfolg G kann nur entstehen, wenn ... der Gesamtdeckungsbeitrag größer als die Summe der Fixkosten ist.“[598]

Mit Hilfe der obigen Gewinngleichung erkennt man sofort, wie sich der Gesamterfolg verändert, wenn man einzelne Produkte aus dem Programm streicht oder die mengenmäßige Zusammensetzung des Verkaufsprogramms ändert:

„... Die irrtümliche Eliminierung von „Verlustartikeln“ ... ist bei der Grenzplankostenrechnung nicht möglich.“[599]

2.2.6.1.2.2 Beurteilung der flexiblen Plankostenrechnung auf Teilkostenbasis

Die Funktion der Kostenkontrolle ist durch die Entwicklung der *Grenzplankostenrechnung* nicht wesentlich verändert worden; eine aus der Sicht des Kostenmanagements wichtige kostenstellenübergreifende Kostenkontrolle ist über den Einsatz einer auf Teilkosten basierenden flexiblen Plankostenrechnung ebenfalls nicht möglich. Informationen über die Ressourcennutzung einer Erzeugnisart oder eines Erzeugnisses, Stückkostendegressionen, Stückkostenprogressionen und Komplexitätskosten je Stück sowie Funktions- und Prozeßkosten je Aktvität können mit Hilfe der Grenzplankostenrechnung für das Kostenmanagement ebenfalls nicht bereitgestellt werden. Ein wesentlicher Vorteil ist darin zu sehen, daß im Rahmen der *Grenzplankostenrechnung* lediglich die erzeugnisabhängigen variablen Kosten verrechnet werden. Mit Hilfe der Kalkulation werden für sämtliche Produktarten Stückkosten ermittelt, die in dem ursprünglichen Konzept der *Grenzplankostenrechnung* auf den zugrundegelegten Ansätzen der jährlichen Kostenplanung basieren:

598) Kilger, W. [1993], S. 62.
599) Kilger, W. [1993], S. 62.

Bei Übereinstimmung der zeitlichen Dimension des Entscheidungsfeldes mit dem Fristigkeitsgrad von einem Jahr stellen die jahresbezogenen Grenz-Stückkosten der Erzeugnisse zum einen die *absolute Preisuntergrenze* der Produkte und zum anderen die *entscheidungsrelevanten Kosten* für dispositive Entscheidungen dar.[600]

Dies gilt jedoch nicht für Entscheidungen, die sich auf einen Planungshorizont beziehen, der kleiner oder größer als der Fristigkeitsgrad von einem Jahr ist (vgl. Abbildung 68), da sich die Kostenstruktur bzw. das Verhältnis zwischen den fixen und den variablen Kosten mit der Variation des Fristigkeitsgrades ebenfalls verändert.[601]

Die ***Hauptvorteile*** der Grenzplankostenrechnung gegenüber der auf Vollkosten basierenden flexiblen Plankostenrechnung liegen darin, daß sie die Unternehmensleitung über die Preisuntergrenze der betrieblichen Erzeugnisse informiert, Fehlentscheidungen über die Zusammensetzung des Verkaufsprogramms entgegenwirkt und die Erfolgsplanung übersichtlicher gestaltet.

Im Gegensatz zur Vollkostenrechnung sind in der flexiblen Plankostenrechnung auf Teilkostenbasis im Rahmen der kurzfristigen Ergebnisrechnung Zusammenhänge zwischen Unternehmenserfolg und der Variation der Produktions- und Absatzmengen erkennbar. Allerdings läßt sich über die globale Betrachtung des Fixkostenblocks keine Erkenntnis über den Grad der Fixkostendeckung durch die einzelnen Erzeugnisarten gewinnen. So gibt es eine Reihe von Fixkostenkomponenten, die nur deshalb anfallen, weil ein bestimmtes Erzeugnis gefertigt wird, wie z. B. der Aufbau eines Werkes für die Produktion eines neuen Personenkraftwagens in einem Unternehmen der Automobilindustrie oder die Leasinggebühren für eine Spezialmaschine, auf der nur ein Erzeugnis hergestellt wird.[602]

---

600) Vgl. Kilger, W. [1976], S. 17 - 18.

601) Für unterjährige Planungsentscheidungen hat Kilger die dynamische Grenzplankostenrechnung konzipiert; vgl. hierzu ausführlich: Kilger, W. [1976], S. 17 ff., vgl. auch: Seicht, G. [1963], S. 703 ff.

602) Vgl. Agthe, K. [1959], S. 407.

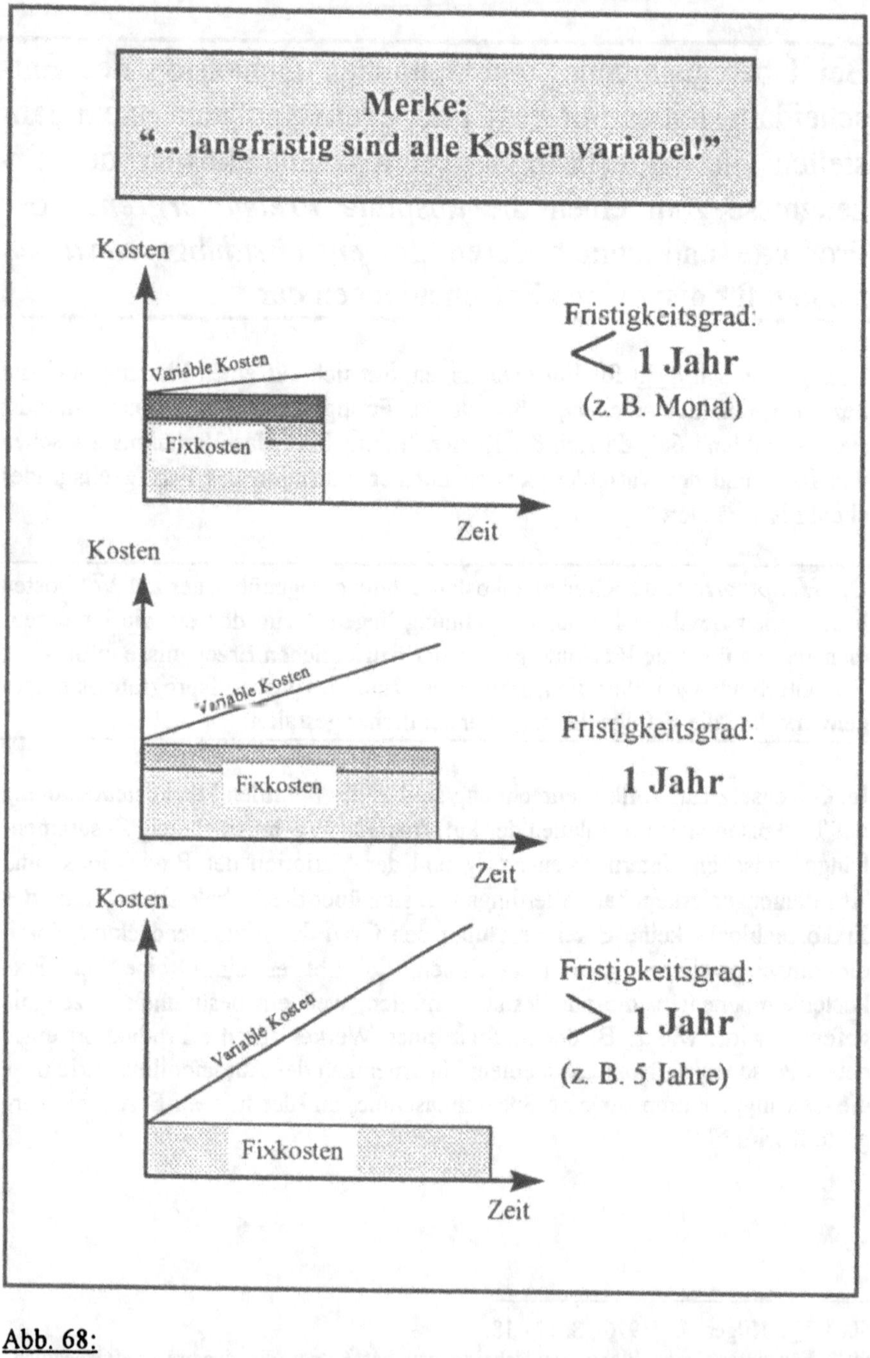

Abb. 68:
Abhängigkeit zwischen Kostenstruktur und Fristigkeitsgrad der Kostenplanung

Aber was bedeutet „... ein Deckungsbeitrag von 30 % und mehr des Umsatzerlöses, wenn die Aufnahme der Produktion des betreffenden Erzeugnisses allein schon Fixkosten in dieser Höhe verursacht hat?“[603]

Fragestellungen und Problemstellungen dieser Art können mit Hilfe der ursprünglichen Form der Grenzplankostenrechnung, die die Fixkosten en bloc den verschiedenen Leistungen des Unternehmens gegenüberstellt, nicht gelöst werden.

Mit dem Ziel, „... einen wirklichen Eindruck von dem Grad der Fixkostendeckung durch die einzelnen Erzeugnisarten und Erzeugnisgruppen ...“[604] zu erhalten und somit den Informationsgehalt der kurzfristigen Erfolgsrechnung zu verbessern, schlagen Agthe[605] und Mellerowicz[606] eine differenzierte, soweit möglich „... verursachungsgemäße ...“[607] Zurechnung von Fixkostenbeträgen zu bestimmten Deckungsbeiträgen vor. Dieses Verfahren wird in der Literatur als *stufenweise Fixkostendeckungsrechnung* oder als *mehrfachgestufte* oder *mehrstufige Deckungsbeitragsrechnung* bezeichnet,[608] die im Mittelpunkt der nachstehenden Ausführungen steht.

2.2.6.1.3 Stufenweise Fixkostendeckungsrechnung und Fixkostenmanagement

Die *stufenweise Fixkostendeckungsrechnung* „... ist keine geschlossene Form der Kostenrechnung, sondern lediglich eine *Ergänzung der nach dem Deckungsbeitragsprinzip durchgeführten Erfolgsrechnung.*“[609]

603) Agthe, K. [1959], S. 407.
604) Agthe, K. [1959], S. 407.
605) Vgl. Agthe, K. [1959], S. 406 ff.
606) Vgl. Mellerowicz, K. [1972], S. 371 ff.
607) Agthe, K. [1959], S. 407.
608) Vgl. Kilger, W. [1993], S. 87.
609) Kilger, W. [1993], S. 87.

Die ***Hauptzielsetzung*** der *stufenweisen Fixkostendeckungsrechnung* besteht darin, im Rahmen der Erfolgsanalyse zu erkennen, bis zu welcher „Produktionstiefe" die Deckungsbeiträge der betrieblichen Erzeugnisse zur Fixkostendeckung ausreichen.[610]

Wie nachstehend gezeigt wird, wird die *stufenweise Fixkostendeckungsrechnung* heute zunehmend im Rahmen des *Fixkostenmanagements* eingesetzt. Zu diesem Zweck ist das ursprüngliche Konzept der *stufenweisen Fixkostendeckungsrechnung* von verschiedenen Autoren zu einem umfassenden Instrument des Kostenmanagements weiterentwickelt worden.

2.2.6.1.3.1 Verrechnung der Kosten im Rahmen der stufenweisen Fixkostendeckungsrechnung

Die *stufenweise Fixkostendeckungsrechnung* ist dadurch charakterisiert, daß die als fix klassifizierten Kostenarten innerhalb einer nach leistungswirtschaftlichen sowie institutionellen Aspekten differenzierten Hierarchie von Kalkulationsobjekten jeweils dem Kalkulationsobjekt zugeordnet werden, für die sie sich direkt als Kosten erfassen lassen. Zu diesem Zweck werden die in den Rechnungsperioden angefallenen Fixkosten in *Fixkostenschichten* unterteilt und stufenförmig den Kalkulationsobjekten (Erzeugnissen, Erzeugnisgruppen, Kostenstellen, Bereichen und der Gesamtunternehmung) zugewiesen (vgl. Abbildung 69).[611]

Die verschiedenen Fixkostenschichten können in Verbindung zu ihrer jeweiligen Zurechnungsbasis in Erzeugnisfix-, Erzeugnisgruppenfix-, Kostenstellenfix-, Bereichsfix- und Unternehmensfixkosten gegliedert werden:

Erzeugnisfixkosten sind sämtliche Fixkosten, die durch die Entwicklung, Produktion oder den Vertrieb einer bestimmten Erzeugnisart verursacht werden. Derartige Kostengrößen stellen beispielsweise die kalkulatorischen Kapitalkosten (kalkulatorische Zinsen, kalkulatorische Abschreibungen) von Produktionsanlagen dar, die nur der Herstellung eines Produktes dienen.[612] Können die Fixkosten keiner bestimmten Erzeugnisart, wohl aber einer bestimmten Erzeugnisgruppe angelastet werden, so spricht man von *Erzeugnisgruppenfix-*

---

610) Vgl. Kilger, W. [1993], S. 89.
611) Vgl. Agthe, K. [1959], S. 406 ff.
612) Vgl. Agthe, K. [1959], S. 407.

kosten.[613] Hierunter fallen u. a. die Entwicklungskosten einer bestimmten Produktgruppe (z. B. Fernsehapparate) oder die fixen Kosten eines Zwischenlagers innerhalb der Produktion, das für die entsprechende Erzeugnisgruppe eingerichtet worden ist.

Erzeugniserlös
\- variable Erzeugniskosten
= Deckungsbeitrag I
\- Erzeugnisfixkosten
= Deckungsbeitrag II
\- Erzeugnisgruppenfixkosten
= Deckungsbeitrag III
\- Kostenstellenfixkosten
= Deckungsbeitrag IV
\- Bereichsfixkosten
= Deckungsbeitrag V
\- Unternehmensfixkosten
= Nettoerfolg

Abb. 69:
Schematische Darstellung der stufenweisen Fixkostendeckungsrechnung

Unter *Kostenstellenfixkosten* werden sämtliche Fixkosten zusammengefaßt, die direkt und somit *schlüsselfrei* einer bestimmten Kostenstelle angelastet werden können,[614] wie z. B. das Gehalt eines Meisters einer Montagekostenstelle oder die Kapitalbindungs- und Abschreibungskosten einer Kostenstelle des innerbetrieblichen Transports, die von mehreren Kostenträgern verschiedener Erzeugnisgruppen in wechselndem Ausmaß beansprucht wird. Die Deckung dieser

613) Vgl. Agthe, K. [1959], S. 408; Mellerowicz, K. [1972], S. 372.
614) Vgl. Agthe, K. [1959], S. 408.

Kosten erfolgt aus den zusammengefaßten Deckungsbeiträgen sämtlicher Produkte, die die entsprechende Kostenstelle in Anspruch genommen haben.[615]

Bereichsfixkosten können nicht mehr einzelnen Kostenstellen, sondern lediglich einem Bereich bzw. einer Gruppe von Kostenstellen zugerechnet werden.[616]

Der Rest der Fixkosten, der nur noch sämtlichen Kostenträgern und Kostenstellen zugerechnet werden kann, wird als *Unternehmensfixkosten* dem gesamten Erzeugnisumfang angelastet; dies sind beispielsweise die Gehälter der Vorstandsmitglieder oder die Kosten für den Pförtner.[617]

Die Anwendung der *stufenweisen Fixkostendeckungsrechnung* setzt neben der Ermittlung der Grenzherstellkosten und der Erlöse der einzelnen Erzeugnisse eine sorgfältige Analyse des Fixkostenanfalls innerhalb des Unternehmens voraus.[618] Um eine differenzierte Aufspaltung des gesamten Fixkostenblocks in die einzelnen Fixkostenschichten zu erreichen, ist von vornherein eine getrennte Erfassung des Fixkostenanfalls ensprechend der Zurechenbarkeit zu bestimmten Erzeugnisarten, Erzeugnisgruppen, Kostenstellen und Bereichen erforderlich, „... denn sind die Fixkosten erst einmal in einen gemeinsamen Topf geworfen worden, so ist es sehr schwer, sie daraus wieder herauszulösen.“[619] Dies ist wiederum an die Voraussetzung geknüpft, daß die fixen Kosten nicht weitergewälzt, sondern in den entsprechenden Kostenstellen erfaßt und ausgewiesen werden, in denen sie als primäre Kosten angefallen sind.[620] Nur wenn diese Bedingungen erfüllt sind, ist eine Gruppierung der Fixkosten nach den oben beschriebenen Fixkostenschichten möglich.

Die *Zielsetzung* der *stufenweisen Fixkostendeckungsrechnung* besteht darin, Informationen über die Deckungsfähigkeit einzelner Erzeugnisse bereitzustellen „... Treten Erzeugnisse oder Erzeugnisgruppen auf, bei denen die Deckungsfähigkeit bereits bei den Erzeugnisfixkosten oder den Erzeugnisgruppenfixkosten versiegt, so sollte überprüft werden, ob es vorteilhaft ist, sie aus dem Produktionsprogramm zu streichen und die zugehörigen Teilbereiche stillzulegen bzw. auf eine spätere Reinvestition zu verzichten.“[621] Die stufenweise Fixkostendeckungsrechnung ist darüber hinaus geeignet, den Informationsgehalt von Break-Even-Point-Analysen zu erhöhen, da über die Integration der Fix-

615) Vgl. Agthe, K. [1959], S. 408.
616) Vgl. Agthe, K. [1959], S. 408.
617) Vgl. Agthe, K. [1959], S. 408 - 409; Mellerowicz, K. [1972], S. 373.
618) Vgl. Seicht, G. [1991], S. 48.
619) Agthe, K. [1959], S. 412.
620) Vgl. Seicht, G. [1991], S. 48.
621) Kilger, W. [1993], S. 88.

kostenlogik in das Break-Even-Diagramm „... ersichtlich wird, zu welchen Zeitpunkten die einzelnen Fixkostenschichten bei Einhaltung der Planbedingungen durch den Umsatz voraussetzlich gedeckt sind ..."[622] (vgl. Abbildung 70). „... Als Instrument zur Unterstützung der Anpassung an wechselnde Marktverhältnisse kann die Break-Even-Point-Analyse im Rahmen der laufenden Gewinnüberprüfung eingesetzt werden. Wenn beispielsweise aus einem monatlichen Soll-Ist-Vergleich erkennbar ist, daß die voraussichtliche Kostendeckung aufgrund zurückgehender Umsätze oder ungeplanter Kostensteigerungen bei einer im Vergleich zum geplanten Break-Even-Point höhere Absatzmengen-Erlös-Kombination liegen wird, so können auf Basis dieser Break-Even-Analyse erste Überlegungen für Gegensteuerungsmaßnahmen angestellt werden. Dabei ist zu untersuchen, inwiefern durch kurzfristige und mittelfristige Fixkostensenkungen, Senkungen der proportionalen Kosten und durch vermehrte Verkaufsanstrengungen die Plan-Gewinnschwelle noch erreicht werden kann oder ob eine Revision der verbleibenden Plandaten unvermeidlich ist ..." [623] (vgl. Abb. 70 und 71).

Um die *Fixkosten* als zu *beeinflussenden Kostenbestandteil* in ihrer zeitlichen Struktur transparent zu machen und eine problemorientierte Gestaltung jetziger und zukünftiger Potentiale zu ermöglichen, ist das *ursprüngliche Konzept der stufenweisen Fixkostendeckungsrechnung* um eine Differenzierung in *„abbaufähige"* und *„nicht-abbaufähige"* Fixkosten zu ergänzen.[624]

Bei Gebrauchsgütern, die sich im Eigentum des Unternehmens befinden (im folgenden: *Eigentumspotentiale*), ist die *zeitliche Differenzierung der Abbaufähigkeit* problematisch, da diese „Kosten offener Perioden" darstellen. Das Ende der Nutzungsdauer ist im voraus nicht genau bestimmbar, so daß man sich in diesen Fällen auf Schätzwerte stützen muß.[625] Einfacher ist die zeitliche Disposition bei den *Vertragspotentialen*, da diese in der Regel einem zeitabhängigen Verzehr unterliegen und ihre Nutzungsdauer im voraus bekannt

622) Oecking, G. [1994], S. 115 - 116.
623) Oecking, G. [1994], S. 166 - 117.
624) Vgl. z. B. Kilger, W. [1993], S. 88 - 89; Layer, M. [1992], S. 69 - 76; Oecking, G. [1994], Oecking, G. [1995], S. 253 - 260; Seicht, G. [1963], S. 693 - 709.
625) Vgl. Oecking, G. [1994], S. 79 - 80; Layer, M. [1992], S. 70.

ist. Zu jedem vertraglich gebundenen Fixkostenpotential kann eine Abbaufähigkeit mit Zeitangabe festgestellt und dokumentiert werden (vgl. Abbildung 72).[626]

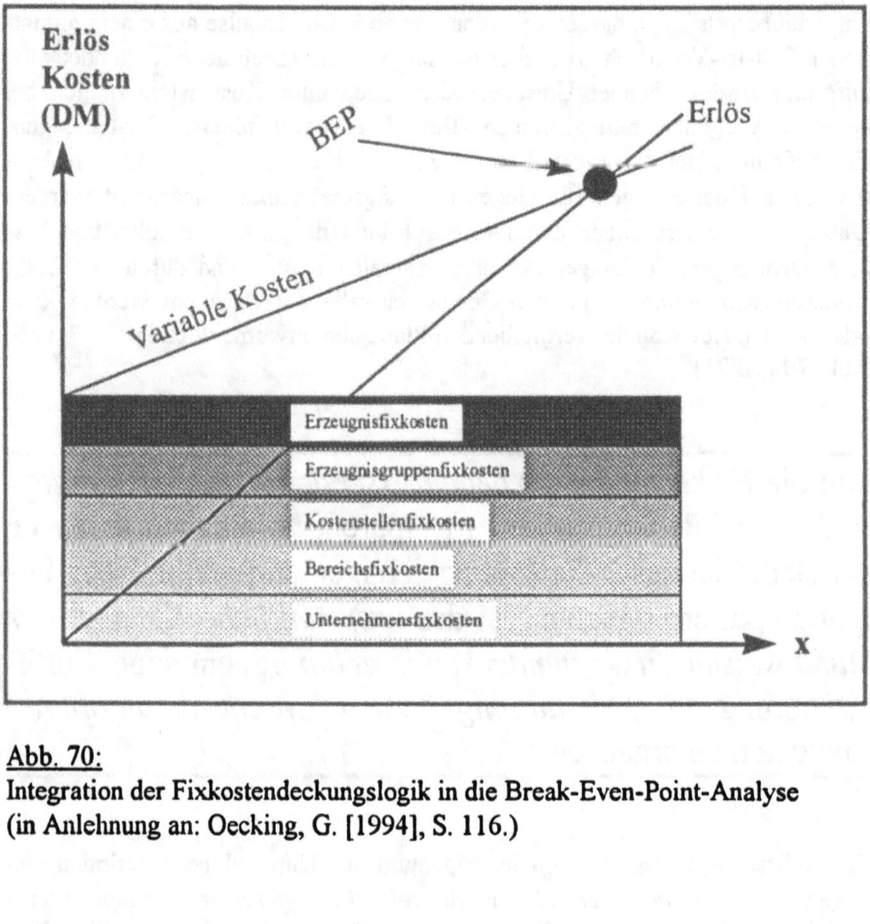

Abb. 70:
Integration der Fixkostendeckungslogik in die Break-Even-Point-Analyse (in Anlehnung an: Oecking, G. [1994], S. 116.)

626) Vgl. Oecking, G. [1994], S. 80.

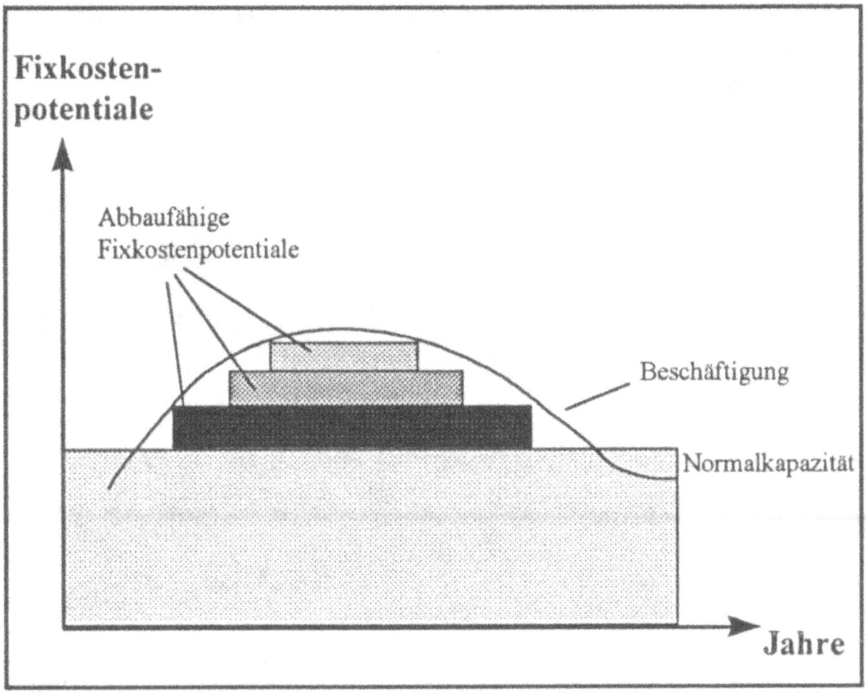

Abb. 71:
Fixkostenabbaustruktur bei schwankender Beschäftigung

2.2.6.1.3.2 Beurteilung der stufenweisen Fixkostendeckungsrechnung

Über den Einsatz der stufenweisen Fixkostendeckungsrechnung kann die Erfolgsanalyse des Unternehmens verbessert werden, indem Produkte, die nicht einmal ihre Erzeugnisfixkosten decken, erkannt und ggfs. eliminiert werden können. Die Herausnahme eines Produktes aus dem Produktionsprogramm aufgrund einer Erzeugnisfixkostenunterdeckung darf aber nicht dazu führen, daß höherrangige Fixkostenschichten (Kostenstellen-, Bereichs-, Unternehmensfixkosten) aus der weiteren Analyse des Kostenmanagements ausgeklammert werden, da ansonsten die Gefahr besteht, daß Kostensenkungspotentiale in den Gemeinkostenbereichen nicht erkannt werden. Insgesamt wird über die Implementierung einer stufenweisen Fixkostendeckungsrechnung die Kostentransparenz im Unternehmen erhöht. Durch die differenzierte Aufspaltung des Fixkostenblocks in abbaufähige und nicht-abbaufähige Kostenbestandteile wird neben der Erhöhung der Kostentransparenz auch die strategische Steigerung der Flexibilität des Unternehmens durch eine zukunftsorientierte Gestaltung von Fixkostenpotentialen ermöglicht.

Eigentumspotentiale	Vertragspotentiale
Maschinelle Anlagen	Miet- und Pachtverträge
Fuhrpark	Leasingverträge
Datenverarbeitung	Wartungsverträge
...	Versicherungsverträge
...	Arbeitsverträge
...	Beratungsverträge
...	...

Abb. 72: Differenzierung in Eigentums- und Vertragspotentiale (in Anlehnung an: Oecking, G. [1994], S. 80.)

Insgesamt kann festgehalten werden, daß mit der Ergänzung der *Grenzplankostenrechnung* um eine *stufenweise Fixkostenrechnung* dem Kostenmanagement ein Instrument zur Verfügung steht, mit Hilfe dessen ein *leistungsfähiges Fixkostenmanagement* realisiert werden kann. Ein Ausweis von Stückkostenprogressionen, Stückkostendegressionen, Komplexitätskosten je Stück, Funktions- und Prozeßkosten je Aktivität sowie eine kostenstellenübergreifende Kostenkontrolle sind jedoch auch im Rahmen *einer stufenweisen Fixkostendeckungsrechnung* nicht möglich.

2.2.6.1.4 Lehrfragen und Übungen

1. Grenzen Sie die Kostenrechnung und das Kostenmanagement ab und zeigen Sie bestehende Zusammenhänge auf.

2. Begründen Sie die nachstehende Aussage: „Die flexible Plankostenrechnung wird in der Literatur auch als *periodisches Rechnungssystem* charakterisiert, innerhalb dessen die *Kosten der Ressourcenbereitstellung* ausgewiesen werden."

3. Eine grundlegende Voraussetzung für die Verrechnung der Kosten auf die Kostenstellen und Kostenträger bildet die Bezugsgrößenwahl. Definieren Sie ausführlich den Begriff „Bezugsgröße".

4. Im Rahmen der flexiblen Plankostenrechnung wird in der Praxis i. d. R. auf die Verwendung direkter Bezugsgrößen für Kostenstellen des Gemeinkostenbereiches verzichtet. Begründen Sie ausführlich, warum dies so ist.

5. Erläutern Sie im Rahmen Ihrer Ausführungen präzise, für welche Zwecke in der flexiblen Plankostenrechnung die Verwendung direkter Bezugsgrößen für indirekte Leistungsbereiche grundsätzlich erlaubt ist und für welche Zwecke direkte Bezugsgrößen für indirekte Leistungsbereiche keineswegs verwendet werden dürfen.

6. Beurteilen Sie die flexible Plankostenrechnung auf Vollkostenbasis aus der Sicht des Kostenmanagements.

7. Die flexible Plankostenrechnung auf Teilkostenbasis stellt eine Weiterentwicklung der flexiblen Plankostenrechnung auf Vollkostenbasis dar. Stellen Sie die wesentlichen Unterschiede gegenüber.

8. Beurteilen Sie die Grenzplankostenrechnung aus der Sicht des Kostenmanagements.

9. Im Rahmen der Kostenplanung wird üblicherweise ein Fristigkeitsgrad von einem Jahr festgelegt. Welche Bedeutung hat der Fristigkeitsgrad und wie verändert sich die Kostenstruktur, wenn dieser Fristigkeitsgrad verändert wird?

10. Agthe und Mellerowicz haben die Grenzplankostenrechnung um die Konzeption der stufenweisen Fixkostendeckungsrechnung erweitert. Beschreiben und beurteilen Sie das ursprüngliche Konzept der stufenweisen Fixkostendeckungsrechnung.

11. Welche Überlegungen müssen angestellt werden, damit die stufenweise Fixkostendeckungsrechnung als Instrument des Fixkostenmanagements zum Einsatz gelangen kann?

2.2.6.2 Implementierung einer Prozeßkostenrechnung in das System der Kosten- und Leistungsrechnung

Seit Mitte/Ende der achtziger Jahre wird in der Literatur unter dem Begriff *Prozeßkostenrechnung* ein Verfahren vorgestellt, das die Schwächen der flexiblen Plankostenrechnung ausgleichen soll. Die *Prozeßkostenrechnung* wurde in den USA unter dem Namen „Activity Based Costing“ entwickelt. Die Methode des Activity Based Costing, wie sie von Cooper/Kaplan[627] in den USA und von Horváth/Mayer[628] in Anlehnung an Cooper/Kaplan in Deutschland vertreten wird, basiert auf der Erkenntnis,

„...daß die Gemeinkosten mit Hilfe von Bezugsgrößen auf Produkte verrechnet werden, die zum großen Teil aus den Anfängen der Kostenrechnung stammen und unter den heutigen technologischen Verhältnissen kein Ausdruck der Kostenverursachung sind ...“ [629].

Die Fertigungslöhne sind insbesondere aufgrund der starken technologischen Weiterentwicklung und der damit verbundenen Rationalisierung zurückgegangen. Gleichzeitig haben die sog. Technologiekosten zu einem relativen und absoluten Anstieg der (fixen) Gemeinkosten geführt.[630] Wie gezeigt wurde, verrechnet die flexible Plankostenrechnung auf Vollkostenbasis diese - bezogen auf eine Produktionsmengenveränderung als fix zu klassifizierenden Gemeinkosten - per Zuschlagsprozentsätze auf der Basis wertmäßiger Bezugsgrößen

627) Vgl. Cooper, R./Kaplan, R. S. [1988], S. 96 - 103.
628) Vgl. z. B. Horváth, P./Mayer, R. [1989], S. 214 ff.
629) Franz, K.-P. [1990], S. 111.
630) Vgl. hierzu ausführlich Gliederungspunkt 1.1 „Kostenstrukturverschiebungen und Kostenmanagement“, S. 1 ff.

(z. B. Fertigungslöhne) und geglättet über alle Erzeugnisse. Die flexible Plankostenrechnung auf Teilkostenbasis bzw. die Grenzplankostenrechnung verrechnet lediglich die variablen Kosten auf die Produkte, d. h. die fixen Gemeinkosten werden nicht auf die Erzeugnisse verrechnet:

„... Beide Systeme ... kommen zu falschen Ergebnissen, weil sie nicht in der Lage sind, die Kosten der Komplexität zu ermitteln und dem Produkt verursachungsgerecht zurechenbar zu machen.“[631]

Dies kann, wie nachstehend am Beispiel der flexiblen Plankostenrechnung auf Vollkostenbasis gezeigt wird, zu gravierenden (strategischen) Fehlentscheidungen führen:

Falls z. B. Fertigungslöhne als Zuschlagsbasis herangezogen werden, so werden auf Produkte, die auf neuen Fertigungstechnologien (und niedrigen Fertigungslöhnen) gefertigt werden, zu wenig Gemeinkosten verrechnet, während Erzeugnisse, deren Fertigung auf konventionellen Maschinen und Anlagen (und hohen Fertigungslöhnen) erfolgt, mit zu hohen Gemeinkosten und damit auch Gesamtkosten belastet werden. Diese Form der Kostenverrechnung führt am Ende dazu, daß Fertigungslinien mit einem (rechnerisch) positivem Ergebnis in Wirklichkeit nicht kostendeckend arbeiten und umgekehrt vermeintlich verlustbringende Produktlinien in Wirklichkeit positive Ergebnisse erwirtschaften:

Je größer der Anteil der Technologiekosten an den Gesamtkosten eines Unternehmens ist, desto stärker werden die produktbezogenen Herstellkosten durch eine Fehlverrechnung der Gemeinkosten beeinflußt.[632]

Der durch die Erstellung eines Erzeugnisses entstehende *Ressourcenverbrauch* an Gemeinkosten hat andere Kostenverursacher (Cost Driver) als die in z. B. Fertigungslohn ausgedrückte Produktionsmenge. Es sind dies z. B.

- die Anzahl der Fertigungs-, Versand- und Kundenaufträge,
- die Anzahl der Produktvarianten und Teilenummern,
- die Anzahl der Bestellvorgänge und Wareneingänge,

631) Kilger, W. [1993], S. 104.
632) Vgl. Coenenberg, A . G./Fischer, Th. M. [1991], S. 23.

- die Anzahl der Kunden und Lieferanten etc.[633]

Sollen die Gemeinkosten unter Berücksichtigung dieser Cost Driver geplant, gesteuert und auf die Produkte verrechnet werden, so ist es zunächst wichtig, die Kosten dieser Kostenverursacher bzw. die *Kosten der Ressourcennutzung* durch ein Erzeugnis sichtbar zu machen. Zu diesem Zweck ist die Frage zu beantworten: was kostet bezogen auf ein Erzeugnis

- die Abwicklung eines Fertigungs-, Versand- oder Kundenauftrages,
- die Betreuung einer Produktvariante,
- die Verwaltung einer Teilenummer,
- die Durchführung einer Produktänderung,
- die Entwicklung eines Produktes,
- die Betreuung eines Kunden oder Lieferanten usw.[634]

„... Die den Produkten auf diese Weise zugerechneten Kosten der nicht produktionsmengenabhängigen fertigungs- und vertriebsunterstützenden Prozesse (Haupt-/Teilprozesse) stellen die produktspezifischen Komplexitätskosten dar."[635]

Komplexitätskosten repräsentieren den überwiegenden Teil der Gemeinkosten. Ohne sie oder durch eine falsche Schlüsselung dieser Kosten kann das Kostenmanagement die Aufgabe einer zielorientierten Beeinflussung der Gemeinkosten nicht erfüllen.[636]

Die *Abbildung der Komplexitätskosten je Produkt* setzt voraus, daß die Kosten- und Leistungsrechnung imstande ist, den *Ressourcenverbrauch* bzw. die *Kosten der Ressourcennutzung* je Erzeugnis und Erzeugnisteil abzubilden. Im Gegensatz zur *flexiblen Plankostenrechnung*, die die *Kosten der Ressourcenbereitstellung* abbildet, ist es über den Einsatz einer Prozeßkostenrechnung möglich, die *Kosten der Ressourcennutzung* darzustellen (vgl. Abb. 73).

---

633) Vgl. Kilger, W. [1993], S. 103.
634) Vgl. Kilger, W. [1993], S. 103.
635) Kilger, W. [1993], S. 103.
636) Vgl. Kilger, W. [1993], S. 103.

Im Gegensatz zur flexiblen Plankostenrechnung, die als periodisches Basissystem die *Kosten der Ressourcenbereitstellung* ausweist, wird es über die zusätzliche Implementierung einer Prozeßkostenrechnung möglich, die *Kosten der Ressourcennutzung* abzubilden.[637]

Kaplan und Cooper folgern daraus:

„... One Cost System Isn´t Enough.“[638]

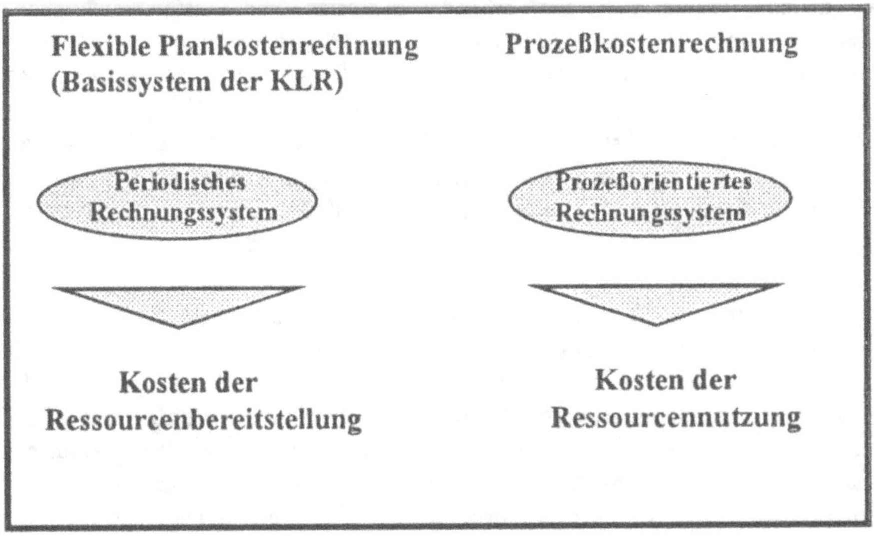

Abb. 73:
Abbildung der Kosten im System der flexiblen Plankostenrechnung und im System der Prozeßkostenrechnung

637) Vgl. Cooper, R./Kaplan, R. S. [1993], S.7 - 8.

638) Kaplan, R. S. [1988], S. 61 - 66; ähnlich auch: Cooper, R./Kaplan, R. S. [1993], S. 8.

2.2.6.2.1 Ziele, charakteristische Merkmale, Aufbau und Ablauf einer Prozeßkostenrechnung

Die Verfechter der Prozeßkostenrechnung erheben für ihren Ansatz den Anspruch, als strategisch orientiertes Entscheidungsinstrument konzipiert zu sein, daß nachstehende Ziele zu gewährleisten vermag:

- Erhöhung der Kostentransparenz in den indirekten Unternehmensbereichen,
- Verbesserung der Produktkalkulation,
- Kapazitätssteuerung und
- Planung und Kontrolle der Gemeinkosten.[639]

Bei der *Grundform der Prozeßkostenrechnung* handelt es sich methodisch um eine Plankostenrechnung auf Vollkostenbasis, die als zusätzliche, ergänzende Systemkomponente zu bereits vorhandenen Kosten- und Leistungsrechnungssystemen (im folgenden: Basissysteme) eingesetzt werden kann. Im Gegensatz zur *flexiblen Plankostenrechnung* sind prozeßorientierte Kostenrechnungen jedoch keine kurzfristigen Modelle.[640] „... Sie wurden entwickelt, um die Kosten der - durch geleistete Prozesse für Produkte, Dienstleistungen, Kunden, Werke, Projekte, etc. - genutzten Ressourcen zu schätzen. Daher sollten prozeßorientierte Systeme nicht für die kurzfristige Kostenkontrolle ... verwendet werden."[641]

Im Gegensatz zur *flexiblen Plankostenrechnung* werden im Rahmen einer *Prozeßkostenrechnung* konsequent direkte Bezugsgrößen verwendet, die auch als Kostentreiber oder Cost Driver bezeichnet werden.[642] Für die Prozeßkostenrechnung ist des weiteren charakteristisch, daß sämtliche abteilungsübergreifenden Prozesse, die für die Erstellung einer Leistung notwendig sind, erfaßt, analysiert und bewertet werden. Die Anwendung der Prozeßkostenrechnung ist allerdings auf repetitive, strukturierte Arbeitsabläufe begrenzt.[643]

Im Rahmen der Gestaltung und der Umsetzung einer Prozeßkostenrechnung können drei Teilschritte unterschieden werden:

---

639) Vgl. z. B. Coenenberg, A . G./Fischer, Th. M. [1991], S. 31; Cooper, R./Kaplan, R. S. [1993], S.9; Götze, U./Meyerhoff, J. Chr. [1993], S. 69; Horváth, P./Renner, A. [1990], S. 101.

640) Vgl. Cooper, R./Kaplan, R. S. [1993], S.8.

641) Cooper, R./Kaplan, R. S. [1993], S.8. Dies ist u. a. ein Grund dafür, daß auf ein Basissystem, wie die flexible Plankostenrechnung, nicht verzichtet werden kann.

642) Vgl. Franz, K.-P. [1990], S. 116 - 117.

643) Vgl. Franz, K.-P. [1990], S. 118.

- Aufbau einer Prozeßkostenstellenrechnung,
- Bildung von Hauptprozessen,
- Prozeßorientierte Kostenträgerstückrechnung.[644]

2.2.6.2.1.1 Aufbau einer Prozeßkostenstellenrechnung

Die *Tätigkeitsanalyse* ist der erste und aufwendigste Schritt der Prozeßkostenstellenrechnung. Sie kann auf verschiedene Weise durchgeführt werden, wie z. B. durch persönliche Befragung des Kostenstellenleiters, Dokumentenanalyse oder über die Ergebnisse einer Gemeinkostenwertanalyse (GWA) oder eines Zero-Base-Budgeting (ZBB). In der Literatur wird allerdings von der Verwendung einer GWA und eines ZBB abgeraten, da bei diesen Verfahren meist eine andere Strukturierung und Aggregation der Aktivitäten vorgenommen wird als bei der Prozeßkostenrechnung.[645] Im Hinblick auf eine ausreichende Genauigkeit und Plausibilität der Ergebnisse stellt n. h. M. der Vertreter der Prozeßkostenrechnung die persönliche Befragung der Mitarbeiter die erfolgversprechendste, wenn auch aufwendigste Methode zur Ermittlung der Teilprozesse dar.[646]

Das Ziel der *Tätigkeitsanalyse* besteht darin, auf der Grundlage der vorhandenen Bereichs- und Kostenstelleneinteilung unterscheidbare Teilprozesse herauszufiltern und somit die Kostenstellenleistungen in Form von operativen Tätigkeiten abzubilden. Solche Teilprozesse können für die Kostenstelle Wareneingang z. B. die Aktivitäten *Warenbegleitpapiere prüfen und bearbeiten*, *Waren/Material physisch annehmen* sowie für die Kostenstelle Lager die Teilprozesse *Waren/Material einlagern* und *Waren/Material auslagern* sein (weitere Beispiele sind in Abbildung 74 dargestellt).

Nachdem die Teilprozesse der verschiedenen Kostenstellen strukturiert sind, werden diese daraufhin untersucht, ob sie sich in Abhängigkeit von dem in der jeweiligen Kostenstelle zu erbringenden Leistungsvolumen mengenvariabel oder mengenfix verhalten. Horváth und Mayer bezeichnen die so strukturierten Aktivitäten als leistungsmengeninduzierte (lmi) und leistungsmengenneutrale (lmn) Prozesse.[647] Für sämtliche lmi-Prozesse sind geeignete Bezugsgrößen zu

644) Vgl. Hardt, R. (II) [1995], S. 283; Hardt, R. [1996], S. 315.
645) Vgl. Götze, U./Meyerhoff, J. Chr. [1993], S. 71.
646) Vgl. z. B. Horváth, P./Renner, A. [1990], S. 102; Horváth, P./Kieninger, M./Mayer, R./Schimank, Chr. [1993], S. 613.
647) Vgl. Horváth, P./Mayer, R. [1989], S. 216.

finden, über die die Prozesse mengenmäßig quantifiziert werden können. Bezugsgrößen dieser Art können beispielsweise für die oben aufgeführten Teilprozesse die Anzahl der Frachtbriefe, Anzahl der Lieferscheine und Anzahl der (einzulagernden und auszulagernden) Ladungsträger darstellen.

Kostenstelle	Teilprozesse
Wareneingang	1 Warenbegleitpapiere prüfen und bearbeiten 2 Waren/Material physisch annehmen
Qualitätsprüfung	3 Physische Qualitätskontrollen "Waren/Material" durchführen 4 Physikalische Qualitätskontrollen "Waren/Material" durchführen
Lager	5 Waren/Material einlagern 6 Waren/Material kommissionieren 7 Waren/Material auslagern
Innerbetrieblicher Transport	8 Waren/Material transportieren 9 Ver- und Entsorgung "Ladungsträger" sicherstellen
Materialdisposition	10 Waren/Material disponieren 11 Lieferstand der Lieferanten kontrollieren
Ladungsträgerdisposition	12 Ladungsträger beschaffen 13 Bedarfs- und termingerechte Ladungsträgerbereitstellung "werksinterne Kostenstellen" 14 Bedarfs- und termingerechte Ladungsträgerbereitstellung "Lieferanten"
Produktionssteuerung	15 Sachnummern dokumentieren und pflegen 16 Fertigungsaufträge bearbeiten
Versand	17 Waren/Material versenden 18 Verkehrsträger koordinieren und Verladung überwachen 19 Versandpapiere prüfen und bearbeiten

Abb. 74: Bildung von Teilprozessen am Beispiel einer Logistik-Prozeßkette (in Anlehnung an: Hardt, R. [1996], S. 316.)

Im weiteren Vorgehen sind im Rahmen der Prozeßkostenstellenrechnung den ermittelten logistischen Teilprozessen die zugehörigen Prozeßkosten zuzuordnen. Aufgrund des mit einer analytischen Kostenplanung verbundenen hohen Analyseaufwandes werden aus wirtschaftlichen Gründen im Regelfall die herkömmlichen Kostenstellenkosten des Basissystems zur Ermittlung der Prozeßkosten je Kostenstelle herangezogen.[648] Allerdings werden die Gesamtkosten der jeweils ausgewählten Kostenstelle für die Zwecke der Prozeßkostenrechnung anders differenziert:[649]

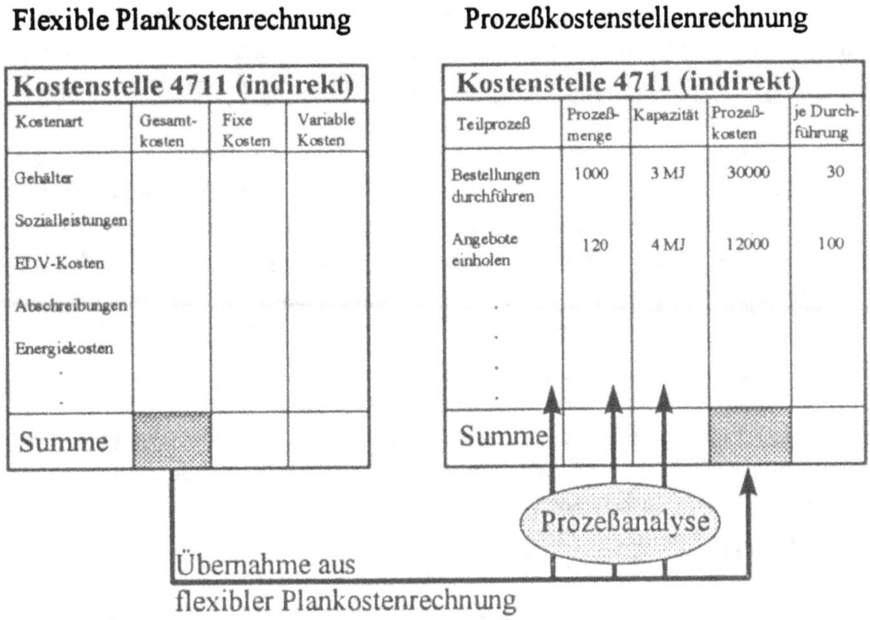

Abb. 75:
Vergleich bzw. Zusammenspiel zwischen dem Basissystem der Kosten- und Leistungsrechnung und der Prozeßkostenrechnung
(in Anlehnung an: Olshagen, Chr. [1991], S. 74.)

Liegt als Basissystem z. B. eine flexible Plankostenrechnung vor, so wird die in der Regel faktororientierte Kostenartengliederung im Rahmen der Prozeßkostenstellenrechung aufgehoben, indem die Kostenstellengesamtkosten den ermittelten Teilprozessen anteilig zugerechnet werden (vgl. Abb. 75).[650]

648) Vgl. Horváth, P./Renner, A. [1990], S. 103.
649) Vgl. Olshagen, Chr. [1991], S. 73 - 74.
650) Vgl. Hardt, R. (I) [1995], S. 149 - 151.

Die Zuordnung der Prozeßkosten auf die einzelnen Tätigkeiten kann mit Hilfe verschiedener Verteilungsschlüssel erfolgen. Für die Anwendung der Prozeßkostenrechnung wird in der Literatur die Verwendung des Arbeitsaufwandes in Mannjahren (MJ) je Teilprozeß als Verteilungsschlüssel für die Kostenstellengesamtkosten vorgeschlagen.[651]

Diese in den meisten Fällen zulässige Vereinfachung bei der Prozeßkostenermittlung führt allerdings nur dann zu guten Ergebnissen, wenn die Personalkosten einen erheblichen Teil der gesamten Kostenstellenkosten ausmachen.[652]

Auf der Basis der Prozeßkosten ist für sämtliche lmi-Prozesse ein Prozeßkostensatz (lmi-Prozeßkostensatz) zu ermitteln. Dies erfolgt durch Division der anteiligen Prozeßkosten und der zugehörigen Prozeßmenge. Die lmn-Prozesse werden proportional zu den lmi-Prozessen umgelegt, so daß für jeden lmi-Prozeß der Kostenstelle jeweils ein lmi-Prozeßkostensatz, ein lmn-Prozeßkostensatz sowie ein Gesamtprozeßkostensatz vorliegt (vgl. Abbildung 76).[653]

In den Kosten der lmi- und lmn-Prozesse sind jeweils sowohl fixe als auch variable Kostenbestandteile enthalten, d. h. die in der flexiblen Plankostenrechnung für die Zwecke der Kostenstellenkontrolle übliche Aufteilung der Kosten in fixe und variable Bestandteile wird in der Prozeßkostenrechnung nicht beibehalten (vgl. Abbildung 77).

Cooper und Kaplan weisen in diesem Zusammenhang auf die unterschiedliche Sichtweise von periodisch orientierten Basissystemen der Kosten- und Leistungsrechnung und der Prozeßkostenrechnung hin. Während bei periodisch orientierten Systemen durch die Aufteilung in variable und hier insbesondere fixe Bestandteile die *Kosten der Ressourcenbereitstellung* dargestellt werden, stehen im Gegensatz dazu bei der Prozeßkostenrechnung *die Kosten der Ressourcennutzung* im Vordergrund. Obwohl die *Kosten für die Ressourcenbereitstellung* in der Regel fix sind, kann die *Prozeßmenge der Ressourcennutzung* in jeder Periode in Abhängigkeit von den für Produkte und Kunden erbrachten Aktivitäten variieren:[654]

651) Vgl. Horváth, P./Renner, A. [1990], S. 103; Horváth, P./Kieninger, M./Mayer, R./Schimank, Chr. [1993], S. 613.

652) Vgl. Horváth, P./Renner, A. [1990], S. 103

653) Zur empirischen Umsetzung einer Prozeßkostenstellenrechnung am Beispiel der Mercedes Benz AG vgl. Hardt, R. (I) [1995], S. 188 ff.

654) Vgl. Cooper, R./Kaplan, R. S. [1993], S.8 - 9.

Aus diesem Grunde sollte die Prozeßkostenrechnung nicht für die kurzfristige Kostenkontrolle, sondern ausschließlich für die Kontrolle der Ressourcennutzung verwendet werden.[655]

Prozeßkostenstellenrechnung

Kostenstelle: Lager							Teilprozeßkosten in DM					
Lfd. Nr. Teilprozeß	Teilprozesse		Bezugsgröße	Prozeßmenge	Kostenstellenkosten	Kapazität (MJ)	TP-Kosten (lmi) Gesamt	TP-Kosten (lmi) je TP	TP-Kosten (lmn) Gesamt	TP-Kosten (lmn) je TP	TP-Kosten (lmi + lmn) Gesamt	TP-Kosten (lmi + lmn) je TP
5	Waren/Material einlagern	lmi	Anzahl Ladungsträger	335.000	→	24,0	4.956.521,74	14,80	830.280,29	2,48	5.786.802,03	17,27
6	Waren/Material kommissionieren	lmi	Anzahl Ladungsträger	7.250	→	2,0	413.043,48	56,97	69.190,02	9,54	482.233,50	66,51
7	Waren/Material auslagern	lmi	Anzahl Ladungsträger	238.000	→	13,4	2.767.391,30	11,63	463.573,16	1,95	3.230.964,47	13,58
	Sonstige Prozesse	lmn	-	-	→	4,9	→		1.011.956,52			
	Bereich leiten	lmn	-	-	→	1,7	→		351.086,96			
Summe					9.500.000	46,0	8.136.956,52		1.363.043,48		9.500.000	

↑ ↑

Flexible Plankostenrechnung

Abb. 76:
Prozeßkostenstellenrechnung am Beispiel der Kostenstelle: Lager (in Anlehnung an: Hardt, R. (I) [1995], S. 196.)

655) Vgl. Cooper, R./Kaplan, R. S. [1993], S.9.

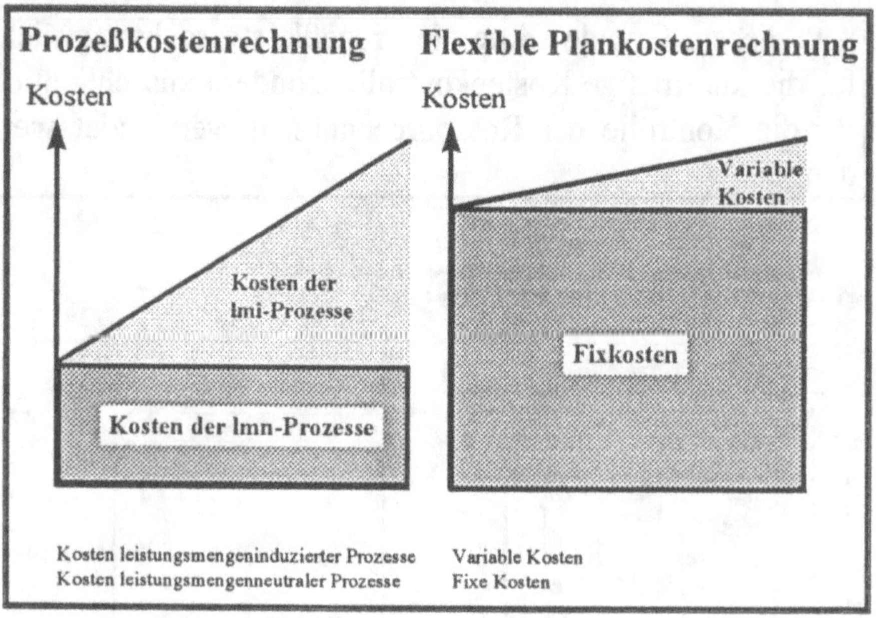

Abb. 77: Zwei Sichtweisen der gleichen Kostenstelle im indirekten Bereich (in Anlehnung an: Olshagen, Chr. [1991], S. 75.)

Sofern die Ermittlung von Soll-Prozeßmengen im Rahmen einer Kapazitätsplanung möglich ist, können nach Cooper und Kaplan je Kostenstelle per Soll-/Ist-Vergleich nach folgender Formel Überschußkapazitäten festgestellt werden:[656]

Verfügbare Prozeßmenge (Soll)	**-**	**Genutzte Prozeßmenge (Ist)**	**=**	**Überschußkapazitäten**

Für „... knappe Ressourcen bietet die Analyse eine Rechtfertigung für zusätzliche Ausgaben, um die Ressourcenverfügbarkeit zu steigern ...“[657]. Für „... überschüssige Ressourcen können die Manager entweder deren Verfügbarkeit reduzieren ...“[658] oder „... die Überschußkapazitäten dieser Ressourcen in das nächste Budget übernehmen ...“[659].

656) Vgl. Cooper, R./Kaplan, R. S. [1993], S.8.
657) Cooper, R./Kaplan, R. S. [1993], S.11.
658) Cooper, R./Kaplan, R. S. [1993], S.11.
659) Cooper, R./Kaplan, R. S. [1993], S.11.

2.2.6.2.1.2 Bildung von Hauptprozessen

Im Anschluß an die Prozeßkostenstellenrechnung werden die Teilprozesse zu *Hauptprozessen* zusammengefaßt. Bezüglich der Hauptprozeßbildung existieren in der Literatur verschiedene Vorstellungen darüber, auf welche Weise die Teilprozesse zu Hauptprozessen zusammenzufassen sind. Nach Glaser sollen die Bezugsgrößen der zu aggregierenden Teilprozesse und die Cost Driver der übergeordneten zugehörigen Hauptprozesse übereinstimmen.[660] Eine Identität von teilprozeßbezogener Bezugsgröße und hauptprozeßbezogenem Cost Driver kann in der Praxis bei heterogener Tätigkeitsausbildung je Kostenstelle jedoch nur selten oder gar nicht gewährleistet werden.[661] Horváth, Kieninger, Mayer und Schimank stellen zu diesem Problempunkt fest, daß für die Hauptprozeßaggregation lediglich „... die sachliche Zugehörigkeit eines Teilprozesses zu einem oder mehreren Hauptprozessen ..."[662] ausschlaggebend ist.

Für die Bildung von Hauptprozessen bestehen folgende Verdichtungsmöglichkeiten:

- mehrere Teilprozesse aus verschiedenen Kostenstellen werden zu einem Hauptprozeß zusammengefaßt,
- mehrere Teilprozesse derselben Kostenstelle bilden einen Hauptprozeß,
- ein Teilprozeß einer Kostenstelle geht in mehrere Hauptprozesse ein und
- ein Teilprozeß bildet zugleich einen (unechten) Hauptprozeß, wenn eine Verdichtung mehrerer Teilprozesse nicht möglich ist.[663]

Das Prinzip der Hauptprozeßverdichtung ist zur Veranschaulichung in Abbildung 78 dargestellt.

660) Vgl. Glaser, H. [1991], S. 230.
661) Vgl. Renner, A. [1991], S. 102.
662) Horváth, P./Kieninger, M./Mayer, R./Schimank, Chr. [1993], S. 613.
663) Vgl. Götze, U./Meyerhoff, J. Chr. [1993], S. 74.

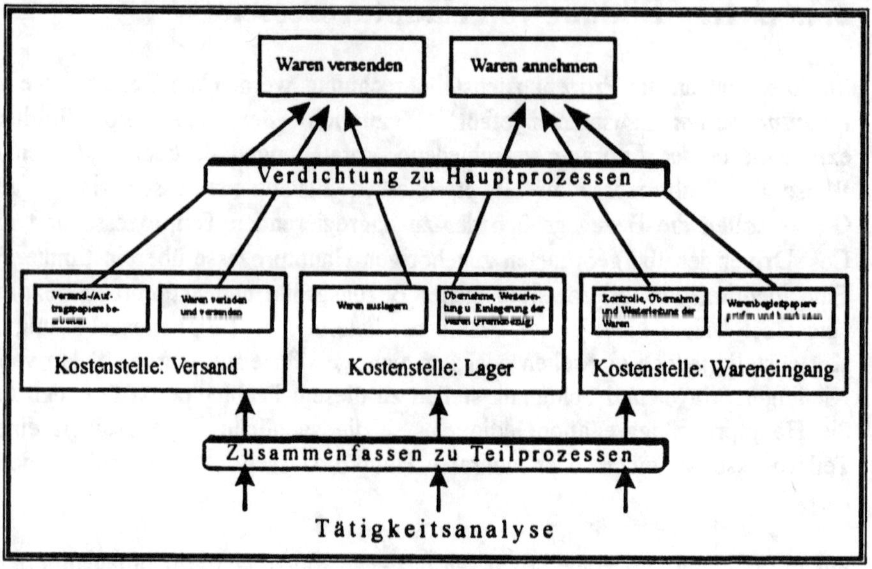

Abb. 78: Prinzip der Hauptprozeßverdichtung

Die Prozeßstrukturen sämtlicher Hauptprozesse können in einer Hierarchietabelle hinterlegt werden (vgl. Abbildung 79):

In dem betrachteten Beispiel sind die Teilprozesse 10 (Waren/Material disponieren), 11 (Lieferstand der Lieferanten kontrollieren), 12 (Ladungsträger beschaffen) und 15 (Sachnummern dokumentieren und pflegen) zu dem Hauptprozeß *Sachnummern „Kaufteile" betreuen* zusammengefaßt worden. Als Cost Driver ist die *Anzahl der Sachnummer „Kaufteile"* bestimmt worden (vgl. Abb. 74 und 79):

Jede neue Sachnummer hat in dem betrachteten Unternehmen eine Erhöhung der Ressourcennutzung bzw. eine Erhöhung der Anzahl der Teilprozesse in den Kostenstellen Materialdisposition, Ladungsträgerdisposition und Produktionssteuerung zur Folge.[664]

664) Vgl. hierzu ausführlich: Hardt, R. (I) [1995], S. 212 ff.

Hauptprozeß	Cost Driver (Anzahl)	Hauptprozeßmenge	Lfd. Nr. Teilprozeß	Teilprozeß	Quelle (Kostenstelle)	Bezugsgröße (Anzahl)	Teilprozeßmenge	Menge in Hauptprozeß
Sachnummern "Kaufteile" betreuen	Sachnummern "Kaufteile"	6.380	10	Waren/Material disponieren	Materialdisposition	Sachnummern "Kaufteile"	6.380	6.380
			11	Lieferstand der Lieferanten kontrollieren	Materialdisposition	Sachnummern "Kaufteile"	6.380	6.380
			12	Ladungsträger beschaffen	Ladungsträgerdisposition	Sachnummern	18.688	6.380
			15	Sachnummern dokumentieren und pflegen	Produktionssteuerung	Sachnummern	18.688	6.380
Fertigungsaufträge abwickeln	Fertigungsaufträge	30.000	5	Waren/Material einlagern	Lager	Ladungsträger	335.000	165.000
			6	Waren/Material kommissionieren	Lager	Ladungsträger	7.250	6.200
			7	Waren/Material auslagern	Lager	Ladungsträger	238.000	180.000
			8	Waren/Material transportieren	Innerbetrieblicher Transport	Ladungsträger	448.000	448.000
			9	Ver- und Entsorgung "Ladungsträger" sicherstellen	Innerbetrieblicher Transport	Ladungsträger	264.000	264.000
			13	Bedarfs- und termingerechte Ladungsträgerbereitstellung "werksinterne Kostenstellen"	Ladungsträgerdisposition	Ladungsträger	150.000	150.000
			16	Fertigungsaufträge bearbeiten	Produktionssteuerung	Fertigungsaufträge	30.000	30.000

Abb. 79: Ausschnitt einer Hierarchietabelle zur Hauptprozeßverdichtung (in Anlehnung an: Hardt, R. (I) [1995], S. 214.)

Als weiteres Beispiel sei auf den Hauptprozeß *Fertigungsaufträge abwickeln* verwiesen, der aus den Teilprozessen 5, 6, 7, 8, 9, 13 und 16 gebildet worden ist (vgl. Abbildung 74 und 79). In diesem Fall wurde als Cost Driver die *Anzahl Fertigungsaufträge* ausgewählt, da diese die Anzahl der Teilprozesse und damit die Ressourcennutzung in den Kostenstellen Lager, Innerbetrieblicher Transport, Ladungsträgerdisposition und Produktionssteuerung maßgeblich beeinflußt.[665]

Die übergeordneten Cost Driver charakterisieren die Bestimmungsgrößen, die für das Kostenvolumen in den Gemeinkostenbereichen verantwortlich sind.

665) Vgl. hierzu ausführlich: Hardt, R. (I) [1995], S. 212 ff.

Die Cost Driver können aus der Sicht des Kostenmanagements Ansatzpunkte für Maßnahmen liefern, die zu Kostenbeeinflussungen und langfristig zu Kostensenkungen im Gemeinkostenbereich führen können:

Kostenreduzierungen können herbeigeführt werden, indem die Hauptprozesse kostengünstiger gestaltet oder mengenmäßig verringert werden. Beispielsweise würde der vermehrte Einsatz von Gleichteilen in dem obigen Beispiel zu einer Verringerung der *Anzahl der Sachnummern „Kaufteile"* und zu einer Reduzierung der Anzahl der sachnummernabhängigen Teilprozesse 10, 11, 12 und 15 führen. Ein positiver Kosteneffekt ist jedoch nur dann zu erwarten, wenn die Verringerung der Anzahl der durchzuführenden Teilprozesse gleichzeitig mit einem Abbau der Kosten in den Kostenstellen Materialdisposition, Ladungsträgerdisposition und Produktionssteuerung verbunden ist:

„...Bei der Interpretation der Ergebnisse einer Prozeßkostenrechnung sollte stets beachtet werden, daß sich die Prozeßkosten nicht automatisch mit dem Abbau von Prozessen verringern."[666]

Eine Reduzierung dieser Kosten ist vielmehr erst nach der Realisierung von Kapazitätsanpassungsmaßnahmen in den Gemeinkostenstellen möglich. „... Aus den genannten Gründen kann eine Prozeßkostenrechnung über die Höhe, den Zeitpunkt und die Struktur der Kostenveränderung keine Auskünfte bereitstellen. Diese hängen von einer Vielzahl von zusätzlichen Fragestellungen und Entscheidungen (z. B. „Welche Anlagegüter können wann desinvestiert werden?", „Welche Mitarbeiter (MJ) können wann freigesetzt werden?") ab."[667] Für derartige Fragestellungen kann eine stufenweise Fixkostendeckungsrechnung eine gute Hilfestellung bieten, vorausgesetzt, die Fixkostenpotentiale sind nach abbaufähigen und nicht-abbaufähigen Kosten differenziert.

666) Hardt, R. (I) [1995], S. 218.
667) Hardt, R. (I) [1995], S. 218 - 219.

2.2.6.2.1.3 Prozeßorientierte Kostenträgerstückrechnung

Ist ein Unternehmen lediglich an der Darstellung der kostenstellenübergreifenden Prozesse zwecks einer besseren Kosten- und Leistungstransparenz und daraus ableitbarer Entscheidungsinformationen interessiert, so können diese über das vorstehende Instrumentarium der Hauptprozeßverdichtung abgeleitet werden. Soll die Prozeßkostenrechnung darüber hinaus Auskünfte über die anteilige Ressourcennutzung und/oder die Höhe der Funktionskosten je Erzeugniseinheit (z. B. Logistikkosten, Qualitätskosten) bereitstellen, müssen die ermittelten Prozesse und Prozeßkosten auf die Produkte verrechnet werden.

Die Zuordnung von Prozessen auf die Kostenträger ist der wohl umstrittenste Teil der Prozeßkostenrechnung. Glaser bezeichnet die über eine prozeßorientierte Kostenträgerstückrechnung gewonnenen Erkenntnisse sogar als Zufallsprodukte, „... worüber auch die „Scheingenauigkeit" der durchgeführten Berechnungen nicht hinwegtäuschen sollte ..."[668].

„... Die prozeßorientierte Produktkalkulation ist zweifellos *kein operatives Instrument*, d. h. sie zeigt nicht, welche Kosten durch ein Produkt *zusätzlich induziert* werden bzw. welche Kosten im Fall des Verzichts auf die Herstellung des Erzeugnisses *nicht anfallen*."[669]

Über den Einsatz einer prozeßorientierten Kalkulation können im Gegensatz zur herkömmlichen Kalkulation im Rahmen der flexiblen Plankostenrechnung jedoch zum Beispiel folgende Fragen beantwortet werden:

- Wie hoch sind die Kosten einer (exotischen) Produktvariante, wenn die Komplexitätskosten in der Kalkulation berücksichtigt werden ?

- Verursacht ein Kaufteil mit hohen Materialeinzelkosten bzw. hohem Kaufpreis tatsächlich auch höhere Kosten als ein preiswerteres Zukaufteil?

668) Glaser, H. [1991], S. 236.
669) Burger, A. [1995], S. 159.

- Wie hoch sind die Steuerungskosten von Hausteilen, wenn die Fertigungsaufträge einmal 20.000 Stück und ein anderes Mal 10 Stück umfassen?[670]

Für die Umsetzung der *prozeßorientierten Kostenträgerstückrechnung* in die Praxis müssen die ermittelten Prozeßkostensätze den einzelnen Komponenten (Baugruppen, Bauteile, Hausteile) des Enderzeugnisses zugewiesen werden. In diesem Zusammenhang stellt sich das Problem, das über herkömmliche Arbeitspläne, Stücklisten, Produktdokumentationen und Kalkulationsprogramme keine Informationen über die mit einem Erzeugnis oder Arbeitsvorgang verbundene Ressourcennutzung in den indirekten Bereichen abgeleitet werden können. Aus diesem Grunde wird in der Literatur vorgeschlagen, die Arbeitspläne und Stücklisten für die Zwecke der Prozeßkostenrechnung um die Prozesse in den indirekten Bereichen zu erweitern.[671]

Im Rahmen der prozeßorientierten Produktkalkulation werden die Einzelkosten direkt den Kostenträgern zugerechnet. Für die Verrechnung der Gemeinkosten können je nach Rechnungszweck die leistungsmengeninduzierten Prozeßkostensätze oder die Gesamtprozeßkostensätze je Aktivität herangezogen werden. Zur Ableitung entscheidungsrelevanter Informationen (z. B. Kostenvergleichsanalysen, Make-or-Buy-Entscheidungen, Outsourcing-Entscheidungen) sollten aber lediglich lmi-Prozeßkostensätze herangezogen werden, da leistungsmengenneutrale und damit leistungsmengenfixe Kosten die Ressourcenbeanspruchung durch ein Produkt nicht widerspiegeln.[672] Coenenberg und Fischer machen in diesem Zusammenhang den Vorschlag, die lmn-Kosten kostenstellenübergreifend in einer Sammelposition, z. B. „Kosten für allgemeine Aufgaben" oder „Sonstige Kosten", zusammenzufassen. Diese Vorgehensweise bietet den Vorteil, daß sämtliche im Unternehmen erhobenen prozeßorientierten Kosteninformationen in der Kostenträgerstückrechnung unverfälscht abgebildet werden. Die prozeßmengenunabhängigen Kosten der Sammelposition können bei Bedarf mit prozentualen Zuschlägen auf die Gesamtsumme der bereits produktspezifisch vorliegenden Einzel- und Prozeßkosten verteilt werden.[673]

Über eine prozeßorientierte Produktkalkulation können eine Fülle von Informationen abgeleitet werden, die sich im Rahmen des Kostenmanagements zum Zwecke strategischer Kostenbeeinflussungsmaßnahmen nutzen lassen. Im

670) Vgl. Burger, A. [1995], S. 160.

671) Vgl. Hardt, R. (I) [1995], S. 161 ff.; Horváth, P./Kieninger, M./Mayer, R./Schimank, Chr. [1993], S. 614.

672) Vgl. Lorson, P. [1991], S. 1426.

673) Vgl. Coenenberg, A . G./Fischer, Th. M. [1991], S. 30 - 31.

einzelnen sind hier drei Effekte zu unterscheiden: der *Allokationseffekt*, der *Komplexitätseffekt* und der *Degressionseffekt*:[674]

Allokationseffekt:
Bei Anwendung der Prozeßkostenrechnung erfolgt die Zuordnung der Gemeinkosten auf die Produkte unabhängig von der Höhe traditionell wertorientierter Zuschlagsbasen. Statt dessen werden die Gemeinkosten nach der Inanspruchnahme der betrieblichen Ressourcen auf die einzelnen Erzeugnisse verteilt. „... Der Aufwand, der z. B. für die Beschaffung und Lagerung von Fertigungsmaterial erforderlich ist, wird ja nicht durch die wertmäßige Höhe der Stückpreise bestimmt, sondern durch die Kosten der zur Abwicklung erforderlichen Prozesse."[675] Das Ausmaß *möglicher Kostenverzerrungen* bei Anwendung der traditionellen Zuschlagskalkulation verdeutlicht Abbildung 80.

	Material-einzel-kosten	**Materialgemeinkosten**		**Allokationseffekt** (Gemeinkostendifferenz)
		Zuschlag 25 %	Prozeß-kosten-satz	
Steckkarte A	38,-- DM	9,50 DM	12,-- DM	+ 2,50 DM
Steckkarte B	64,-- DM	16,-- DM	12,-- DM	- 4,00 DM
Steckkarte C	115,-- DM	28,75 DM	12,-- DM	- 16,75 DM

Abb. 80: Allokationseffekt in der Gemeinkosten-Verrechnung
(in Anlehnung an: Coenenberg, A . G./Fischer, Th. M. [1991], S. 32.)

Komplexitätseffekt:
Die Prozeßkostenrechnung ermöglicht es insbesondere, die *Komplexität* der Produkte in der Kalkulation abzubilden:

„... Zur Beschreibung des Zusammenwirkens von Komplexitäts- und Kostenentstehung eignet sich kein Instrument besser als die *Prozeßkostenrechnung* ..."[676] (vgl. Abb. 81)

674) Vgl. Coenenberg, A . G./Fischer, Th. M. [1991], S. 31 ff..
675) Coenenberg, A . G./Fischer, Th. M. [1991], S. 32.
676) Renner, A. [1994], S. 18.

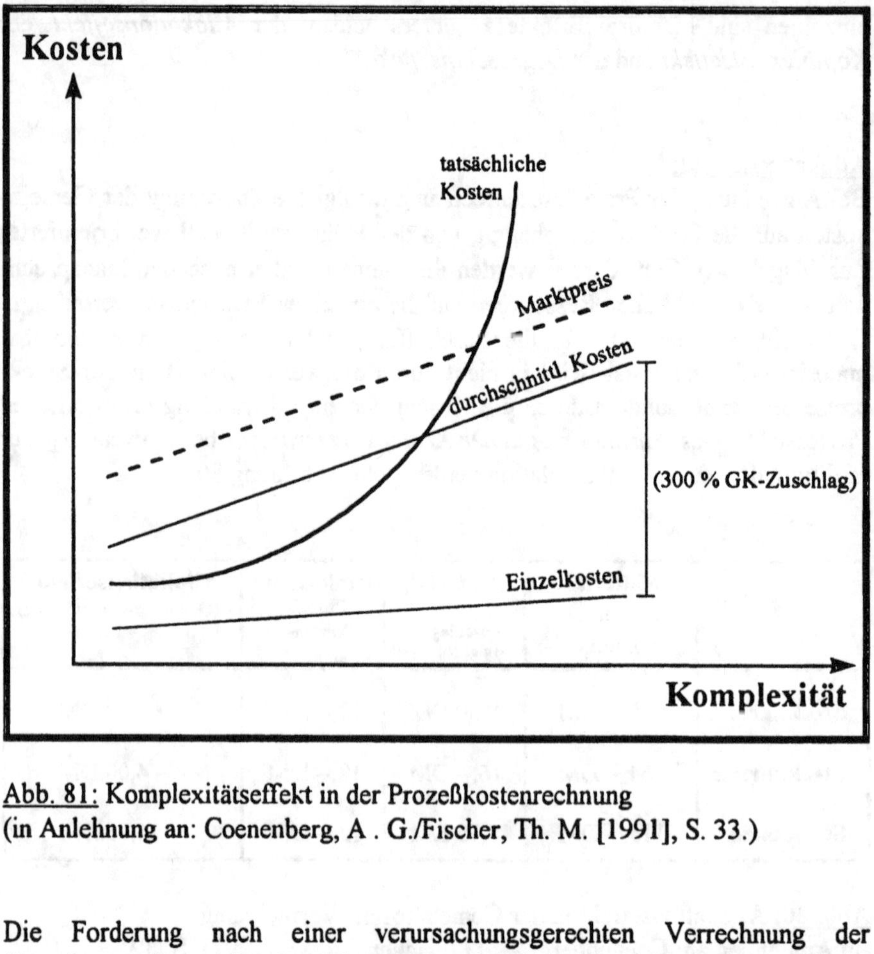

Abb. 81: Komplexitätseffekt in der Prozeßkostenrechnung
(in Anlehnung an: Coenenberg, A. G./Fischer, Th. M. [1991], S. 33.)

Die Forderung nach einer verursachungsgerechten Verrechnung der *Komplexitätskosten* ist darin begründet, daß bei der Herstellung von komplexeren Produktvarianten gegenüber einfachen Produkten ein deutlich höherer Bedarf an gemeinkostenverursachenden Aktivitäten erforderlich ist. Wie im Rahmen der Ausführungen zur flexiblen Plankostenrechnung gezeigt wurde, verrechnet die traditionelle Zuschlagskalkulation Gemeinkosten und damit *Komplexitätskosten* proportional in Abhängigkeit von der Höhe der jeweiligen Zuschlagsbasis. Wie Abbildung 81 zeigt, werden Produkte mit niedriger (hoher) Komplexität folglich zu teuer (zu billig) am Markt angeboten, so daß sich gravierende Fehlsteuerungen im Produkt-Mix ergeben können: „... Während die Produkte mit niedriger Komplexität aufgrund ihres hohen Preises kaum nachgefragt werden, steigt der Absatz von Produkten mit höherer Komplexität und vermeintlich größeren Gewinnspannen."[677] Der Ausweis von

677) Coenenberg, A. G./Fischer, Th. M. [1991], S. 32.

Komplexitätskosten kann dazu beitragen, verlustträchtige Strategien zu vermeiden:

„... Produkte sollten nur bis zu dem Komplexitätsgrad angeboten werden, bei dem die Inanspruchnahme betrieblicher Ressourcen durch den Marktpreis zumindest noch abgedeckt werden kann."[678]

Degressionseffekt:
Ein aus der *Sicht des Kostenmanagements* weiterer *Vorteil der Prozeßkostenrechnung* ergibt sich daraus, daß *Degressionseffekte* transparent werden:

Bei der herkömmlichen Zuschlagskalkulation wird aufgrund der proportionalen Verrechnung der Gemeinkosten jeweils ein konstanter Gemeinkostensatz pro Stück verrechnet. Wie das nachstehende Beispiel verdeutlicht, verringern sich die *Kosten für die Ressourcennutzung* je Stück für die interne Abwicklung von z. B. Materialbestellungen, Fertigungslosen, Kundenaufträgen mit steigenden Stückzahlen. So entstehen die Vertriebsgemeinkosten z. B. durch die Bearbeitung eines Kundenauftrages; sie sind jedoch nicht von der bestellten Stückzahl abhängig. Kostet die Abwicklung eines Kundenauftrags beispielsweise 800,-- DM, so fällt dieser Betrag bei einem Auftrag von einem Stück wie auch bei einer Bestellung von 500 Stück an. Bei Anwendung der Zuschlagskalkulation werden die Vertriebsgemeinkosten über einen pauschalen Vertriebsgemeinkostenzuschlagsprozentsatz auf der Basis der Herstellkosten verrechnet. Dies führt dazu, daß Aufträge mit niedrigen Stückzahlen gering belastet werden, obwohl gerade deren Abwicklung die betrieblichen Ressourcen am stärksten beansprucht. Umgekehrt werden die Kosten von Aufträgen mit großen Stückzahlen durch die proportionale Zurechnung zu hoch ausgewiesen. Mit Hilfe der *Prozeßkostenrechnung* können *Degressionseffekte* transparent gemacht werden (vgl. Abb. 82).[679]

678) Coenenberg, A . G./Fischer, Th. M. [1991], S. 32.
679) Vgl. Coenenberg, A . G./Fischer, Th. M. [1991], S. 33.

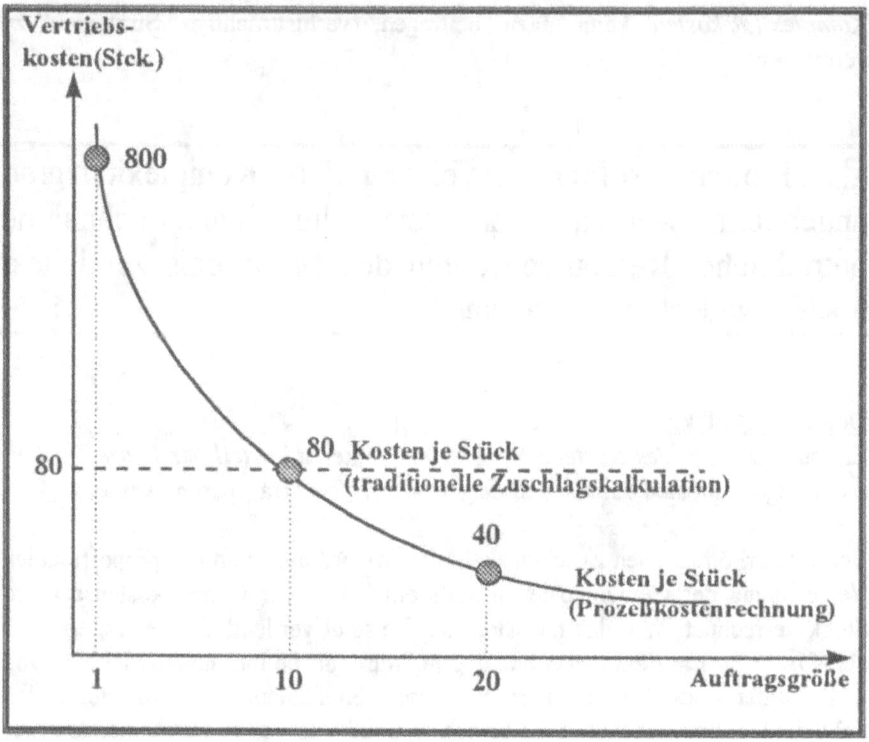

Abb. 82: Degressionseffekt in der Prozeßkostenrechnung
(in Anlehnung an: Coenenberg, A . G./Fischer, Th. M. [1991], S. 34.)

2.2.6.2.1.4 Beurteilung der Prozeßkostenrechnung

Wie gezeigt wurde, ist die *Prozeßkostenrechnung* nicht als ein eigenständiges Kosten- und Leistungsrechnungssystem, sondern als eine zu bestehenden Rechnungssystemen (Basissysteme) ergänzende Systemkomponente zu verstehen. Auf diese Weise werden die unterschiedlichen Sichtweisen von periodisch orientierten Basissystemen und Prozeßkostenrechnungen integriert bzw. ein Zusammenhang zwischen den *Kosten der Ressourcenbereitstellung* und den *Kosten der Ressourcennutzung* hergestellt.

Die Befriedigung des Informationsbedarfes der internen und externen Bedarfsträger kann heute in der Regel nicht mehr über den Einsatz eines einzigen Rechnungssystems erfüllt werden:

> Dies wird insbesondere damit begründet, daß die Kosten- und Leistungsrechnung durch ihre Informationen sowohl den strategischen als auch den operativen Entscheidungsbedarf zu decken hat.[680]

Die Bereitstellung kurzfristiger Entscheidungsinformationen kann n. h. M. über den Einsatz einer flexiblen Plankostenrechnung auf Teilkostenbasis realisiert werden; für strategische Entscheidungen sind allerdings Vollkosteninformationen unerläßlich.

Periodisch orientierte Basissysteme - wie die flexible Plankostenrechnung auf Vollkostenbasis - erfüllen im Rahmen der Kostenträgerstückrechnung die Aufgabe der (handels- und steuerrechtlichen) Bewertung der Bestände[681] „... in einer die Wirtschaftsprüfer befriedigenden Art ...“[682]. Wie gezeigt wurde, führen jedoch Fixkostenproportionalisierungen und pauschale Gemeinkostenzuschläge zu Zurechnungsfehlern in der Kalkulation und - in Folge - zu Fehlentscheidungen im Rahmen der Programmplanung und Verkaufssteuerung. Die Problematik der Gemeinkostenschlüsselung soll im Rahmen der Prozeßkostenrechnung vermieden werden, indem für die Ermittlung entscheidungsrelevanter Kosten ausschließlich lmi-Prozeßkostensätze herangezogen werden. Hierbei ist jedoch zu beachten, daß mit Hilfe der Prozeßkostenrechnung nicht alle Gemeinkosten auf die Produkte verrechnet werden. Hier sei an die Kosten derjenigen Bereiche gedacht, in denen überwiegend nicht-repetitive Aktivitäten (z. B. Layout-Planung) oder prozeßmengenunabhängige lmn-Prozesse dominieren. Derartige Kosten werden im Rahmen der Prozeßkostenrechnung entweder gar nicht berücksichtigt oder den lmi-Prozeßkosten anteilig zugeschlüsselt. Sollen für den Ausweis von Vollkosteninformationen alle Kosten auf die Produkte verrechnet werden, so kann also auch über den Einsatz einer Prozeßkostenrechnung nicht auf die Verwendung von Gemeinkostenschlüsseln verzichtet werden. Die Vorteile einer prozeßorientierten Kostenträgerstückrechnung aus der Perspektive des Kostenmanagements sind insbesondere darin zu sehen, daß

680) Vgl. Olshagen, Chr. [1991], S. 94.
681) Vgl. Olshagen, Chr. [1991], S. 107.
682) Kilger, W. [1993], S. 102.

über den Einsatz einer Prozeßkostenrechnung Komplexitätskosten transparent und Kostendegressionen und - im Umkehrschluß - Kostenprogressionen je Stück sowie im Rahmen der Prozeßkostenstellenrechnung Funktions- und Prozeßkosten je Aktivität ausgewiesen werden, die letztlich als Basisdaten für eine Vielzahl strategischer Methoden und Instrumente des Kostenmanagements herangezogen werden können.

Da sowohl in den leistungsmengeninduzierten als auch in den leistungsmengenneutralen Kosten Fixkostenbestandteile verrechnet sind, ist die Prozeßkostenrechnung für operative Zwecke nicht geeignet. Für die Zwecke der kurzfristigen Kostenkontrolle sollte daher stets die flexible Plankostenrechnung als Basissystem der Kosten- und Leistungsrechnung zum Einsatz gelangen. Im Gegensatz zur flexiblen Plankostenrechnung erfaßt, analysiert und bewertet die Prozeßkostenrechnung über die Bildung von Hauptprozessen und der Ableitung von Cost Drivern sämtliche abteilungsübergreifenden Prozesse, so daß über die Implementierung einer Prozeßkostenrechnung eine kostenstellen- und bereichsübergreifende Kostenkontrolle realisiert werden kann. Cost Driver bieten dem Kostenmanagement zudem Ansatzpunkte für Maßnahmen, die zu Kostenbeeinflussungen und langfristig zu Kostensenkungen im Gemeinkostenbereich führen können.

Ein effizientes Kostenmanagement setzt die rechnerische Erfassung und Abbildung der zu beeinflussenden Kostengrößen voraus. Für die Bereitstellung von Plandaten für operative Zwecke kann aus der Sicht des Kostenmanagements als Basissystem der kombinierte Einsatz einer flexiblen Plankostenrechnung auf Vollkostenbasis und einer Grenzplankostenrechnung empfohlen werden. Der für die Aufgaben des strategischen Kostenmanagements erforderliche Ausweis von Stück-, Funktions- und Prozeßkosten auf Vollkostenbasis kann durch das Basissystem der Kosten- und Leistungsrechnung nicht realisiert werden. Wie die vorstehenden Ausführungen gezeigt haben, können durch die zusätzliche Implementierung einer Prozeßkostenrechnung eine Vielzahl von Informationen abgeleitet werden, die den effektiven Einsatz der strategischen Methoden und Instrumente des Kostenmanagements vielfach erst ermöglichen.

2.2.6.2.2 Lehrfragen und Übungen

1. Stellen Sie die wesentlichen Unterschiede einer flexiblen Plankostenrechnung und einer Prozeßkostenrechnung gegenüber.

2. Die Verfechter der Prozeßkostenrechnung behaupten: „One Cost System Istn't Enough". Begründung Sie diese Aussage.

3. Beschreiben Sie die Vorgehensweise einer Prozeßkostenstellenrechnung. Welche Informationsvorteile bietet eine Prozeßkostenstellenrechnung gegenüber einer herkömmlichen Kostenstellenrechnung im System der flexiblen Plankostenrechnung.

4. Im Anschluß an die Prozeßkostenstellenrechnung werden die Teilprozesse zu Hauptprozessen zusammengefaßt. Beschreiben Sie, auf welche Weise Hauptprozesse im Rahmen der Prozeßkostenrechnung gebildet werden können. Welche Informationsvorteile bietet die Hauptprozeßbildung?

5. Eine Kostenträgerstückrechnung kann sowohl im Rahmen der flexiblen Plankostenrechnung als auch im Rahmen einer Prozeßkostenrechnung durchgeführt werden. Arbeiten Sie die Unterschiede sowie die Vor- und Nachteile aus der Sicht des Kostenmanagements heraus.

6. Im Rahmen der prozeßorientierten Produktkalkulation können für die Verrechnung der Gemeinkosten sowohl die leistungsmengeninduzierten Prozeßkostensätze als auch die Gesamtprozeßkostensätze herangezogen werden. Welche Form der Verrechnung empfehlen Sie jeweils aus der Perspektive des Kostenmanagements?

7. Kann bei Einsatz einer Prozeßkostenrechnung auf herkömmliche Kostenrechnungssysteme verzichtet werden?

3. Literaturverzeichnis

Agthe, K.: Stufenweise Fixkostendeckung im System des Direct Costing, in: ZfB 29/1959, S. 404 - 418.

Ausschuß Betriebliche Personalpolitik der Bundesvereinigung der Deutschen Arbeitgeberverbände (Hrsg.): Arbeitsbericht Betriebliches Vorschlagswesen, Köln 1994, S. 1 - 6.

Back-Hock, A.: Produktlebenszyklusorientierte Ergebnisrechnung, in: Handbuch Kostenrechnung, hrsg. v. W. Männel, Wiesbaden 1992, S. 703 - 714.

Bäumer, Chr.: Meinungen zum Thema Outsourcing, in: BFuP, S. 363 - 364.

Bauer, H.-H.: Erfahrungskurvenkonzept: Möglichkeiten und Problematik der Ableitung strategischer Handlungsalternativen, in: WiSt 1/86, S. 1 - 10.

Becker, W.: Komplexitätskosten, in: krp 3/92, S.171 - 173.

Bleicher, K.: Zukunftsperspektiven organisatorischer Entwicklung. Von strukturellen zu humanzentrierten Ansätzen, in: Zfo, 59 Jg. (1990), S. 152 - 161.

Bliesener, M. M.: Outsourcing als mögliche Strategie zur Kostensenkung, in: BFuP 4/94, S. 276 - 290.

Börner, D.: Grundprobleme des Rechnungswesens (Teil 1), in: WiSt, H.4, 1973,S. 153 - 158.

Dreit, C.: Lern- und Erfahrungskurveneffekte in der Produktionstheorie, München 1985.

Brinkmann, E. P.: Das Betriebliche Vorschlagswesen, Leitfaden für Arbeitgeber und Arbeitnehmer, Freiburg 1992.

Brinkmann, E. P./Simon, A.: Grundzüge des Betrieblichen Vorschlagswesens, in: angew. Arbeitswiss. (1994), Nr. 140, S. 37 - 66.

Brokmann, W. (Red.): Lean Production: Erfahrungen und Erfolge in der M + E, hrsg. v. Institut für angewandte Arbeitswissenschaft e. V. (IfaA), Köln 1994.

Bühner, R./Tuschke, A.: Outsourcing, in: DBW 57 (1997) 1, S. 20 - 30.

Burger, A./Schellberg, B.: Kostenmanagement mittels Wertanalyse, krp 5/95, S. 145 - 151.

Burger, A.: Kostenmanagement, München/Wien 1995.

Camp, R. C.: Benchmarking, München 1994.

Claasen, U./Ellßel, R.: Target Costing und Target Investment als Werkzeug für das kundenorientierte strategische Kostenmanagement bei Fahrzeug-Neuentwicklungen, in: Customizing in der Weltautomobilindustrie, hrsg. V. F. Peren, Frankfurt/Main 1996, S. 133 - 147.

Coenenberg, A. G.: Unternehmungsrechnung: betriebliche Planungs- und Kontrollrechnungen auf der Basis von Kosten und Leistungen, München 1976.

Coenenberg, A. G./Fischer, Th. M.: Prozeßkostenrechnung - Strategische Neuorientierung in der Kostenrechnung, in: DBW 51 (1991) 1, S. 21 - 38.

Coenenberg, A. G./Baum, H.-G.: Strategisches Controlling, Stuttgart 1992.

Coenenberg, A. G./Fischer, Th./ Schmitz, J.: Target Costing und Product Life Cycle Costing als Instrumente des Kostenmanagements, in: ZP (1994) 5, S. 1 - 38.

Cooper, R./Kaplan, R. S.: Measure Costs Right: Make the Right Decisions, in: Harvard Business Review 1988 Sept./Oct., S. 96 - 103.

Cooper, R./Kaplan, R. S.: Prozeßorientierte Systeme: Die Kosten der Ressourcennutzung messen, in: krp Sonderheft 2/93, S. 7 - 14.

Däumler, K.-D.: Kostenrechnung 1: Grundlagen, 6. Aufl., Herne/Berlin 1993.

Däumler, K.-D.: Kostenrechnung 3: Plankostenrechnung, 5. Aufl., Herne/Berlin 1995.

Deisenhofer, Th.: Marktorientierte Kostenplanung auf Basis von Erkenntnissen der Marktforschung bei der Audi AG, in: Target Costing, hrsg. v. P. Horváth, Stuttgart 1993, S. 93 - 117.

Deutscher Normenausschuß [Hrsg.]: DIN 69910, Wertanalyse-Begriffe, Methode, August 1973.

Deutsches Institut für Normung e. V. [Hrsg.]: DIN 69910, Wertanalyse August 1987.

Dobschütz, von, L./Prautsch, W.: Outsourcing: Kein Allheilmittel zur Senkung der IV-Kosten, in: Controlling, 5. Jg., Heft 2, März/April 1993, S. 100 - 106.

Dreyer, A.: Scoring-Modelle bei Mehrfachzielsetzungen: Eine Analyse des Entwicklungsstandes von Scoring-Modellen, in: ZfB, 44. Jg. (1974), S. 255 - 274.

Ellram, L.: Defining Strategic Alliances: Life Cycle Patterns, in: NAPM Conference Proceedings, 1993, S. 1 - 6.

Fiedler, R.: Wissensbasierte Systeme im Rechnungswesen, in: krp 5/90, S. 317 - 318.

Fischer, Th. M.: Kostenmanagement strategischer Erfolgsfaktoren, München 1993.

Franz, K.-P.: Die Prozeßkostenrechnung - Darstellung und Vergleich mit der Plankosten- und Deckungsbeitragsrechnung -, in: Finanz- und Rechnungswesen als Führungsinstrument, hrsg. v. D. Ahlert u. a., Wiesbaden 1990, S. 110 - 136.

Franz, K.-P.: Moderne Methoden der Kostenbeeinflussung, in: krp 3/92, S. 127 - 134.

Freidank, C.-Chr.: Kostenrechnung, 3. Aufl., München 1991.

Fröhlich, O./Krause, H.: Systematisches Gemeinkosten-Managment durch integrierte DV-gestützte Prozeßkostenrechnung, in: krp 4/90, S. 223 - 228.

Gälweiler, A.: Strategische Unternehmensführung, 2. Aufl., Frankfurt/M./ New York 1990.

Gasior, W.: Neues Vorschlagswesen weckt Ideenpotential, in: Personalführung 4/93, S. 288 - 295.

Glaser, H.: Möglichkeiten und Grenzen der Prozeßkostenrechnung als Controlling-Instrument, in: Synergien durch Schnittstellen-Controlling, hrsg. von P. Horváth, Stuttgart 1991, S. 227 - 240.

Götze, U./Meyerhoff, J. Chr.: Die Prozeßkostenrechnung - Stand und Entwicklungstendenzen, in: ZfP 1993, S. 65 - 96.

Götze, U.: ZP - Stichwort: Target-Costing, in ZP 4/93, S. 381 - 389.

Haberstock, L.: Kostenrechnung I, Bd. 2 (Grenz-)Plankostenrechnung, 7. Aufl., Hamburg 1986.

Haberstock, L.: Kostenrechnung I, Bd. 1 (Einführung), 8. Aufl., Hamburg 1987.

Hahn, D.: Strategische Unternehmensplanung: Ein konzentrierter Überblick (I), in: Wirtschaftsstudium (WISU) 5/81, S. 223 - 227.

Hahn, D.: Strategische Unternehmensplanung: Ein konzentrierter Überblick (II), in: WISU 6/81, S. 275 - 279.

Hahn, D./Hungenberg, H.: Make-or-buy-Entscheidungen als Grundlage der Erfolgszielsicherung, in: Handbuch Kosten- und Erfolgs-Controlling, hrsg. v. Th. Reichmann, München 1995, S. 47 - 61.

Hammer, E.: Meinungen zum Thema Outsourcing, in: BFuP, S. 364 - 365.

Hardt, R./Schalow, W.: Motivation zur Innovation - Freisetzung von Kreativpotential, in: Vorsprung durch Einmaligkeit, hrsg. V. S. Skirl, Wiesbaden 1995, S. 89 - 100.

Hardt, R. (I): Entwicklung eines Informationssystems für das Logistik-Controlling auf der Basis der Prozeßkostenrechnung, Diss. Universität Hannover 1995.

Hardt, R. (II): Zielsteuerung und Kapazitätsplanung mit Hilfe der Prozeßkostenrechnung, in: ZP 3/95, S. 277 ff.

Hardt, R. (III): Logistik-Controlling für industrielle Produktionsbereiche auf der Basis der Prozeßkostenrechnung, in: krp 4/95, S. 199 ff.

Hardt, R.: Von der flexiblen Plankostenrechnung zur Prozeßkostenrechnung, in: Zukunftsgerichtetes Controlling, hrsg. C. Steinle, u. a., 2. Auflage, Wiesbaden 1996, S. 306 - 325.

Haug, N./Martens, B./Pudeg, R.: Prozeßoptimierung durch Mitarbeiterbeteiligung, in: FB/IE (1993) 4, S. 148 - 153.

Henderson, B. D.: Die Erfahrungskurve in der Unternehmungsstrategie, New York 1974.

Herter, R. N.: Weltklasse mit Benchmarking - ein Werkzeug zur Verbesserung der Leistungsfähigkeit aller Unternehmensbereiche, in: FB/IE 41 (1992) 5, S. 254 - 258.

Hinterhuber, H. H.: Strategische Unternehmungsführung, 3. Aufl., Berlin u. a. 1984.

Hoffjan, A.: Cost Benchmarking als Instrument des strategischen Kostenmanagements, in: ZP (1995), S. 155 - 166.

Hofmann, A./Nolden, H.-G.: Kontinuierlicher Verbesserungsprozeß - Umsetzung in Deutschland, in: Lean Production: Erfahrungen und Erfolge in der M + E, hrsg. v. Institut für angewandte Arbeitswissenschaft e. V. (IfaA), Köln 1994, S. 167 - 189.

Horváth, P./ Mayer, R.: Prozeßkostenrechnung: Der neue Weg zu mehr Kostentransparenz und wirkungsvolleren Unternehmensstrategien, in: Controlling, Heft 4, Juli 1989, S. 214 - 219.

Horváth, P./Renner, A.: Prozeßkostenrechnung - Konzept, Realisierungsschritte und erste Erfahrungen, in: FB/IE, 39. Jg. (1990), S. 100 - 107.

Horváth, P. (Hrsg.): Target Costing, Stuttgart 1993.

Horváth, P./Kieninger, M./Mayer, R./Schimank, Chr.: Prozeßkostenrechnung - oder wie die Praxis die Theorie überholt, in: DBW 53 (1993), S. 609 - 628.

Horváth, P./ Niemand, S./ Wolbold, M.: Target Costing - State of the Art, in: Target Costing, hrsg. v. P. Horváth, Stuttgart 1993, S. 1 - 27.

Horváth, P./Lamla, J.: Cost Benchmarking und Kaizen Costing, in: Handbuch Kosten- und Erfolgs-Controlling, hrsg. von Th. Reichmann, München 1995, S. 63 - 88.

Horváth, P./Lamla, J.: Kaizen Costing, in: krp, 40. Jg., 1996, Heft 6, S. 335 - 340.

Huch, B./ Behme, W./ Ohlendorf, Th.: Rechnungswesenorientiertes Controlling, 2. Aufl., Heidelberg 1995.

Hummel, S./ Männel, W.: Kostenrechnung (1): Grundlagen, Aufbau und Anwendung, 4. völlig neu bearb. und erw. Auflage, Wiesbaden 1990.

Imai, M.: Kaizen - Der Schlüssel zum Erfolg der Japaner im Wettbewerb, 3. Aufl., München 1992.

Industriegewerkschaft Metall (IGM): Gestaltungshinweise und Regelungsvorschläge zum kontinuierlichen Verbesserungsprozeß („Kaizen, KVP, CIP"), Frankfurt 1994.

Jakob, F.: Target Costing im Anlagenbau - das Beispiel der LTG Lufttechnische GmbH, in: Target Costing, hrsg. v. P. Horváth, Stuttgart 1993, S. 155 - 190.

Jasuda, Y.: Mitarbeiterkreativität in Japan, hrsg. v. U. Loos, Landsberg/Lech 1994.

Jehle, E.: Wertanalyse: Ein System zum Lösen komplexer Probleme, in: WiSt 6/91, S. 287 - 294.

Jehle, E.: Gemeinkostenmanagement, in: Handbuch Kostenrechnung, hrsg. v. W. Männel, Wiesbaden 1992, S. 1506 - 1523.

Jehle, E.: Value-Management (Wertanalyse) als Instrument des Logistik-Controlling, in: krp-Sonderheft 1/92, S. 68 - 75.

Jehle, E.: Wertanalyse und Kostenmanagement, in: Handbuch Kosten- und Erfolgscontrolling, hrsg. v. Th. Reichmann, München 1995, S. 145 - 165.

Jehle, E./Willeke, M.: Value Management und Kaizen als Instrumente des Kostenmanagement, in: krp, 40 Jg., 1996, H. 5, S. 255 - 260.

Kaplan, R. S.: One Cost System Istn't Enough, in: Harvard Business Review 1988, Jan./Febr., S. 61 - 66.

Karlöf, B./Östblom, S.: Das Benchmarking-Konzept: Wegweiser zur Spitzenleistung in Qualität und Produktivität, München 1994.

Kilger, W.: Die Entstehung und Weiterentwicklung der Grenzplankostenrechnung als entscheidungsorientiertes System der Kostenrechnung, in: Schriften zur Unternehmensführung, Bd. 21, Wiesbaden 1976, S. 9 - 39.

Kilger, W.: Flexible Plankostenrechnung und Deckungsbeitragsrechnung, 9., vollständig überarb. und erw. Aufl., Wiesbaden 1988.

Kilger, W.: Flexible Plankostenrechnung und Deckungsbeitragsrechnung, 10., vollständig überarb. und erw. Aufl., Wiesbaden 1993.

Kleinfeld, K.: Benchmarking für Prozesse, Produkte und Kaufteile - Ein Weg zu permanenter Verbesserung im Unternehmen -, in: Marketing-Management, 38. Jg. (1994), Heft 1, S. 19 - 24.

Knüppel, L./Heuer, F.: Eine empirische Untersuchung zum Outsourcing aus der Sicht potentieller und tatsächlicher Nutzer, in: BFuP4/94, S. 333 - 357.

Kolks, U.: Strategieimplementierung - Ein anwenderorientiertes Konzept, Wiesbaden 1990.

Kosiol, E.: Kosten- und Leistungsrechnung: Grundlagen, Verfahren, Anwendungen, Berlin/New York 1979.

Kreikebaum, H./ Grimm, U.: Die Analyse strategischer Faktoren und ihre Bedeutung für die strategische Planung, in: WiSt, Heft 1, Januar 1983, S. 6 - 12.

Kretschmer, H.-J.: Voll- und Teilkostenrechnung: Gegensatz oder Ergänzung, in: krp 3/1981, S. 129 - 137.

Krüger, W./ Schwarz, G.: Konzeptionelle Analyse und praktische Bestimmung von Erfolgsfaktoren und Erfolgspotentialen, in: Zukunftsperspektiven der Organisation, hrsg. von Bleicher,K./Gomez,P., Bern 1990, S. 179 - 209.

Küpper, H.-U.: Controller-Anforderungsprofil in der Theorie, in: Handbuch Controlling, hrsg. von Mayer,E./Weber, J., Stuttgart 1990, S. 325 - 342.

Küpper, H.-U.: Entwicklungslinien der Kostenrechnung als Controllinginstrument (Teil 1), in: krp 1/1990, S. 11 - 16.

Küpper, H.-U.: Entwicklungslinien der Kostenrechnung in Dienstleistungsunternehmen, in: Grenzplankostenrechnung: Stand und aktuelle Probleme, 2. Aufl., hrsg. v. A.-W. Scheer, Wiesbaden 1991, S. 53 - 82.

Küpper, H.-U.: Anforderungen an die Kostenrechnung aus der Sicht des Controlling, in: Handbuch Kostenrechnung, hrsg. v. W. Männel, Wiesbaden 1992, S. 138 - 153.

Küpper, H.-U.: Controlling: Konzeption, Aufgaben und Instrumente, Stuttgart 1995.

Kuhn, A.: Unternehmensführung, 2. Aufl., München 1990.

Kummer, S.: Outsourcing von Logistikleistungen: Controlling wirkt qualitätssichernd, in: Beschaffung aktuell 11/93, S. 29 - 31.

Lange, J.-U./ Schauer, B. D.: Ausgestaltung und Rechenzwecke mittelständischer Kostenrechnung, in: krp, 40 Jg., 1996, H. 4., S. 202 - 208.

Layer, M.: Deckungsbeitragsrechnung, in: Management-Enzyklopädie, 2. Aufl., München 1982, S. 745 - 768.

Layer, M.: Prognose, Planung und Kontrolle fixer Kosten, in: krp 2/92, S. 69 - 76.

Lehmann, M. R.: Die industrielle Kalkulation, Berlin/Wien 1925.

Lorson, P.: Grenzplankostenrechnung versus Prozeßkostenrechnung, in: BB, Heft 21, 30. Juli 1991, S. 1421 - 1425.

Männel, W.: Kostenmanagement - Bedeutung und Aufgaben, in: krp 5/92, S.289 - 291.

Männel, W.: Moderne Konzepte für Kostenrechnung, Controlling und Kostenmanagement, in: krp 2/93, S. 69 - 78.

Männel, W.: Ziele und Aufgabenfelder des Kostenmanagements, in: Handbuch Kosten- und Erfolgs-Controlling, München 1995, S. 25 - 45.

Mats, A.: Planung und Kontrolle von Kosten und Gewinn, AGPLAN - Schriftenreihe, Band 7, Wiesbaden 1964.

Mellerowicz, K.: Planung und Plankostenrechnung, Bd. 2, Freiburg 1972.

Meyer, P.: Die Stellung der Kosten- und Leistungsrechnung im Rechnungswesen, in: Handbuch Kostenrechnung, hrsg. v. W. Männel, Wiesbaden 1992, S. 54 - 66.

Meyer-Piening, A.: Zero-Base Budgeting - erprobte Technik zur Senkung der Gemeinkosten und zur Steigerung der Effizienz, in: Das Management der Gemeinkosten, Wien 1982, S. 63 - 95.

Meyer-Piening, A.: Zero Base Planning als analytische Personalplanungsmethode im Gemeinkostenbereich: Einsatzbedingungen und Grenzen der Methodenanwendung, Stuttgart 1994.

Müller, A.: Gemeinkosten-Management: Vorteile der Prozeßkostenrechnung, Wiesbaden 1992.

Müller, H.: Prozeßkonforme Grenzplankostenrechnung, Wiesbaden 1993.

Nagel, K.: Die 6 Erfolgsfaktoren des Unternehmens: Strategie, Organisation, Mitarbeiter, Führungssystem, Informationssystem, Kundennähe, 4. Aufl., Landsberg/Lech 1991.

Niethammer, R.: Grundsätze und Beispiele zur Systematisierung von Kostenarten und Kostenstellen, in: Handbuch Kostenrechnung, hrsg. v. W. Männel, Wiesbaden 1992, S. 399 - 408.

Niemand, S.: Target Costing - konsequente Marktorientierung durch Zielkostenmanagement, in: FB/IE - 41 (1992) 3, S. 118 - 123.

Oecking, G.: Strategisches und operatives Fixkostenmanagement, München 1994.

Oecking, G.: Kostenrechnung für das Fixkostenmanagement, in: krp 5/95, S. 253 - 259.

Ohno, T.: Toyota Production System-Beyond Large Scale Production, Cambridge, Massachusetts, USA, 1988.

Olshagen, Chr.: Prozeßkostenrechnung: Aufbau und Einsatz, Wiesbaden 1991.

Ossadnik, W.: Controlling, Wien 1996.

o. V.: Meinungen zum Thema Outsourcing, in: DFuP 4/94, S. 358 - 375.

Pampel, J.: Ressourcenorientierung für das Kostenmanagement, in: krp, 40. Jg., 1996, Heft 6, S. 321 - 330.

Pepels, W.: Qualitätscontrolling bei Dienstleistungen, München 1996.

Peren, F. (Hrsg.): Customizing in der Weltautomobilindustrie, Frankfurt/Main 1996, S. 133 - 147.

Peters, Th. J./Waterman, R. H.: Auf der Suche nach Spitzenleistungen: Was man von den bestgeführten US-Unternehmen lernen kann, Landsberg/Lech 1986.

Pfaff, D.: Ein Beitrag zur theoretischen Bergündung der Vollkostenrechnung, in: Zur Neuausrichtung der Kostenrechnung, hrsg. v. J. Weber, Stuttgart 1993, S. 137 - 160.

Pfeiffer, W./Bischof, P.: Produktlebenszyklen - Instrumente jeder strategischen Planung, in: Unternehmensführung I: Planung und Kontrolle, hrsg. v. H. Steinmann, München 1981.

Pfeiffer, W./ Dörrie, U./ Gerharz, A./ Goethe von, S.: Variantenkostenrechnung, in: Handbuch Kostenrechnung, hrsg. v. W. Männel, Wiesbaden 1992, S. 861 - 877.

Picot, A./ Rischmüller, G.: Planung und Kontrolle der Verwaltungskosten in Unternehmungen, in: ZfB 51. Jg. (1981), H. 4, S. 331 - 346.

Picot, A./Maier, M.: Analyse- und Gestaltungskonzepte für das Outsourcing, in: Information Management 4/92, S. 14 - 26.

Pieske, R.: Am Klassenbesten orientieren, in: Absatzwirtschaft, Sondernummer Oktober 1992, 35 Jg. S. 149 - 158.

Plaut, G.: Grenzplankosten- und Deckungsbeitragsrechnung als modernes Kostenrechnungssystem, in: Handbuch Kostenrechnung, hrsg. v. W. Männel, Wiesbaden 1992, S. 205 - 225.

Porter, M. E.: Wettbewerbsvorteile (Competitive Advantage): Spitzenleistungen erreichen und behaupten, 4. Aufl., Frankfurt/M. 1996.

Preißler, P. R.: Controlling, 6. Aufl. München, Wien 1995.

Pümpin, C.: Management strategischer Erfolgspositionen: Das SEP-Konzept als Grundlage wirkungsvoller Unternehmensführung, Bern/Stuttgart 1986.

Quarch. U.: „Panta rhei“ - Alles ist in Bewegung, in: Personalführung 4/93, S. 298 - 303.

Rehm, S.: KANBAN mit Trennisbällen, in: Lean Production: Erfahrungen und Erfolge in der M + E, hrsg. v. Institut für angewandte Arbeitswissenschaft e. V. (IfaA), Köln 1994, S. S. 190 - 205.

Reichel, F.-G./Cmiel, H.-G.: Vergütungsinstrumente für Verbesserungsaktivitäten der Mitarbeiter im Zusammenhang mit modernen Konzepten der Arbeitsorganisation in der Metall- und Elektro-Industrie, in: angew. Arbeitswiss. (1994), Nr. 140, S. 21 - 36.

Reichmann, Th.: Controlling mit Kennzahlen und Managementberichten, 4. Aufl., München 1995.

Reichmann, Th./Palloks, M.: Make-or-Buy-Entscheidungen: Was darf der Fremdbezug kosten, wenn die eigenen Kosten weiterlaufen, in: Controlling, Heft 1, Januar/Februar 1995, S. 4 - 11.

Reiß, M./ Corsten, H.: Gestaltungsdomänen des Kostenmanagments, in: Handbuch Kostenrechnung, hrsg. v. W. Männel, Wiesbaden 1992, S. 1478 - 1491.

Renner, A.: Kostenorientierte Produktionssteuerung, München 1991.

Renner, A.: Komplexität meistern - Gemeinkosten senken, in: FB/IE (1994) 1, S. 16 - 19.

Richert, U.: Benchmarking: Ein Werkzeug des Total Quality Management (Teil 1), in: Qualität und Zuverlässigkeit, 40 Jg. (1995], Heft 3, S. 283 - 286.

Richert, U.: Benchmarking: Ein Werkzeug des Total Quality Management (Teil 2), in: Qualität und Zuverlässigkeit, 41 Jg. (1995], Heft 4, S. 414 - 418.

Schierenbeck, H.: Grundzüge der Betriebswirtschaftslehre, 8. Aufl., München/Wien 1986.

Schmalenbach, E.: Kostenrechnung und Preispolitik, 8. Aufl., Köln/Opladen 1963.

Scholz, C.: Strategisches Management - Ein interaktiver Ansatz, Berlin/New York 1987.

Schröder, H. H.: Wertanalyse als Instrument optimierender Produktgestaltung, in: Handbuch Produktionsmanagement: Strategie - Führung - Technologie, Wiesbaden 1994.

Schwab, B.: Erfindung und Verbesserungsvorschlag im Arbeitsverhältnis, in: Schriften zur Arbeitsrecht-Blattei, Bd. 15, 2. Aufl., Wiesbaden 1991.

Schweitzer, M.: Systematik von Konzepten der Kosten- und Leistungsrechnung, in: Handbuch Kostenrechnung, hrsg. v. W. Männel, Wiesbaden 1992, S. 185 - 202.

Seicht, G.: Die stufenweise Grenzkostenrechnung: Ein Beitrag zur Weiterentwicklung der Deckungsbeitragsrechnung, in ZfB, 33 (1963) 12, S. 693 - 709.

Seicht, G.: Die Entwicklung der Grenzplankosten- und Deckungsbeitragsrechnung, in: Grenzplankostenrechnung: Stand und aktuelle Probleme; Hans-Georg Plaut zum 70. Geburtstag, hrsg. v. Scheer, A.-W., 2., durchges. Auflage, Wiesbaden 1991, S. 31 - 51.

Seidenschwanz, W.: Target Costing - Ein japanischer Ansatz für das Kostenmanagement, in: Controlling, Heft 4, Juli/August 1991, S. 198 - 203.

Seidenschwanz, W.: Target Costing - Durch marktgerechte Produkte zu operativer Effizienz oder: Wenn der Markt das Unternehmen steuert, in: Target Costing, hsg. v. P. Horvák, Stuttgart 1993, S. 29 - 52.

Seidenschwanz, W.: Target Costing - Verbindliche Umsetzung marktorientierter Strategien, in: krp 1/94, S. 74 - 83.

Siegwart, H./ Raas, F.: CIM - orientiertes Rechnungswesen: Bausteine zu einem System-Controlling, Stuttgart 1991.

Siegwart, H./ Senti, R.: Product Life Cycle Management: Die Gestaltung eines integrierten Produktlebenszyklus, Stuttgart 1995.

Simon, A.: Kontinuierlicher Verbesserungsprozeß, in: Lean Production, Idee - Konzept - Erfahrungen in Deutschland. Schriftenreihe des IfaA, Bd. 27, Köln 1992, S. 170 - 195.

Simon, A.: Der Kontinuierliche Verbesserungsprozeß - Idee, Konzept, Abgeltung, Abgrenzung -, in: angew. Arbeitswiss. (1994), Nr. 142, S. 54 - 75.

Simon, A.: Der Kontinuierliche Verbesserungsprozeß - Konzept, Abgrenzung, Honorierung -, in: REFA-Nachrichten 2/96, 49. Jg., S. 22 - 33.

Skinner, W.: The productivity paradox, in: Harvard Business Review, July - August 1986, S. 55 - 59.

Sprenger, K.: Das Vorschlagswesen abschaffen, in: Personalwirtschaft 8/93, S. 20 - 25.

Stabenau, H.: Dienstleistungen in der Logistik - Einführung, in: RKW-Handbuch Logistik, hrsg. v. H. Baumgarten/ M. Bliesener/ E. Falz, u. a., Berlin 1981, 2. Lfg. VII/81, KZ.: 4005, S. 1 - 6.

Steinle, C./ Eggers, B./ Kirschbaum J./ Kirschbaum, V.: „Erfolgsfaktoren-Beziehungsanalyse": Ergebnisbericht eines Praktiker-Workshops, Universität Hannover, Fachbereich Wirtschaftswissenschaften, Unternehmensführung und Organisation, Diskussionspapier Nr. 187, April 1994.

Steinle, C./ Lawa, D.: Methoden der strategischen Planung und ihre Bedeutung in der Unternehmungspraxis, in: WISU 10/93, S. 809 - 821.

Steinle, C./ Schmidt, C./ Lawa, D.: Erfolgsfaktorenkonzepte und ihre Relevanz für Planungssysteme, in: WISU 4/95, S. 311 - 320.

Steinle, C./Bruch, H./Nasner, N.: Kernkompetenzen - Konzepte, Ermittlung und Einsatz zur Strategieevaluation, in: ZfP (1997) 8, S. 1 - 23.

Steinman, H./ Guthunz, U./ Hasselberg, F.: Kostenführerschaft und Kostenrechnung, in: Handbuch Kostenrechnung, hrsg. v. W. Männel, Wiesbaden 1992, S. 1459 - 1477.

Streitferdt, L.: Kostenmanagement im Produktionsbereich, in: Handbuch Produktionsmanagement, hrsg. v. H. Corsten, Wiesbaden 1994, S. 475 - 495.

Swoboda, P.: Systematik der Kostenrechnung, in: HWR, Bd. 3, 2. Aufl., Stuttgart 1981, Sp. 1067 - 1073.

Szyperski, N.: Rechnungswesen als Informationssystem, in: HWR, Bd. 3, 2. völlig neu gestaltete Aufl., Stuttgart 1981, S. 1425 - 1439.

Thom, N.: Betriebliches Vorschlagswesen: Ein „Longseller" mit weiteren Erfolgsaussichten, in: Personalführung 4/93, S. 280 - 286.

Vikas, K.: Neue Konzepte für das Kostenmanagement, 3. überarb. und erw. Aufl., Wiesbaden 1996.

Wacker, P. A.: Die Erfahrungskurve in der Unternehmensplanung, München 1980.

Wagenhofer, A.: Kostenrechnung und Agency Theorie, in: Zur Neuausrichtung der Kostenrechnung, hrsg, v. J. Weber, Stuttgart 1993, S. 137 - 160.

Wäscher, D.: Gemeinkosten - Management im Material- und Logistikbereich, in: ZfB 57. Jg. (1987), H. 3/ S. 297 - 315.

Watson, G. H.: Benchmarking - Vom Besten lernen, Landsberg/Lech 1993.

Weber, J.: Logistikkostenrechnung, Berlin/Heidelberg/New York/ London/ Paris/Tokyo 1987.

Weber, J.: Ursprünge, Begriff und Ausprägungen des Controlling, in: Handbuch Controlling, hrsg. von E. Mayer/ J. Weber, Stuttgart 1990, S. 3 - 32.

Weber, J.: Einführung in das Controlling, Teil 1, 3. Aufl., Stuttgart 1991.

Weber, J.: Einführung in das Controlling, Teil 2, 3. Aufl., Stuttgart 1991.

Weber, J.: Kalkulation von Logistikkosten, in: krp Sonderheft 1/92, S. 29 - 36.

Weber, J./Goeldel, H./Hamprecht, M.: Benchmarking als Instrument zur Gestaltung von Prozessen im Führungssystem, in: Management & Computer, 3. Jg., 1995, H. 2, S. 115 - 121.

Welge, M. K./Al-Laham, A.: Der Prozeß der strategischen Planung, in: WISU 3/93, S. 193 - 200.

Wiest, R.: Einführung der Wertanalyse in ein mittelständisches Unternehmen, in: VDI-Berichte Nr. 430, 1981, S. 133 - 142.

Witt, F.-J.: Deckungsbeitragsmanagement, München 1991.

Zentrum Wertanalyse der VDI-Gesellschaft Systementwicklung und Projektgestaltung (VDI-GSP) [Hrsg.]: Wertanalyse: Idee - Methode - System, 5., überarb. Aufl., Düsseldorf 1995.

Ziegenbein, K.: Controlling, 5. Aufl., Ludwigshafen 1995.

4. Abbildungsverzeichnis

5. Stichwortverzeichnis

www.ingramcontent.com/pod-product-compliance
Lightning Source LLC
LaVergne TN
LVHW010549300926
849162LV00002B/285